WOLFGANG SIEGEL

ES LAUSCHT AM STEIN
DER WEISEN

**Raus aus dem Gefängnis von
Psyche und Gesellschaft**

Impressum:

© Wolfgang Siegel, www.wolfgang-siegel.de
Skulptur und alle Gemälde: Wolfgang Frische, Finnland
Bildnachweis: Pirkko Porkka, Finnland, www.valokuvaamoporkka.com
Fotolia/clearviewstock
Layout: www.simone-walter.de

2. überarbeitete Auflage 2012
Herstellung und Verlag: Books on demand GmbH, Norderstedt

ISBN 978-3-8448-1194-0
Bibliografische Information der Deutschen Nationalbibliothek

Liebe Leserinnen, liebe Leser,

ich habe dieses Buch geschrieben, um Veränderungen herbeizuführen. Veränderungen in der Psyche ziehen zugleich Veränderungen in der Außenwelt nach sich und umgekehrt. Wer an Veränderungen wirklich interessiert ist und keine Angst davor hat, wird sich angesprochen fühlen. Nicht ich will Sie verändern, sondern Veränderungen entstehen von selbst, wenn wir vollständig und gründlich beobachten, was in uns vor sich geht und wie wir unsere persönlichen und auch die gesellschaftlichen und weltweiten Probleme erzeugen. Dass diese Art echter Veränderung in unseren negativen Gefühlen schon enthalten ist, ist kaum bekannt. Die negativen Gefühle sagen uns exakt, was uns nicht guttut, und zugleich steht uns die Energie zur Korrektur eines unbefriedigenden Lebens zur Verfügung.

Die meisten psychologischen, spirituellen und gesellschaftspolitischen Veränderungskonzepte bauen einen Widerstand gegen negative Gefühle auf und machen so das Leben zu einem unaufhörlichen anstrengenden Kampf. Wenn das Wahrnehmen eines negativen Gefühls jedoch im Fühlen und Empfinden geschieht – eben nicht im Denken mit seinen Erklärungen und Schlussfolgerungen – dann endet das negative Gefühl, und Wohlbefinden ist da – ohne jede Mühsal.

Dieses Buch handelt also vom Verstehen, wie wir „funktionieren", und ist kein Ratgeber für das „richtige und bessere" Verhalten. Sowohl altes Wissen als auch Erkenntnisse der neueren Hirnforschung haben meine Einsichten angeregt und bestätigen sie. Ich verzichte bewusst auf Quellenangaben. Denn Sie können anhand Ihres eigenen Lebens überprüfen, ob es stimmt, worauf ich hinweise.

Die persönlichen Gespräche mit vielen Menschen haben mir entscheidend zum Verstehen verholfen. Ein besonderer Dank geht an die vielen Freunde, die in den letzten Jahren durch kritische Anmerkungen zu den Textentwürfen wesentlich zur Qualität der Einsichten beigetragen haben. Alle Aussagen habe ich einer persönlichen Prüfung auf ihren Wahrheitsgehalt hin unterzogen. Ich habe sowohl bei mir selbst, als auch zusammen mit meinen Freunden und auch in der Psychotherapie mit meinen Patienten festgestellt, dass durch echte Einsichten grundlegende Veränderungen „ganz von allein" geschehen. Diese Veränderungen bringen Zufriedenheit im Alltagsleben und ein gutes Zusammenleben mit sich.

Wir erforschen den Weltraum und kennen uns selbst nicht richtig.

Angesichts des Drucks der überall zunehmenden Probleme ist die Zeit für die notwendigen Veränderungen in Psyche und Gesellschaft reif und überfällig.

Inhalt

Inhalt

Anstelle eines Vorwortes

Die Rede von Severn Suzuki auf dem Umweltgipfel 1992 in Rio de Janeiro (Auszüge)

Hallo, ich bin Severn Suzuki, und spreche für ECO, die Environmental Children's Organization (Umwelt-Organisation der Kinder). Wir sind eine Gruppe mit vier zwölf- und dreizehnjährigen Kindern aus Kanada, und wir versuchen etwas zu verändern.

Wir haben das ganze Geld selbst aufgebracht, damit wir die 6000 Meilen hierher kommen konnten, um euch Erwachsenen zu sagen, dass ihr eure Wege ändern müsst.

Ich spreche heute frei zu euch, ohne einen Zettel mit Stichworten. Ich kämpfe für meine Zukunft. Meine Zukunft zu verlieren ist nicht vergleichbar mit einer verlorenen Wahl, oder einigen verlorenen Punkten an der Aktienbörse.

Ich bin hier, um für alle zukünftigen Generationen zu sprechen, die noch kommen werden. Ich bin hier, um stellvertretend für die hungernden Kinder in der ganzen Welt zu sprechen, deren Schreie ungehört verhallen. Ich bin hier, um für die unzähligen Tiere zu sprechen, die überall auf diesem Planeten sterben, weil ihnen der Platz zum Leben genommen wurde.

Ich sorge mich wegen des Ozonlochs, wenn ich nach draußen in die Sonne gehe. Ich bin besorgt, wenn ich die Luft einatme, weil ich nicht weiß, welche Chemikalien darin sind. Ich bin früher mit meinem Vater zum Fischen gegangen, in Vancouver, meiner Heimatstadt, bis wir vor einigen Jahren einen Fisch voller Krebsgeschwüre fanden. Und jetzt hören wir Tag für Tag von Tieren und Pflanzen die aussterben – verschwunden für immer.

In meinem Leben habe ich davon geträumt, die großen Herden wilder Tiere zu sehen, den Dschungel, und Regenwälder voller Vögel und Schmetterlinge, aber jetzt frage ich mich, ob sie noch lange genug existieren werden, damit auch meine Kinder sie sehen können.

Habt ihr euch über diese Dinge Gedanken machen müssen, als ihr in meinem Alter wart? All dieses passiert vor unseren Augen, aber wir handeln, als hätten wir alle Zeit der Welt und für alles eine Lösung. Ich bin nur ein Kind, und ich habe alle diese Lösungen nicht, aber ich gebe euch zu bedenken, dass ihr sie auch nicht habt.

Ihr wisst nicht, wie Ihr die Löcher in der Ozonschicht reparieren könnt. Ihr wisst nicht, wie ihr den Lachs in einen toten Fluss zurückholen könnt. Ihr wisst nicht, wie ihr ein ausgestorbenes Tier zurück in einen Wald bringen könnt, der einmal dort wuchs, wo jetzt eine Wüste ist. Wenn ihr nicht wisst, wie ihr das alles reparieren könnt, dann hört bitte damit auf, es zu zerstören. Hier mögt ihr Delegierte eurer Regierungen sein, Geschäftsleute, Veranstalter, Reporter oder Politiker. Aber in Wirklichkeit seid ihr Mütter und Väter, Schwestern und Brüder, Tanten und Onkel. Und jeder von euch ist das Kind von irgendjemandem. Ich bin nur ein Kind, aber ich weiß, dass wir alle Teil einer großen Familie mit fünf Milliarden Verwandten sind – genau genommen sind wir Mitglieder einer Familie aus 30 Millionen Arten. Und Grenzen und Regierungen werden an dieser Tatsache nichts ändern können.

Ich bin nur ein Kind, aber ich weiß, wir sind alle zusammen darin vereint und sollten als eine einzige Welt ein gemeinsames Ziel anstreben. Ich bin nicht blind vor Zorn, und trotz meiner Furcht habe ich keine Angst davor, der Welt zu sagen, wie ich fühle.

Ich kann nicht aufhören daran zu denken, dass es einen ungeheuerlichen Unterschied macht, wo man geboren ist. Ich könnte eines dieser Kinder in den Favelas von Rio sein. Ich könnte ein hungerndes Kind in Somalia sein, ein Kriegsopfer im Mittleren Osten, oder ein Bettler in Indien.

Ich bin nur ein Kind, aber ich weiß, wenn alles Geld, das für Kriege ausgegeben wird, für die Beendigung der Armut und die Suche nach Lösungen zur Rettung unserer Umwelt ausgegeben werden würde, was für ein wundervoller Platz diese Erde dann sein würde.

In der Schule, wie auch im Kindergarten lehrt ihr uns, wie die Welt zu bewahren ist. Ihr lehrt uns, nicht mit anderen zu kämpfen, für etwas zu arbeiten, andere zu respektieren, Ordnung zu halten, keine anderen Lebewesen zu verletzen, zu teilen, nicht gierig zu sein. Warum geht ihr dann hinaus, und macht das Gegenteil von dem, was ihr uns gelehrt habt? Vergesst nicht, warum ihr an diesen Konferenzen teilnehmt, für wen ihr das tut – wir sind eure Kinder. Ihr entscheidet, in was für einer Art Welt wir aufwachsen werden.

Eltern sollten die Möglichkeit haben, ihre Kinder zu trösten, indem sie ihnen sagen können „Alles wird gut." „Wir tun alles was wir können." „Das ist nicht das Ende der Welt." Aber ich denke nicht, dass ihr das je wieder zu uns sagen könnt. Sind wir überhaupt auf eurer Prioritätenliste? Mein Vater sagt immer: „Du bist das was du tust, nicht das was du sagst." Was ihr tut, lässt mich nachts weinen. Ihr Erwachsenen sagt, ihr liebt uns.

Ich fordere euch auf, bitte, lasst eure Taten eure Worte widerspiegeln.

Danke für eure Aufmerksamkeit.

Quelle: http://www.coolmelbourne.org/the_important_stuff/renew_your_outlook/suzuki_speech.html
Übersetzung: Jürgen Winkler, 2008 für „juwi's welt" (http://www.juwiswelt.blogspot.com, Stand 30.10.2011)

1 Einführung

Es lauscht am Stein der Weisen

Ich lebe und freue mich meines Lebens. Diese Erde ist so wunderschön. Glückliche Augenblicke werden immer wieder geboren. Das intensive Leben berührt mich in den Beziehungen zu anderen Menschen, in der Verbundenheit mit der Natur, wenn ich voll Freude arbeite und meinen Körper gut spüre. Dann könnte ich die ganze Welt umarmen. Doch leider ist das nicht immer so.

Warum sind die Momente des Glücks nur so selten und flüchtig? Warum erzeugen wir Menschen so viel Leid, Angst und Gewalt in unserem Zusammenleben? Alle Menschen haben im tiefsten Inneren ein Interesse daran, auf gute Weise und in Frieden miteinander zu leben. Und welche Energie haben viele Menschen, um das Zusammenleben trotz aller Widrigkeiten voll Liebe und Güte zu gestalten!

In unserem Fühlen und Empfinden liegt der Schlüssel zum Verständnis unseres persönlichen Verhaltens und der Kraft, die uns miteinander verbindet.

Dieses Buch habe ich für Menschen geschrieben, die wie ich sehen, dass wir die Art, wie wir leben und wirtschaften, so nicht weiter fortsetzen können. Wir verwandeln materiellen und geistigen Reichtum in Leiden. Ich beschreibe dabei die unbequemen Tatsachen, wie wir mit Angst und Gier unser Zusammenleben belasten. Das, was sich in uns nicht gut anfühlt, untersuche ich gründlich. Dabei bin ich auf zwei grundlegende Erkenntnisse gestoßen:

Es ist erforderlich, dass wir erstens uns nicht mehr von der Angst vor der Zukunft und dem Tod blenden lassen, sondern lebendig in der Gegenwart leben, und dass wir zweitens uns von der Angst vor den anderen Menschen befreien und sie nicht mehr kontrollieren, beeinflussen oder verändern wollen.

Diese ungeheure und befreiende Herausforderung besteht nicht aus Wunschvorstellungen und Ratschlägen. Wenn wir erfassen, wie unser Gefühlsleben arbeitet, dann enden Angst und Gier, und Freiheit beginnt. Auf einmal ist es sehr einfach. Ich mache also keine Vorschläge, wie Sie anders sein und positiv denken sollten, wie es in Lebensratgebern üblich ist. Wenn Angst und Gier mit Verstand und Herz erfasst werden, handeln wir auch stimmig. Das Verstehen ist der Beginn einer Reise, die unseren inneren Zustand und dadurch auch die Welt, in der wir leben, in Leichtigkeit und Freude verwandeln kann.

Für mich ist klar geworden: Das Bedürfnis nach Frieden, Freiheit, Freude und Freundschaft ist grundlegend in unserer menschlichen Natur angelegt. Die Grausamkeiten und die Gewalt, wo immer sie in der Welt auch geschehen, werden aus Verzweiflung, aus Unverständnis und Unwissenheit, aus religiösen Überzeugungen und anderen Ideologien geboren, die Angst und Gier hervorbringen. Sie entstehen in unserem Kopf. Dort finden die Reflexe auf das statt, was uns begegnet. Solche Reflexe, die mit dramatischen Emotionen einhergehen, sind von unserer persönlichen Vergangenheit und von den unendlichen Erfahrungen der Menschheit geprägt. Doch wir können die Ketten von Angst, Gier und Gewalt abschütteln, sobald wir ihre Negativität ohne Einschränkungen empfinden.

Als **„Stein der Weisen"** bezeichneten die Alchemisten seit der Spätantike eine Substanz, nach der sie suchten und von der sie glaubten, dass sie unedle Metalle in Gold oder Silber verwandeln könne. Er galt außerdem als Universalmedizin. Die Suche nach dem Stein der Weisen wurde zum allgemeinen Symbol des Bemühens um Weisheit. Er wurde außerhalb von uns gesucht und niemals gefunden. Es gilt jedoch, die Weisheit in uns selbst zu entdecken durch die Entfaltung unserer Empfindsamkeit.

In unseren negativen Gefühlen ist Lebensenergie gefesselt, deren eigentliche Aufgabe es ist, die Herausforderungen des Lebens gut zu bewältigen. Den Gefühlen zu lauschen bewirkt eine Verwandlung: Unsere unangenehmen Gefühle, die der Einsamkeit und dem Getrenntsein entspringen, geben uns dann die Energie zurück, durch die unsere Lebenslust und das Spüren der Verbundenheit wieder hergestellt werden.

Jeder Mensch, der ernsthaft daran interessiert ist, kann das Phänomen des Richtungswechsels der Energie begreifen: Von den negativen Gefühlen hin zum positiven Handeln. Er geschieht nicht mit einer bestimmten Absicht, nach einem Plan oder mit einer speziellen Methode, sondern durch die Entfaltung unserer Empfindsamkeit für die negativen Gefühle. Weil keine Anstrengung damit verbunden ist, erfahren wir die wunderbare Leichtigkeit einer anderen Art zu leben.

So befreien wir uns aus dem Gefängnis der gewohnten und scheinbar so selbstverständlichen psychischen Mechanismen. Zugleich lösen wir uns damit aus den geistigen und moralischen Begrenzungen, Normen und Erwartungen der Gesellschaft, in der unser Empfinden wie in einem Gefängnis eingesperrt ist. In dieser Freiheit, die nur ein einziges moralisches Prinzip kennt, ein Handeln in Liebe, bewegen wir uns dennoch auf höchst intelligente Weise *in* der Gesellschaft. Wir bleiben natürlich Teil der Gesellschaft. Wo sollen wir denn sonst auch hin? Womöglich wird das Empfinden von Freiheit innerhalb dieser Gesellschaft auch die Gesellschaft selbst verändern.

Das Lauschen am Stein der Weisen ist das Lauschen am Leben selbst, wie es sich in mir und um mich herum abspielt. Es ist die Herausforderung für jeden einzelnen Menschen, der das Chaos spürt, wenn es erzeugt wird.

Was ich beschreibe, beruht auf dem, was ich tatsächlich beobachtet habe, nämlich wie wir innerlich funktionieren, und wie sich unser Austausch mit der Außenwelt, der unser „Stoffwechsel" ist, gestaltet. Das Buch ist nicht entstanden aufgrund von Ideen für ein besseres Leben, sondern durch Entdeckungen, wie das Unglücklichmachen in uns abläuft. Deshalb liefere ich auch keine oder nur wenig Beweise für meine Aussagen. Ich will nicht Recht haben. Denn Sie können alles bei sich und für sich selbst überprüfen. Dieses Lauschen kann Sie raus aus dem Gefängnis von Gesellschaft und Psyche auf die Reise in Ihr „Andersleben" führen.

Mein Anliegen: Die Revolution im Gefühlsleben

Ich fasse kurz zusammen, worum es bei dem Andersleben geht: Es geht uns gut, wenn wir in Harmonie mit der Welt und den Mitmenschen leben. Es geht uns schlecht, wenn diese Harmonie gestört ist. „Schlecht gehen" bedeutet, dass eine Energie in uns ist, die uns auffordert, Harmonie wieder herzustellen. Wir empfinden diese Energie oft nur als negatives Gefühl. Wenn wir diese Energie zur Veränderung blockieren, dann erzeugen wir unsere Probleme.

Wir tragen die Energie dann nach außen, als Konflikte mit den Mitmenschen oder nach innen, als körperliche Beschwerden und psychische Störungen. Die Revolution, die ich beschreibe und die für uns alle lebensnotwendig ist, besteht darin, die Energie, die in den negativen Gefühlen gebunden ist, ihrer eigentlichen Bestimmung zuzuführen. Die Energie „will" uns selbst verändern, damit es uns wieder gut geht und damit wir auf eine gute Weise nach außen wirken können.

Das ist Andersleben: Die Lebensenergie nicht im Kampf gegen sich selbst und gegen andere verschwenden, sondern damit ein gutes Leben gestalten.

Wenn wir diese Zusammenhänge erfassen, bilden die eigenen Bedürfnisse einerseits und die Bedürfnisse der anderen Menschen und der ganzen Menschheit sowie die Gesetzmäßigkeiten der Natur andererseits keinen Gegensatz mehr.

Die negativen Gefühle haben also die Aufgabe wie die Warnleuchte im Auto: „Hier stimmt etwas nicht. Bring es in Ordnung." Wenn wir nicht verstehen, was sie uns sagen wollen, reagieren wir mit Widerstand: „Ich will dieses negative Gefühl nicht." Wir verhalten uns so, als würden wir die Warnlampe einfach zukleben oder ausschalten, damit sie uns nicht stört. Und dann wundern wir uns, dass die Probleme kein Ende finden.

Ich beschreibe die psychischen Mechanismen nicht auf der Grundlage einer neuen Theorie oder eines neuen psychologischen Konzepts, sondern als meine Beobachtungen. Jeder Leser kann dann an Hand meiner Hinweise bei sich selbst überprüfen, wie seine Psyche arbeitet. Dass grundlegende Veränderungen notwendig sind und dass wir ganzheitlich leben müssen, liest man überall. Die Basis zur Veränderung ist in uns selbst schon vorhanden: unsere Empfindsamkeit. Für diese Einsicht bedarf es keiner Interpretation und keiner Theorie. Die übliche Sicht von psychologischen, esoterischen oder gesellschaftskritischen Autoren beinhaltet meist Alternativvorschläge und Verhaltensanweisungen. Ich schaue, soweit wie möglich, mit einem theorielosen, und damit vorurteilsfreien Blick und habe so diese Lebenszusammenhänge entdeckt.

Manche meiner Aussagen mögen trotzdem für Sie als Leser theoretisch klingen oder auch Gedankenkonstruktionen sein, die sich nicht auf Tatsachen stützen. Wo ist das Problem? Jeder kann seine Beobachtungen einbringen und den Prozess der Veränderungen bereichern. Über den Austausch von Beobachtungen anstatt von Meinungen entstehen gemeinsame Einsichten. Ich lehne Rechthabenwollen ab, weil es nichts verändert.

Ich beginne mit dem, was gegenwärtig anscheinend die Menschen am meisten bewegt und sich auch in den Medien widerspiegelt: Geld scheint das Wichtigste im Leben vieler Menschen zu sein. „Je mehr ich besitze, desto besser." Dieser Glaube beherrscht das Handeln vieler Einzelner. Um das Geld und seine Vermehrung herum haben wir unsere Gesellschaft organisiert, auch wenn viele Menschen sich intensiv um ein gutes Zusammenleben bemühen und keineswegs immer an Geld denken.

Werfen wir einen ersten Blick auf die Psyche, die hinter den praktischen und technischen Seiten des individuellen und gesellschaftlichen Lebens wirksam ist, beispielsweise bezüglich der Atomenergie:

In der gesellschaftlichen Diskussion zur Anwendung der Atomkraft geht es nur vordergründig um technische Detailfragen. Tschernobyl und Fukushima und die vielen weniger spektakulären Unfälle zeigen es uns immer wieder: Der Mensch beherrscht technologisch die Atomspaltung nicht und darf sie deshalb auch nicht anwenden. Das ist offensichtlich unverantwortlich. Es gibt keine sicheren Lösungen für die Entsorgung des Mülls, der zig Jahrtausende strahlen wird. Die Nutzung der Atomenergie hat Teile der Erde schon unbewohnbar gemacht und ist in der Lage, vielleicht sogar die Menschheit mit unendlichem Leid auszulöschen.

Auf einer tieferen Ebene haben wir ein ungelöstes Problem mit der Gier, die bewirkt, dass wider besseres Wissen Atomstrom produziert wird. Das können und müssen wir lösen. Gier entspringt bestimmten Mechanismen unseres Gehirns und unseres Denkens. Deshalb lässt sie sich nicht durch moralische Appelle und politische Verbotsforderungen beseitigen. Die Gier hat viele Gesichter. Geldgier ist eines, das wir alle kennen. Sie erzeugt das Chaos der Weltwirtschaft und die Finanzkrisen, durch die viele Menschen in materielle Not geraten, während sich zugleich enorme, immer mehr anwachsende Reichtümer in den Händen weniger Superreicher zusammenballen. Die Gier nach Geld durchforstet mit Hilfe eines enormen technologischen Apparates alle Winkel der Erde und darüber hinaus sowie alle Seiten der menschlichen Psyche, um herauszufinden, wo noch mehr Geld zu machen ist.

Es entstehen soziale und ökologische Krisen, deren Ende nicht absehbar ist. Der Wettbewerb wird als Lösung der wirtschaftlichen Probleme propagiert. Die Konkurrenz ist jedoch Ursache der Probleme. Konkurrenz ist die Saat, die zu Krisen und Kriegen führt. Nur in Kooperation kann das Chaos enden, das durch die Konkurrenz angerichtet wird. Um das zu erkennen, verlangt es ein klares Verständnis der Mechanismen von Gier, Angst, Konkurrenz und Kooperation.

Betrachten wir uns selbst und winden uns nicht durch Rechthaberei gegenüber anderen Auffassungen heraus: Gestehen wir uns ein, dass das Streben nach Geld in jedem von uns verwurzelt ist?

Wenn wir das Geld für wichtiger halten als unser aller Leben, so ist das kein moralisches Problem, sondern mangelnde Intelligenz für ein gutes Leben. Moralisten haben Jahrtausende gegen die Geldgier gepredigt, offenkundig ohne wirksamen Erfolg. Viele von ihnen waren und sind selbst in ihrer Gier nach Geld und Macht gefangen. Geldgier ist nicht nur ein Phänomen bei denen, die über viel Geld verfügen. Es gibt in allen Bevölkerungsschichten Verschuldung oder Diebstähle, die nicht aus materieller Not, sondern aus Gier entstehen. Und in vielen „besseren" Familien wird genauso wie in weniger begüterten ums Geld gestritten.

Wie gesagt, Geldgier ist nur *eine* Variante der Gier. Auch die Gier nach Sicherheit, nach Anerkennung oder nach Sex erzeugt anscheinend endlose Probleme.

Auf den psychischen Mechanismus der Gier als Antwort auf das Erleben von Mangel werde ich sehr ausführlich eingehen.

Die Gier hat eine Zwillingsschwester, die Angst, die immer zusammen mit der Gier auftritt, auch wenn immer nur eines von beiden empfunden wird. Angst beeinflusst unser Leben viel mehr, als uns bewusst wird. Sie hat zwei Wurzeln:

Erstens: Die Angst vor der Zukunft. Zweitens: Die Angst vor anderen Menschen. Angst ist auch dann wirksam, wenn wir sie gar nicht als Angst bemerken.

Angst und Gier müssen in ihren psychischen Wurzeln vollständig verstanden werden. Dann können sie enden und damit auch die uns beherrschenden Ideologien und Verhaltensmuster.

„Vollständig verstehen" – das klingt unrealistisch? Das Verstehen von Gier, Angst, Intelligenz und Liebe scheint uns eine außerordentlich komplizierte Angelegenheit zu sein. Wissenschaften geben manch hilfreiche Hinweise. Aber sie erzeugen auch unglaublich viel Verwirrung und dienen oberflächlicher Ablenkung vom Wesentlichen.

Wir sind nicht auf komplexe wissenschaftliche Forschungsergebnisse angewiesen. Jeder trägt selbst das Wissen in sich, wodurch er oder sie auf eine gute oder schlechte Weise sein Leben gestaltet. In der Selbsterkenntnis tritt es zu Tage. Wenn wir die Gefühlsverwirrungen bei uns selbst vorurteilslos wahrnehmen und empfinden und ihnen nicht mit irgendwelchen Erklärungen ausweichen, dann zeigt sich die verblüffende Einfachheit unserer Probleme (mein Verständnis von „Problem" siehe S. 73):

Durch Denken, das den Erfahrungen der Vergangenheit mit ihren unbewältigten Gefühlen entspringt, werden unsere Probleme erzeugt und immer weiter aufrechterhalten. Mit Einsicht in diesen Prozess lösen Angst und Gier und ihre Folgen sich ohne jeden Kampf auf.

Das klingt zu schön, um wahr zu sein? Schauen wir mal.

Die in negativen Gefühlen und Gedanken gebundene Energie verwandelt sich in eine Kraft für ein Andersleben in Freude und Verbundenheit, wenn wir uns selbst verstehen. Solange wir uns von anderen gefühlsmäßig abhängig machen und/oder auf Kosten anderer leben wollen und solange wir Angst vor der Zukunft haben, können die negativen Gefühle nicht enden, und es wird uns nicht wirklich gut gehen.

Fukushima – Unter dem Eis ist das Leben

Ungezählte Tote bezahlen den Preis
für unser allmächtiges Denken.
Wir Geldmenschen mit unersättlichem Verschleiß
wollen alles mit Macht und Geld lenken.

Wir wissen nicht, was wir tun.
Und wir wollen es auch nicht wissen.
Wir sind die Götter, die niemals ruhen,
um bloß nicht die Stille zu küssen.
Wir wollen nichts spüren.
Denn dann kommt die Angst zu verlieren.

Die Toten, Verseuchten in Japan brüllen:
Verlasst endlich eure lieblosen Hüllen.
Ihr kennt keine Grenzen, kein Maß.
Grenzenlos ist eure Gier, euer Hass.

Es lastet auf euch wie Berge von Eis.
Gleichgültig, gemein und immer im Kreis
werdet ihr Blinden vom Gelddenken geführt,
bis im Blut eure Empfindsamkeit gefriert.

Verstrahlt entdecken wir nun voll Entsetzen:
Atomstrom und Reichtum war, was wir schätzten.
Der Winter der Dummheit machte uns kalt.
Nun ist es zu spät, wir werden nicht alt.
Doch ihr: Haltet ein, wacht auf, unterm Eis ist noch Leben.
Denken ohne Fühlen darf's nicht mehr geben.

Die Welt schaut zu und schaut weg.
Das Streiten über das Geld für den Dreck
geht überall weiter.
Neid ist nicht heiter.

Ich möcht sie erschlagen, erwürgen, erschießen,
die immer weiter tödlich beschließen,
die Erde mit Gift und Gier zu berauben,
Menschen wie Vampire auszusaugen.

Doch eigene Gewalt reiht mich nur ein
in ihren Krieg, um auch jemand zu sein.
Dann bleib ich genauso wie sie.
Das gierige Denken ändert sich nie.

Ich werde Geldmenschen für ihr Tun nicht verdammen.
Wenn sie's merken, ist die Tür offen für ein neues Zusammen.
Im unfassbaren japanischen Leid erkennen:
Ich will mich nicht mehr in Kämpfe verrennen.
Liebe zum Ganzen zu spüren und voll Lebenslust zu erbeben,
Das ist die Antwort von allen Freunden im Andersleben.

Finnland, März 2011

Wie kam ich dazu, dieses Buch zu schreiben?

Das Leid, die Angst, die Gier, die Funktionsweise des menschlichen Gehirns, das laufend „denkt", Unruhe, Unzufriedenheit und dadurch zwischenmenschliche Konflikte erzeugt, habe ich bei mir selbst beobachtet. Genauso habe ich wahrgenommen, wann und wodurch es mir und anderen wirklich gut geht und wann ungekünstelte Fröhlichkeit da ist.

Mit Menschen, mit denen ich zusammenlebe, mit Freunden, die sich dafür interessieren, und auch in Tausenden von Gesprächen als Psychotherapeut mit meinen Patienten bin ich diesen Fragen nachgegangen.

Wie unsere psychischen Mechanismen die Gesellschaftsstrukturen erschaffen, beobachte ich seit dem Atomunfall von Tschernobyl 1986. Fast alle Menschen in meiner Umgebung waren über die ganz persönlichen Folgen in unserem Alltag entsetzt, wollten raus aus der Atomtechnologie – und die meisten Menschen lebten nach einem halben Jahr mehr oder weniger sorglos weiter. Wie ist das dramatische Erleben der Katastrophe verarbeitet worden? Diese Frage hat mich immer wieder beschäftigt. Denn eine politische Argumentation z. B. gegen die Atomenergie erscheint mir seitdem nicht ausreichend, vielleicht sogar nutzlos.

Jiddu Krishnamurti (1895 – 1986) hat mich in einer Intensität, die ich bei niemandem sonst gespürt habe, auf die für unser Leben entscheidende Bedeutung der Selbsterkenntnis aufmerksam gemacht.

Witzigerweise löst sein Name Assoziationen an die Hare-Krishna-Anhänger aus, ausgerechnet er, der jede spirituelle Organisation grundsätzlich und radikal ablehnt. Krishnamurti ist bei der Nachricht von dem Tod seines über alles geliebten Bruders *vollständig und allein* durch sein gesamtes Empfinden und Fühlen hindurch gegangen – und kam heraus, ohne noch Angst zu haben. Dadurch war er in der Lage, die menschliche Psyche so tiefgreifend zu erforschen, wie kein anderer Zeitgenosse. Zumindest kenne ich niemanden. All das, was er entdeckt und worauf er uns aufmerksam gemacht hat, kann jeder von uns genauso bei sich selbst beobachten und zur Freiheit des Geistes finden. Durch ihn wurde mir auch bewusst, dass alle Änderungen in der Außenwelt, beispielsweise durch Politik oder soziales Engagement, nur eine sehr begrenzte Bedeutung haben. Wenn soziales Engagement sich nur um einen Teil der Menschen kümmert und sich zugleich gegen andere Gruppen wendet, dann unterstützt es sogar die Neigung zur Gewalt und dient letztlich nicht den Menschen. Krishnamurtis Aussage: **„Es gibt nur *ein* politisches Problem, die Einheit der Menschheit"**, hat für mich Folgen: In allen politischen Konflikten erkenne ich das Gegeneinander als den eigentlichen Kern der umstrittenen Probleme.

Solange wir einer anderen Person unsere geistige oder spirituelle Führung überlassen, ob Jesus, Buddha, Karl Marx oder Prof. XY, oder solange wir einer bestimmten Ideologie anhängen, können wir nicht selbstbestimmt und ohne Angst leben. Denn die persönliche Veränderung geschieht letztlich allein dadurch, dass jeder die Wahrheit seines Lebens selbst entdeckt. Das eigene Leben hat ein prall gefülltes Buch geschrieben und schreibt es weiter. Dieses Buch des eigenen Lebens können wir lernen zu lesen, ohne dass ein anderer es uns interpretiert. Aber Hinweise von anderen können dafür notwendig und hilfreich sein.

Ein Freund mit einer besonderen Gradlinigkeit, gab mir einen wichtigen Anstoß dazu, über die katastrophalen Auswirkungen der gesellschaftlichen Verhältnisse auf die Menschen zu schreiben. Ich habe das Gespräch damals in meinem Tagebuch festgehalten:

„14. 8. 2004. Gestern nach dem gemeinsamen überreichhaltigen Essen in der friedvollen Atmosphäre eines finnischen Klosters geschah es aus heiterem Himmel. Wie ein andalusischer Stier – so bezeichnete er sich später – schnaubte er mich an und „beschimpfte" mich fürchterlich, dass ich immer nur am Denken sei, immer nur dasselbe machte und mich an meiner Psychologie festhielte. Auf jeden Patienten, den ich behandelte, werden zehn neue krank. Ob die Psychologie wirklich der Sinn meines Lebens sei. Ich solle doch mal aufhören, so nervös mit meinen Fingern zu spielen. Ich solle mal sehen, was ich für ein gestresster Typ sei. Es würde ihn krank machen, mich so ansehen zu müssen."

Ich wollte mich verteidigen. Aber gegen den Ausbruch eines Stieres kam ich nicht an. Irgendetwas berührte mich an den massiven Vorwürfen. Ich fragte nach, warum er mich derartig aggressiv anspräche. Er erklärte mir ruhig, was dieser Ausbruch für ihn bedeute. Er sähe, dass ich unglücklich und unzufrieden sei und immer noch woanders als in mir selbst einen Halt suche, in irgendwelchen klugen Gedanken und Ideen. Das zu sehen, würde ihm außerordentlich weh tun, weil ich einer seiner besten Freunde sei. Ich müsse schreiben über die Wahrheit, die ich in der Welt sehe. Wenn ich nicht kreativ lebte und schriebe, würde ich kaputtgehen bei all dem Elend, das ich in den Therapien und bei meiner Arbeit in der Psychiatrischen Klinik erfahre. Im Schreiben würde sich meine Kreativität ausdrücken, so habe er den Eindruck.

Er erklärte, dass ich ein sensibler Typ sei, der nicht gut verdrängen oder sich in ein privates Hobby flüchten könne. Deshalb sei es für mich notwendig, all das, was ich sähe, zu verarbeiten. Ich solle schreiben, wie die Realität sei. „Verdammt noch einmal, warum tust du das nicht?"

Er sei nicht aggressiv mir gegenüber, er nehme es nur ernst, wenn er sehe, dass es mir nicht gut gehe, dass ich unter Spannung stünde. Er müsse immer wieder an einen seiner Freunde denken, einen zeitweise reichen Baulöwen, der Millionenprojekte gemanagt habe und zum Schluss verarmt sei. Seine letzten Worte im mittleren Alter auf dem Sterbebett seien gewesen: „Kannst du mir mal ein paar Mark leihen?" Er werfe sich bis heute vor, dass er diesem Freund nicht zu Lebzeiten rechtzeitig und eindeutig das gesagt habe, was er beobachtet und über ihn gedacht habe, nämlich dass ihn seine Geldgier krank mache und ihn umbringen werde.

Seitdem spreche er mit seinen Freunden Klartext, ob es ihnen passe oder nicht. Weil er merke, dass ich mit mir selbst nicht gut umginge, müsse er darüber reden, aus Zuneigung zu mir und nicht aufgrund von Aggressionen.

Langsam dämmerte es mir, was meinen Freund so nervt: nämlich dass alle Erkenntnisse über die Psyche und die Menschen wertlos sind, solange die Psychologie nur dazu beiträgt, das menschliche Leid zu vertuschen, und solange ich nicht selbst voll Lebensfreude bin und anders lebe.

Ein Überblick über die Inhalte

Im Teil I gehe ich auf die Frage ein, wie unsere psychische Struktur unser persönliches Umfeld und das gesellschaftliche Zusammenleben bestimmt. Solange wir die Mechanismen der Verdrängung nicht durchschauen, bestimmen sie unaufhörlich unser persönliches Leben und erschaffen auch die gesellschaftlichen Strukturen. Das Verdrängen ist einfacher zu verstehen, als wir üblicherweise glauben. Durch das Verstehen verliert das in der Vergangenheit Verdrängte die Macht über uns und die Fortsetzung des Verdrängensprozesses findet ein Ende.

Im Teil II geht es um vollständiges Erfassen und Erkennen.
Das vollständige Erfassen der inneren und äußeren Realität geschieht mit einem „stillen Geist", der nicht von der Angst um sich selbst getrieben ist. Dann sehen wir die elementaren Dinge des Lebens auf eine neue Weise. Das hat nachhaltige Konsequenzen für unser Handeln.

Die Teile III bis VII sind ein Angebot zur Selbsterkenntnis.

Selbsterkenntnis bedeutet zu entdecken, dass die negativen Reaktionen und Emotionen aus dem psychischen Widerstand gegen das eigene Leben entstehen. In jedem Absatz wird immer nur *ein* Aspekt der Psyche angesprochen. So können Sie Punkt für Punkt überprüfen, ob das, was ich beschreibe, bei Ihnen selbst zutrifft. Vielleicht werden Sie überrascht sein, wie viel Ungesundes, wie viel geistiges Gift Sie als scheinbare Selbstverständlichkeit ständig schlucken. Zugleich können Sie vieles auf eine neue, erfrischende Weise entdecken, was in der Welt vor sich geht. Diese Einsichten zeigen die Notwendigkeit von Kooperation und Freundschaft, damit wir fröhlich und glücklich leben können.

Im letzten Teil VIII beschreibe ich, welche Konsequenzen für unser praktisches Handeln im Alltag und für unsere politischen und gesellschaftlichen Perspektiven aus meiner Sicht zu ziehen sind.

Bei den Argumenten, warum wir so nicht weiterleben können, gibt es nach meiner Beobachtung zwei Richtungen: Die eine Herangehensweise möchte die äußeren Verhältnisse verändern und weist gern Schuld für die Probleme anderer zu. Man sieht dann nicht oder vergisst es, dass wir selbst alle für den gesellschaftlichen Zustand mitverantwortlich und an seiner Reproduktion beteiligt sind. Bei den anderen Überlegungen, wie man sich selbst innerlich verändern kann, wie man womöglich Erleuchtung findet, vergessen wir leicht unser eigenes äußeres Verhalten in der Gesellschaft und gegenüber unseren Mitmenschen. Wir merken vielleicht gar nicht, wie gern wir mit unseren Idealen nur um uns selbst kreisen. Wenn aber diese Energien, die in der Wahrnehmung sowohl der persönlichen als auch der gesellschaftlich verursachten Leiden noch gefesselt sind, in der Selbsterkenntnis entdeckt und zusammengeführt werden, dann geschehen grundlegende Änderungen, die auf alle Lebensbereiche ausstrahlen. Als mir das ganzheitliche Handeln bewusst wurde, habe ich es Andersleben genannt, eben anders leben als in der üblichen aufgesplitterten Denkweise.

An der Oberfläche scheint für viele Menschen, deren finanzielle Existenz gesichert erscheint, noch alles in Ordnung zu sein. Doch wenn jemand in eine persönliche Krise gerät, kann in der Not ein Begreifen auftauchen, dass man selbst, aber auch wir alle als Gemeinschaft so nicht weiter leben und wirtschaften können. Damit sind zugleich die Energie und die Entschlossenheit zur Veränderung da. Wer aber seine Notlage nicht begreift und seine negativen Gefühle bekämpft oder verdrängt, gerät immer tiefer in den Sumpf der Verzweiflung. Das ist die wirkliche

Ursache der Depressionen und Angstzustände, von denen immer mehr Menschen betroffen sind.

Die vorherrschenden ungesunden Traditionen und Denkgewohnheiten erschöpfen sich in Hoffnungen auf die Zukunft und im Konkurrenzkampf in der Gegenwart. Dies sind Ausdrucksformen der Angst vor der Zukunft und vor den anderen Menschen. Alle Überzeugungen und Weltanschauungen, die unsere Ängste hervorgebracht haben, müssen zusammenbrechen, damit wir überleben und gut leben können.

Andersleben ist keine leichte Reise in eine schöne, neue Welt.
Aber diese Reise ist auch nicht besonders schwierig und langatmig. Wirklich anders zu leben, ist völlig anders, als sich bloß eine Vorstellung davon zu machen und eine Theorie darüber zu erstellen. Im Andersleben gibt es in geistig-psychischer Hinsicht nur „das, was ist". Das ist weder schwer noch leicht, weder langwierig und kompliziert, noch simpel und billig.

Man kann über eine Theorie „Andersleben" gut reden oder nachdenken – und weitermachen wie bisher. Ohne zu wissen, was auf uns zukommt, können wir die eigene alte Lebensweise nur dann in Frage stellen, wenn die grundlegende, erschütternde Klarheit da ist: Wir können und wollen als Gemeinschaft und als Individuen, Sie und ich, so nicht weiterleben, wie bisher.

Wenn Sie dieses Buch lesen, gehen Sie auf eine Reise. Ich bin auch auf dieser Reise. Wir müssen uns nicht persönlich kennen lernen, obwohl das auch möglich und fröhlich sein kann. Unter den Menschen, die sich auf dieser Reise befinden, entsteht Freundschaft im Andersleben. Für diese Freundschaft müssen wir keine Leistung erbringen. Sie ist einfach da, wenn das Gegeneinander in jedem selbst endet.

Können wir uns auf dieser Reise anschauen, wie wir uns einerseits nahezu automatisch von dem Urteil anderer Menschen abhängig machen und andererseits andere mit unserem Urteil beeinflussen wollen? Können wir sehen, welche katastrophalen Folgen diese beiden Denkweisen für uns alle haben? Können wir uns mit allen Konsequenzen des Selbstverständlichen bewusst werden, dass wir nicht in der Vergangenheit und Zukunft leben, sondern dass die Gegenwart die einzige Wirklichkeit ist? Lächeln wir über uns, wenn uns aus unserer Blindheit heraus die Augen aufgehen?
Ich habe die Reise angetreten, und bin gespannt, ob Sie mit mir gemeinsam gehen.

TEIL I
Die „ungeschminkte"
Wirklichkeit

2 Wie wir leben und empfinden

Wahrheit und Wissen

Während ich am Buchtext arbeite, nehme ich die Wahrheit in mir wahr. Wenn man das Wort „Wahrheit" in den Mund nimmt, dann sind viele Gesprächspartner oder Leser schon leicht genervt. Denn mit einem Wahrheitsprediger die Zeit zu verschwenden, dazu haben wir meistens überhaupt keine Lust.

Lesen Sie aber bitte zunächst, warum und wie ich das Wort „Wahrheit" benutze.

Ich will mit dem, was ich als „wahr" erkannt habe, kein Recht bekommen und keine Zustimmung erhalten. Die Wahrheit, wie ich sie sehe, nämlich wie wir Menschen funktionieren, können Sie selbst überprüfen. Sie entdecken die Wahrheit auf Ihre Weise, wenn Sie selbst unvoreingenommen schauen und lauschen, sowohl bei sich selbst als auch hinsichtlich der Welt draußen. „Das richtige Schauen und Lauschen" aber hat es in sich! Es ist mein Anliegen, Sie zu dieser Unvoreingenommenheit und zum freien Beobachten anzuregen.

In einer Welt, die voll von Lügen und Verdrehungen ist, haben viele resigniert und aufgehört, sich um die Wahrheit zu kümmern. Wenn Sie die Wahrheit nur in den Worten anderer gesucht haben, so ist es kein Verlust, wenn Sie es aufgegeben haben. Andere Menschen können uns Hinweise geben, aber niemals die Wahrheit selbst. Wenn Sie aber aufgegeben haben, die Wahrheit für das eigene Leben zu entdecken, dann wird es womöglich trübe in Ihrem Geist und in Ihrem Herzen.

Die Wahrheit ist ein federleichtes Schwergewicht. Sie ist nicht käuflich und nicht profitabel. Man kann mit ihr nicht verhandeln. Sie kann nicht weitergegeben werden. Die Wahrheit, die ich beschreibe, so begrenzt und vermischt mit Irrtümern meine Darstellung auch sein mag, gibt Ihnen Hinweise zur Selbsterkenntnis. Selbstverständlich will ich die Propagandamuster hinter mir lassen. Aber manchmal muss ich über mich lächeln, weil ich mich doch dabei erwische, oder eine andere Person mich darauf aufmerksam macht. Sie werden es merken, wo in diesem Buch noch Missions- und Propagandaimpulse stecken – und nichts übernehmen, was Sie nicht selbst geprüft haben, oder?

Wissen ist nicht Wahrheit. Manchmal erleben wir die Liebe, die Wahrheit, die

Schönheit und das Glück. Jedoch, wir können diesen Zustand nicht festhalten. Denn er ist lebendiger Ausdruck eines besonderen Moments. Er wird so nicht wieder kommen. Deshalb kann das Empfinden dieses Augenblicks nicht als Wissen in unserem Gehirn angesammelt werden, so wenig, wie wir die Luft als unseren Besitz in unserer Lunge festhalten können.

Uns wird von der Schule bis zum Alter eingeredet, dass Wissen das Wichtigste sei. Die „Wissensgesellschaft" wird von vielen wie ein Götze beschworen. Um technische Fragen zu beantworten, benötigen wir natürlich Wissen.

Aber um glücklich leben zu können, müssen wir die Wahrheit der Gegenwart entdecken.

Denn oft verstricken wir uns in alten Erfahrungen und dem Wissen von früher. Verhalte ich mich besser so, wie mein strenger Vater mir eingebläut hat, oder lieber so, wie die freundliche Lehrerin in der 1. Klasse es mir beigebracht hat? Ein solcher Konflikt im Inneren läuft meist unbewusst ab. Das angesammelte Wissen in uns ist unterschiedlich und widersprüchlich. Es verwirrt uns, wenn wir uns nicht auf unser eigenes gegenwärtiges Empfinden verlassen. Unser Empfinden weist dem Wissen seinen Platz zu. Wenn unser Wissen das Empfinden dominieren will, entsteht das, was wir als Problem erleben.

Vermutlich haben Sie schon einmal festgestellt, dass Sie durch schlechte Erinnerungen, die ja Teil Ihres Wissens sind, zu einem unguten Verhalten verführt wurden. Oder Sie merkten, dass sie litten, weil Sie eine schöne Erinnerung nicht festhalten und das Erlebte nicht wiederholen konnten. So können Wissen und auch schöne Erinnerungen Leid erzeugen. Wenn Ihnen dies bewusst wird, können Sie das Korsett des Viel-wissen-Müssens, das Ihnen die Luft zum Leben abschnürt und die Lebensfreude nimmt, leichter abwerfen.

Den Zugang zur Wahrheit finden Sie nicht im Wissen, sondern mittels Ihrer Empfindsamkeit, die nicht mehr von vergangenen Erfahrungen drangsaliert wird. In vollständiger innerer Harmonie spüren Sie, was wahr ist und was nicht.

Darüber hinaus gibt es ein gemeinsames Sehen von Wahrheit bei zwei oder vielen Menschen. Wenn eine solche Gemeinsamkeit entsteht, setzt sie eine außerordentliche Energie voller Begeisterung und Freude für alle Beteiligten frei. Diese Energie ist aber nicht durch Wollen und Denken zu erreichen. Dazu später mehr.

Die Bahn und der rechte Weg des Lao-Tse

DER EINUNDSIEBZIGSTE SPRUCH

Sein Nicht-Wissen wissen ist Hoheit;
Sein Nicht-Wissen nicht wissen ist Krankheit.
Die Krankheit erfühlen heißt sie nicht mehr haben;
Der Vollendete ist frei dieser Krankheit;
er fühlt sie, also hat er sie nicht.

„Der chinesischen Urschrift nachgedacht
von Alexander Ular", Leipzig 1913

Des Kaisers neue Kleider

Vielleicht haben Sie den Eindruck gewonnen, dass ich doch einen ethisch-mora-
lischen Anspruch an ein gutes menschliches Zusammenleben erhebe. Nein, ganz
im Gegenteil.

**Der Gedanke, wir müssten anders sein oder werden, als wir sind, ist eine
trügerische Idee, die auf der Illusion aufbaut, wir könnten uns durch Nachdenken über Ideale ändern.**

Das Märchen „Des Kaisers neue Kleider" zeigt auf, wie Illusionen entstehen können. Der Kaiser lässt sich vom Schneider einreden, er habe schöne neue Kleider.
Und alle Erwachsenen bewundern ihn pflichtgemäß. Denn er ist ja *der Kaiser.* Sie
trauen nicht den eigenen Augen, sondern dem Auftreten der Autorität. Die Autorität, der Kaiser, traut seinen eigenen Augen ebenso wenig. Er unterwirft sich
wiederum der Autorität des Schneiders, der selbstbewusst auftritt und behauptet,
er hätte dem Kaiser wunderschöne, neue Kleider gemacht. In Wahrheit hat er dem
Kaiser gar nichts angezogen.

Die Illusion, wir könnten uns an der Ethik und Moral unserer Autoritäten orientieren, verhindert, dass wir die Wahrheit sehen. „Unsere Kaiser" wollen von uns

bewundert werden. Um uns zu beherrschen, machen sie uns vielfältige moralische Vorschriften. Das kleine, unverdorbene Mädchen zerstört die Illusion auf eine ganz einfache Weise, durch das direkte Benennen der Tatsachen: „Der Kaiser hat ja gar keine Kleider an."

Sobald wir wahrnehmen und uns bewusst machen, dass wir hinter Autoritäten und Illusionen herlaufen und uns damit das Leben schwer und uns selbst unglücklich machen, hört unsere innere Abhängigkeit von ihnen auf. Solange wir unsere psychischen Reaktionsmuster nicht wahrnehmen und an unsere und „des Kaisers schöne neue Kleider" glauben, werden wir weitermachen wie bisher.

Idealisten, religiöse, spirituelle und moralische Prediger, Philosophen, Psychologen, Psychotherapeuten und Pädagogen haben seit Jahrtausenden gesagt, wie wir uns ändern sollten, hin zur Nächstenliebe, zur Geduld, zum Gottvertrauen, zum Fröhlichsein, zum positiven Denken, zum Selbstbewusstsein, zur Achtsamkeit usw. usf. Hat sich die psychische Natur der Menschen mit all der Angst, Gier und Gewalt nennenswert verändert? Sind diese Ideale und Vorstellungen Wirklichkeit geworden? Ich befürchte, es ist uns bisher nicht gelungen, uns von Angst und Gier zu befreien.

Die eindringliche Rede von Severn Suzuki vor 20 Jahren zeigt, dass sich in ökologischer und sozialer Hinsicht nichts verbessert, sondern dass sich die Lage weiter verschlimmert hat. Lediglich die Absichtserklärungen und die Konferenzen zu diesen Themen werden größer und großartiger.

Die psychischen Probleme der Angst und der Gier werden nicht durch Ideen und Ideale mit ihren Absichtserklärungen aufgelöst. Im Gegenteil, durch die Brille der Ideale sehen wir die Realität nicht mehr klar. Entsprechend nehmen trotz der Bemühungen vieler Menschen, den Ratschlägen von Religionen, Therapeuten, Idealisten und Wissenschaftlern zu folgen, die psychischen Probleme weltweit zu. Der allgemeine Kampf um das Geld, der viele Probleme verursacht, wird durch den Streit um die besseren Ideale nur noch größer.

Es müsste doch wunderschön sein, wenn wir unsere Probleme der Angst vor der Zukunft und vor anderen Menschen selbst erkennen und sie dadurch auflösen könnten. Dann suchen wir nicht mehr bei Autoritäten nach Lösungen. Kann ein solches glückliches Leben durch Selbsterkenntnis gelingen, auch wenn um uns herum Chaos herrscht? Soweit ich es sehe, erfordert dies eine Art von offener Selbsterkenntnis, die nicht durch ein bestimmtes Ziel begrenzt wird oder einem moralischen Anspruch gerecht werden will.

Wenn Ideale und Autoritäten sich in unserem Kopf nicht mehr einmischen, ist der Weg frei für die klare Sicht darauf, wie wir uns unglücklich machen. In dieser Einsicht geht ein beglückender Ruck durch das Gehirn, und wir hören wie selbstverständlich in diesem Augenblick mit dem Uns-unglücklich-Machen auf.

Unser Gehirn „weiß" aufgrund seiner evolutionären Entwicklung, dass es uns in liebevoller Verbundenheit gut geht. Deshalb sind Ratschläge, wie wir uns im psychischen Feld verhalten sollten, unfruchtbar und stören den Prozess der Einsicht. Was geschieht wohl mit uns, wenn uns diese Einsichten nicht nur gelegentlich und zufällig passieren? Können wir so sensibel für die Denkfallen werden, in denen Angst und Gier regieren, so dass wir überhaupt nicht mehr hineingeraten oder, wenn doch, rasch wieder herauskommen?

Die Begeisterung eines Menschen, der etwas begriffen hat, strahlt zwangsläufig aus. Nicht nur Unzufriedenheit ist ansteckend, sondern auch ein Glücklichsein.

Durch Konflikte, Krieg und Krisen im persönlichen Umfeld und im gesellschaftlichen Zusammenhang werden wir oft aus innerer Harmonie gerissen. Wenn wir rasch aus dem Loch wieder herauskommen wollen – und wer will das nicht –, müssen wir merken, wenn Krieg und Krisen auf uns einwirken und was sie mit uns machen.

Nein zu jeder Art von Krieg

„Ich weiß, dass die Menschen oft destruktiv handeln. Damit will ich mich aber nicht immer beschäftigen." So denken Sie vielleicht, und so sehe ich es auch. Doch das, was uns nicht gefällt, hält sich leider nicht von uns fern. Es kommt nun einmal vor, dass wir uns nicht gut fühlen, weil wir Konflikte und Ärger mit anderen Menschen haben oder weil wir erfahren, welche Gräuel wir Menschen uns gegenseitig antun. Wir müssen uns schon um die Dinge kümmern, die nicht gut sind. Sonst nehmen diese immer mehr Raum in unserem Denken und Handeln ein. Aber Jammern und Klagen darüber stößt ab. Doch wie können wir sinnvoll auf Situationen antworten, die nicht erfreulich sind?

„Denke positiv!" ist eine häufige Empfehlung angesichts belastender Ereignisse und dem Elend in der Welt. Können wir uns die Dinge schön denken? Positiv zu denken, um vom Negativen wegzukommen, funktioniert nicht wirklich. Es macht nur weiteren Stress, weil Negatives, das nicht verstanden und bewältigt wird, immer und immer wieder hochkommen wird.

Blicken wir stattdessen in Ruhe und voll Aufmerksamkeit und Interesse auf die vielen Varianten des Krieges, den wir Menschen untereinander führen. Dann wird sichtbar und spürbar, dass Sie und wir alle „eigentlich" etwas ganz anderes wollen: Gemeinsamkeit, Verbundenheit, Liebe. Aus Verzweiflung, Hilflosigkeit und Unwissenheit erzeugen wir Konflikte und beteiligen uns an Kriegen.

Kooperation ist die Grundlage unseres materiellen Reichtums. In echter Kooperation fühlen wir uns wohl. Sie macht richtig Freude, weil wir die Verbundenheit tatsächlich erleben. Wenn alles stimmig ist, gibt es keine Gedanken und Diskussionen über psychische Probleme.

Viele Menschen engagieren sich beruflich, ehrenamtlich und privat für ein gutes Miteinander in allen möglichen Bereichen, einfach weil es Freude macht, etwas Sinnvolles zu tun. Aber vermutlich haben auch Sie festgestellt, dass die Kooperation in vielen Bereichen zunehmend untergraben und zerstört wird. Immer weniger Menschen erleben an ihrem Arbeitsplatz noch gute Kooperation. Heftige Berichte höre ich sowohl von meinen Patienten als auch im Freundeskreis. Die Konkurrenz und der Wettbewerb der Unternehmen werden als Konkurrenz der Mitarbeiter untereinander in die Betriebe und Verwaltungen getragen. Zunehmende Kontrollen ersetzen und zerstören das echte Interesse der Mitarbeiter an dem, was sie tun. Immer mehr bürokratischer Aufwand tritt an die Stelle von vertrauensvoller Zusammenarbeit.

Es gibt viele Varianten, in denen durch Prämiensysteme einerseits und durch Druck, Mobbing und Kontrollen andererseits die Mitarbeiter der Teams und auch die Vorgesetzten gegeneinander aufgebracht werden. Damit soll die Leistung gesteigert werden. Wenn man genau hinschaut, geht es letztlich um das Erzielen persönlicher Vorteile und Gewinne, von den Unternehmensbesitzern über die Manager und Vorgesetzten bis hin zu den Mitarbeitern. Kurzfristig können Einzelne aus der Konkurrenz Vorteile ziehen, wenn sie es schaffen, ihre Interessen durchzusetzen. Langfristig untergräbt es die Leistungsfähigkeit eines Teams, wenn voll Angst und Misstrauen mit Ellenbogen gegeneinander gearbeitet wird. Und wer auf Kosten anderer zu leben versucht – ist er/sie wohl fähig, wirkliches Glück zu empfinden? Nein, soweit ich es beobachtet habe.

Unsere sozialen und ökologischen Herausforderungen werden durch Wettbewerb und Konkurrenz nicht bewältigt. Konkurrenz zerstört die Kooperation und erzeugt Rücksichtslosigkeit. Auf den sinnvollen Nebenaspekt von Konkurrenz für die Spezialisierung der Arten gehe ich im Kapitel 23 ausführlicher ein.

Die wachsenden Probleme durch immer mehr Einzelinteressen wollen Wirtschaft und Politik und mit ihnen viele Menschen aus Unverständnis für die Zusammenhänge durch noch mehr Wettbewerb lösen. Aus dieser eingefahrenen Denkweise kommen sie anscheinend gar nicht mehr heraus. Auch wenn viele von Gemeinsamkeit und Solidarität sprechen, haben sie, wenn es im Wirtschaftsleben hart auf hart kommt, nur noch ihr spezielles Interesse an der Vermehrung von Geld und Macht im Auge. Dahinter steckt die Angst, dass sie ansonsten in diesem Wirtschaftssystem selbst untergehen. Für wirkliche Kooperation, die von Herzen kommt, weil die Gesamtzusammenhänge gesehen und empfunden werden, gibt es immer weniger Raum. Kein Wunder, dass auf diese Weise kein einziges gesellschaftliches Problem gelöst wird, sondern die Probleme immer größer werden.

All das ist leicht gesagt oder geschrieben. Es ist aber ein gutes Beispiel dafür, wie wir – in vorurteilsfreier Haltung – unsere inneren Prozesse untersuchen können: Gesetzt den Fall, Sie konnten mir bei der Beschreibung der Perspektivlosigkeit unseres Wirtschaftssystems zustimmen und schieben diese Tatsache nicht gleich wieder weg, obwohl sie natürlich unangenehm ist. Die meisten von uns stoßen dann aber zwangsläufig auf das ganz persönliche Interesse an möglichst viel Geld und Macht. Es treibt uns zwar an, doch wer mag es sich gern ehrlich eingestehen? Tief im Inneren glauben wir daran, dass unser Leben mit mehr Geld und Einfluss sicherer ist und dass wir die eigenen speziellen Interessen und Bedürfnisse damit besser vertreten können.

Für mich ist es eine zentrale Einsicht, dass die großen und kleinen Kriege von derselben geistigen Einstellung erzeugt werden, welche die Kooperation zerstört und den Irrtum nährt, durch Konkurrenz würde das Leben besser. Sie entspringt der Angst, nicht genug zu haben und nicht genug zu sein. Diese Angst erzeugt die Gier nach mehr Geld und mehr Anerkennung.

Vermutlich kennen Sie diese Aussagen schon als moralische Urteile und Appelle. Vergessen Sie jedoch die Moral und das Sich-verändern-Sollen. Setzen Sie lieber Ihren Verstand, Ihre Intelligenz und Ihre Liebe zum Leben ein, um die Kriegstreiber in Ihrer eigenen Psyche mit den offenen und den subtilen Gewaltreaktionen zu erkennen.

Sobald etwas Unangenehmes auftaucht, reagieren wir meist mit Schuldgefühlen gegen uns selbst oder Schuldzuweisungen an andere oder mit schönen Absichtserklärungen und Idealen, nach denen wir „eigentlich" leben wollten.

Die Schuldzuweisungen können, wie ich im Kapitel 16 darlegen werde, vollständig aufhören. Schauen wir uns vorurteilslos ohne Jammern und Verdrängen, ohne Ideale und Schuldzuweisungen, so gut es geht, unsere unterschiedlichen Kriege an:

In der Atompolitik und in der so genannten Finanzkrise werden die Geldgier und ihre Folgen gegenwärtig besonders sichtbar. Unsere gesamte gesellschaftliche Organisation baut auf dem Kampf um Geld und Macht auf und erzeugt überall endlose Probleme. Ist das für Sie nur eine Theorie oder sehen Sie diese Realität ebenso? Auch diejenigen, die versuchen, Gutes für die Gemeinschaft zu leisten, stoßen auf die Beschränkungen durch das vermeintlich fehlende Geld.

Wir führen Kriege auf allen Ebenen gegeneinander. Die Staaten sind mit den größten und teuersten Waffenarsenalen der Geschichte ausgerüstet. An vielen Stellen der Welt brennen Kriege und flackern Bürgerkriege auf. Um die Natur maximal auszubeuten, wird sie wie ein Feind behandelt und beliebig zerstört. Die politischen Parteien und die sozialen Schichten in allen Gesellschaften führen Krieg gegeneinander um Einfluss, Macht und Geld. Dies gelingt den Stärkeren meist besser.

Die Reichen häufen unermesslichen Reichtum an, der unter anderem durch die rasante Entwicklung der Technologie enorm wächst. Doch der Reichtum in der Hand von wenigen verbessert nicht das Leben der Menschheit auf dieser Erde. Er nährt nur den Drang, den Reichtum immer weiter zu vermehren. Es ist nicht nur das Problem der Verteilung der gesellschaftlich geschaffenen Werte: Die Gesellschaft hat sich so organisiert, dass aus Mehrgeld – aus dem, was der Besitzer nicht zum Leben benötigt – noch mehr Geld wird. Die Geldvermehrung läuft auf unseren Bankkonten wie selbstverständlich und ebenso das Mehrgelddenken in fast allen unseren Köpfen.

Das Mehrgelddenken hat einen „schönen" Namen bekommen: Wirtschaftswachstum. Alle sinnvollen und notwendigen gesellschaftlichen Aufgaben werden der Forderung nach Wirtschaftswachstum, also dem Diktat des Mehrgelddenkens untergeordnet.

Doch einen Zugriff auf diese Mehrgeldmaschinerie haben in der Realität nur wenige Milliardäre, auch wenn sie nicht wirkliche Kontrolle darüber haben. Sie richten mit ihrem Drang zur maximalen Profitsteigerung unermessliches Elend an. Sichtbar ist dies beispielsweise in der Ausbeutung von Öl und Gold in Afrika. Nur 1 % des Wertes des dort geschürften Goldes bleibt in Afrika. Zurück bleiben hingegen zerstörte und vergiftete Landstriche und eine verelendete Bevölkerung, die nun nicht einmal mehr eigene Lebensmittel anbauen kann. Wir erfahren tagtäglich durch die Medien, was in unserem Land und in der ganzen Welt vor sich geht.

Es ist nahezu unmöglich, es nicht wahrzunehmen.

Der Umfang des von uns allen produzierten Reichtums nimmt durch die technologische Entwicklung Jahr für Jahr rapide zu. Zugleich steht für viele notwendige gesellschaftliche Aufgaben immer weniger Geld zur Verfügung. Ich bin immer wieder verblüfft, wenn durchaus sozial eingestellte und recht gut informierte Menschen feststellen, dass wir sparen müssen, weil zu wenig Geld da sei. Sie sehen anscheinend nicht, wem die Schulden der Staaten mit Zins und Zinseszins zurückgezahlt werden: Immer mehr und immer reichere Milliardäre wollen Reichtum und Macht vermehren. Die Tatsache, dass es immer mehr Milliardäre gibt, wird ausgeblendet. Es ist nicht Sozialneid, wenn ich Besitzverhältnisse feststelle. Das eigentliche Problem ist diese Gier nach mehr. Denn sowohl der innere als auch der von außen kommende Zwang nach Mehr führt ja dazu, dass das Geld wieder und immer wieder zu seiner gnadenlosen Vermehrung auf Kosten von Menschen und Natur eingesetzt wird. Schön klingende Absichtserklärungen und kleine „gute" Projekte als Kosmetik unseres Wirtschaftens vertuschen nur die wahren Spielregeln:

Die Zerstörung der menschlichen Beziehungen und die Zerstörung der Umwelt werden gnadenlos weiter vorangetrieben. Ein wirkliches Umsteuern ist auf der Grundlage des Mehr-Geld-haben-Wollens gar nicht möglich.

Die Kriegsmentalität ist nicht beschränkt auf Staaten, Unternehmen und Organisationen, in denen immer ja auch konkrete Menschen handeln. Der Drang, mehr haben zu wollen, und die Angst, nicht genug zu bekommen, steckt in jedem von uns. Es geht aber nicht nur um Geld und weltliche Macht. Viele suchen auch nach Spiritualität und wollen Gutmenschen sein. Wenn diese Suche jedoch aus dem Motiv heraus erfolgt, dadurch mehr Ansehen in der Gesellschaft und Sicherheit bis über den Tod hinaus zu bekommen, so entsteht schnell Rechthaberei, und es kann bis hin zu Kriegen gegen Andersgläubige eskalieren, weil deren Auffassung das eigene Sicherheitsdenken in Frage stellt.

Steht nicht fast jeder Mensch in Konkurrenz zu den anderen und will auf der Ebene, auf der er sich spezialisiert hat und die ihm wichtig ist, besser sein als andere? In unserer Gedankenwelt tun wir oft so, als seien die anderen die „schlechte" Gesellschaft.

Dieses Denken findet auch in unseren privaten Lebensbereichen statt. Wenn beispielsweise die Kooperation mit dem Lebensgefährten zerbricht und der Kampf um den eigenen materiellen Vorteil oder die moralische Überlegenheit Oberhand gewinnt, ist für beide die Schuldfrage meist schon geklärt: Der andere ist schuld.

Wir führen Krieg gegen die Kollegen, die Nachbarn, den Lebenspartner, unsere Kinder oder Eltern. Wir bezeichnen es meist zwar nicht als „Krieg". Aber nennen wir es nicht oft „Psychoterror", was die anderen machen? Aber wir fühlen uns auch im Recht und suchen Streit, um uns durchzusetzen. Die Folge ist Zerstörung von Gemeinsamkeit, oft schlimmer noch: krank machende psychische Einsamkeit.

Die psychischen Störungen auf der ganzen Welt und in allen gesellschaftlichen Schichten nehmen zu, trotz Antidepressiva und anderen angeblichen Wunderpillen und Therapien. Decken diese „Hilfsangebote" die Wurzeln des Elends, die Kriege gegeneinander, vielleicht nur zu?

Wir führen auch Krieg gegen den eigenen Körper. Er soll funktionieren, wie unser Denken es will. Blind von unserer Angst vor Krankheit und Tod und getrieben von den Impulsen, diese Angst zu verdrängen, flüchten wir uns in gesundheitsschädliche Gewohnheiten. Kurzfristig geben sie vielleicht Erleichterung, langfristig machen sie krank. Wir bewegen uns meist zu wenig. Wir stopfen den Körper voll mit Essen, Alkohol, Nikotin und Medikamenten. Immer mehr Psychopharmaka werden verbraucht, die die Ängste dämpfen sollen. Oft wirken sie nur kurze Zeit und werden dann in der Dosis erhöht oder durch andere Psychopharmaka ersetzt. Auf Dauer beschneiden sie vielfach zugleich die Sensibilität und damit die Fähigkeit der Menschen zur tieferen Einsicht in die eigenen körperlich-geistigen Prozesse.

Wir ignorieren die Frühwarnsignale und fördern nicht die damit verbundenen Selbstheilungskräfte des Körpers. Weder als Kinder, noch als Erwachsene werden wir darin richtig geschult, auf unseren Körper zu lauschen, zu schauen und zu verstehen, was er benötigt. Das liegt nicht im Interesse der Gesundheitswirtschaft.

Wenn der Körper nicht mehr richtig funktioniert, sorgen wir nicht wirklich für ihn aus der eigenen Verantwortung heraus, sondern wir liefern ihn vielfach aus an ein System, das sich in Deutschland stolz als Gesundheitswirtschaft bezeichnet. Haben Sie schon gemerkt, dass der Begriff „Gesundheitswesen" weitgehend aus dem Sprachgebrauch verschwindet? Dieser Begriffswechsel trifft die Sache gut. Denn die Einrichtungen, die für die Gesundheit da sein sollen, werden zunehmend den Spielregeln der Konkurrenz und des Profit-Machens unterworfen.

Von Krise zu Krise zu Krise …

Dieses Gegeneinander, diese offenen und versteckten Kriege kommen unweigerlich an einen Punkt, wo wir nicht mehr weitermachen können wie bisher. Es muss sich etwas ändern, heißt es immer häufiger. Über die Planung von Lösungen wird unendlich geredet, wie wir in der Geldkrise sehen und hören können, die angeblich laufend gelöst wird und sich anschließend umso größer wieder einstellt. Denn es werden keine grundlegenden Lösungen für eine Beendigung der Krisen gefunden. Und es wird auch keine wirklichen Lösungen geben, solange wir uns in unseren psychischen Strukturen nicht verändern. Das ist das Dilemma.

Der Zwiespalt, zu wissen, dass es so nicht weitergeht, und der Tatsache, dass im Wesentlichen einfach genauso weiter gemacht wird, führt zu ökologischen, wirtschaftlichen, sozialen, persönlichen und emotionalen Erschütterungen. Dieses Phänomen können Sie auch in der Partnerschaft oder in anderen privaten Bereichen beobachten. Jedes Gegeneinander, das weder im Innern noch im Außen geklärt wird, führt irgendwann unvermeidlich in eine Krise und in ein Dilemma.

Die Krisen in der Welt wie auch die persönlichen Krisen sind keine begrenzten und überschaubaren Krisen. Wenn ich einzelne Krisen genauer betrachte, sehe ich ihren globalen Charakter:

Die ökologischen Krisen der Meere und der Urwälder, das enorme von Menschen verursachte Artensterben in der Tier- und Pflanzenwelt, die Klimaerwärmung, die Zunahme der Gewalt, die alltägliche Brutalität und die ausufernde Waffenproduktion in den reichen Ländern, die diese auch in arme Länder verkaufen, der Terrorismus, die wirtschaftlichen Krisen mit der Ansammlung von ungeheurem Reichtum von Wenigen und wachsender Armut überall auf der Welt, die aktuellen Krisen des Geldkreislaufs – all dies sind keine getrennten Ereignisse.

Man will beispielsweise die Klimaerwärmung durch Biosprit reduzieren, aber es werden paradoxerweise dafür die Urwälder mit noch größerer Geschwindigkeit gerodet, damit man fruchtbare und profitable Plantagen für Ölpflanzen erhält. Sie können es selbst beobachten, wie jede vermeintliche Lösung der gesellschaftlichen und politischen Probleme diese nur noch vertieft. Oft sind die tatsächlichen Auswirkungen nur sehr subtil und zunächst nicht erkennbar. Wenn Sie allerdings dran bleiben und die Krisen weiter beobachten, wenn Sie sich mit den unablässigen Erklärungen und Versprechungen, dass die Krisen irgendwann gelöst werden sollen, nicht abspeisen lassen, dann erkennen Sie die Ausweglosigkeit der Lösungsversuche.

Tatsache ist: Die Geldkrise findet kein Ende. Die Klimaerwärmung zeigt immer größere Auswirkungen. Die Armut trifft auch in den reichen Ländern immer mehr Menschen. Nicht einzelne, sondern viele Kinder gehen heute in Deutschland hungrig in die Schule, weil es zu Hause nichts zu essen gibt. Die Verelendung und der Hungertod in den armen Ländern nehmen immer neue Dimensionen an. Dazu gibt es ohne Ende Absichtserklärungen für Lösungen. Alle bisherigen Ziele der

UNO, soweit sie mir bekannt sind, wurden nicht entsprechend der Pläne erreicht. Stattdessen werden die Zielplanungen immer weiter herunter geschraubt.

Weitere Krisen betreffen den Zerfall von Gemeinsamkeit: in Familien, in Schulen, in Stadtvierteln und am Arbeitsplatz. Wir zwingen auch unseren Kindern mit Pädagogik, Psychologie, Moral und Gewalt, und nicht zuletzt als Vorbilder, diese Lebensart auf. Durch die hinzukommende Flut von Werbung mit ihren Tricks werden die Kinder ebenfalls immer schwieriger und sind „kaum noch zu handhaben", wie viele Eltern und Lehrer klagen. Bei vielen Menschen stellt sich unter dem Druck der Krisen ein Gefühl von Sinnlosigkeit und Einsamkeit ein.

Auch unsere persönlichen Krisen sind keine begrenzten Krisen. Wenn beispielsweise das wirtschaftliche Auskommen nicht mehr „stimmt", entstehen oft auch in Familien Krisen, welche viele Familien zerreißen und die auch gesundheitliche Probleme der Familienmitglieder verursachen. Und wenn ein Problem gelöst scheint, klopft oft das nächste schon an die Tür. Jede persönliche Krise, ob in Gelddingen, in Gesundheitsfragen oder in der Erziehung der Kinder, ist außerdem verbunden mit den gesellschaftlichen Krisen beispielsweise des Geldkreislaufs, des Gesundheits- und des Schulsystems usw.

Das Gemeinsame aller Krisen ist: Wir Menschen verursachen sie, weil wir nicht begreifen, dass alles, aber auch alles zusammenhängt. Jeder sucht seinen Vor-Teil, der immer nur ein Bruchstück des Lebens ist. Wir können die Krisen so nicht lösen, sondern schieben sie wie eine größer werdende Bugwelle vor uns her, so dass die Krisen immer umfangreicher werden.

Es geht fast immer um Geld. Doch der eigentliche Motor hinter den Geldproblemen sind die Angst und die Gier. Haben Sie auch die Erfahrung gemacht, dass Sie sich für eine „gute Sache" eingesetzt haben, und dann stoßen Sie an irgendwelche organisatorischen, rechtlichen oder sonstige Grenzen, hinter denen Geldprobleme steckten? Jede Krise in der äußeren Welt spiegelt sich als eine Krise des menschlichen Geistes in unserem Gefühlsleben wider.

Sie mögen sich verständlicherweise über soziale Ungerechtigkeiten und ökologische Rücksichtslosigkeiten aufregen. Doch was geschieht dann mit Ihnen, in Ihrem Inneren?

Wo bleibt die Energie, die in Ihrer Aufregung steckt?

Welche Konsequenzen hat dies für Sie?

Sind die Probleme denn gelöst, wenn die emotionalen Wogen sich wieder gelegt haben?

Nein, denn die Krisen bleiben ungerührt bestehen, vergrößern sich und verursachen weiterhin Elend ohne Ende.

Solange wir das umfassende Geflecht unserer Angst vor der Zukunft und vor den anderen Menschen selbst nicht verstehen, aber die Probleme in der Außenwelt lösen wollen, werden sie größer und komplizierter.

Wenn Sie die Krisen und Kriege mit all Ihrer Empfindsamkeit an sich herankommen lassen, ohne sich in Zynismus, Schuldzuweisungen oder Jammern zu flüchten, dann entsteht in Ihnen angesichts des unendlichen Elends und Leids, das wir uns tagtäglich weltweit gegenseitig antun, unweigerlich die Frage: Kann das aufhören? Was kann ich dazu beitragen, dass es endet?

Wir tragen die Ahnung einer anderen Lebensart in uns. Wir kennen auch Zeiten, in denen wir in innerer Harmonie und mit Frieden im Außen leben, ohne diese ganzen anstrengenden Kämpfe. „Eigentlich" gibt es doch so viel Schönes und Gutes um uns herum und auch in uns selbst. Was behindert denn ihre Entfaltung für mich persönlich und für uns als Gemeinschaft?

Selbsterkenntnis befreit

Viele Menschen denken bei „Selbsterkenntnis" an psychologische oder spirituelle Einsichten, durch die man ein „besserer" Mensch werden kann. Ich sehe, wie gesagt, Selbsterkenntnis als notwendig an, damit ich aus meinen destruktiven und ungesunden Mustern herauskomme. Selbsterkenntnis kann nicht durch einen anderen Menschen, einen Psychotherapeuten oder Psychoanalytiker erlangt werden. Sie findet auch nicht statt, wenn man die Bibel, den Koran oder irgendein anderes Buch nur liest. Die Veränderungen in einem Menschen werden nicht durch äußere Einflüsse erzeugt. Allerdings können von außen wichtige Hinweise auf unbewusste Probleme und Anstöße zu Veränderungen kommen. Diese Hinweise von anderen können hilfreich für den Prozess der Selbsterkenntnis sein, wenn sie sich auf Tatsachen stützen. Oft genug aber schüren andere noch das Chaos der Ängste und vernebeln die Wahrnehmung der Wirklichkeit.

Selbsterkenntnis taucht auf, wenn wir die alten, von Angst und Gier geprägten Gedanken- und Gefühlsgewohnheiten, die wir uns in der Vergangenheit zugelegt haben, rückhaltlos aufdecken. Das allein ist Befreiung.

Selbsterkenntnis ist als Erleichterung und Freude spürbar. Sie ist kein komplizierter Prozess, sondern sie entsteht unmittelbar, wenn wir unsere negativen Gefühle nicht bekämpfen oder verdrängen. Durch Selbsterkenntnis wird unser Blick auf die Außenwelt, auf die anderen Menschen klarer und unser Handeln eindeutig.

Doch bevor Selbsterkenntnis und Erleichterung eintreten, erscheint es oft bedrohlich, sich den Erinnerungen zu stellen, die in unser Unbewusstes abgeschoben wurden. Deshalb wehren viele Menschen Selbsterkenntnis ab. Sie spüren nur das alte Bedrohliche und wissen nichts vom neuen Befreienden und haben auch keine realistische Sichtweise über das Unbewusste, auf das ich ausführlich eingehen werde.

Selbsterkenntnis findet zum einen in der Stille statt, wenn das Denken aufgehört hat. Was hat es mit dieser Stille des Geistes auf sich? Gibt es sie überhaupt? Wie kann man dahin kommen? Auf diese Fragen gehe ich im Teil II ein.

Zum anderen zeigt sich unser Selbst, also wer wir wirklich sind und welche Probleme wir haben, in unserem alltäglichen Leben, im Umgang mit den anderen Menschen, mit der Natur und mit dem eigenen Körper. Wir sind das, was wir leben und können uns im Spiegel der anderen erkennen.

Wir Menschen verfügen über eine enorme Fähigkeit zur Kooperation. Bezogen auf die Technologie und das Wirtschaftsleben ist dies offensichtlich. Wer ist eigentlich daran beteiligt, dass auf Ihrem Frühstückstisch das Müsli stehen kann? Landwirte, Lebensmittelproduzenten, Händler, Transportwerker, Rohstoffarbeiter und Maschinenbauer, Wissenschaftler, Lehrer, Ärzte, Sicherheitskräfte. Setzen Sie diese Überlegungen einmal spaßeshalber fort. Sie werden entdecken, dass die ganze Welt an unserem Frühstückstisch beteiligt ist.

Eine gute Zusammenarbeit bringt Freude mit sich. Wie können wir im weltweiten Miteinander und auch im Freundes- oder Familienkreis kooperativ leben, so dass Ich und die anderen keinen Gegensatz mehr bilden? Können wir uns aus der psychischen Diktatur des Mehr-haben- und Besser-werden-Wollens befreien und Zug um Zug die von der AngstGier angehäuften Probleme auflösen? Können wir die Konflikte, in denen es scheinbar unterschiedliche Interessen gibt, gemeinsam mit dem Konfliktpartner auflösen? Können wir Wege finden, mit „uneinsichtigen" Konfliktpartnern so umzugehen, dass die Konflikte nicht noch größer werden, unsere Tür zum Gespräch offen bleibt, wir uns aber auch nicht psychisch ausbeuten lassen?

Wir können das Elend in der Welt nicht dadurch bekämpfen, dass wir die äußeren Verhältnisse ändern und die Macht neu verteilen in der Hoffnung auf eine bessere Politik. Neue Machthaber funktionieren im Wesentlichen genauso wie die alten. Schließlich erschaffen wir selbst diese Gesellschaft durch die Art, wie wir fühlen, denken und leben. Dort, wo sich bei vielen Menschen ein neues Bewusstsein einstellt, wird dies auch zu einer Veränderung der gesellschaftlichen Organisationsformen führen.

Die Lage dieser Welt mit all den unbewältigten Herausforderungen und wachsenden Krisen ist Ausdruck unseres kriegerischen und zugleich ängstlichen Bewusstseins. Es ist in jedem von uns vorhanden. Wenn eine grundlegende Veränderung in unseren Köpfen und Herzen geschieht, dann wenden wir uns nicht nur gegen bestimmte Kriege, sondern gegen *alle* Kriege und Konflikte, in denen wir andere besiegen wollen. Dazu müssen wir ganz nah bei uns selbst beginnen, um sehr weit gehen zu können.

Beginnen wir mit den „Kriegen gegen unseren Körper" und mit den inneren Konflikten. Wir können dann weitergehen über die Streitigkeiten im persönlichen Umfeld bis hin zu den weltweiten Kämpfen mit ihren zerstörerischen Technologien. Aber bevor eine Revolution in unserem Gehirn geschieht, müssen wir begreifen, wie es funktioniert (siehe Teil III). Nur dann können wir uns aus den automatischen Reaktionsmustern befreien.

Während in der Technologie und in vielen anderen Bereichen des Lebens die weltweite Verbundenheit Realität ist, leben wir zugleich als psychische Wesen nach automatisierten Mustern, die uns trennen. Viele sind Tausende von Jahren alt und haben auch Wurzeln im tierischen Überlebenskampf. Dazu kommen persönliche Angewohnheiten, die wir uns, gesteuert von Gier und Angst, zugelegt haben. Wir kämpfen immer noch nur für das individuelle Überleben und sind dabei blind dafür, dass wir längst als weltweite Gemeinschaft *alle* aufeinander angewiesen sind.

Die Folgen, die wir zu tragen haben, sind die Angst vor der Zukunft (Teil V) und die Angst vor den anderen Menschen (Teil VI). Die Ängste versuchen wir mit Hilfe der Gier wegzudrücken: Wir versuchen z. B. möglichst viel Geld anzusammeln in der Hoffnung, dadurch Sicherheit für das Alter, vor Krankheit und Tod und vor der Gier der anderen zu bekommen. Angst und Gier entscheiden auch darüber, wie Technik und Wissen genutzt werden.

Wenn es in den Medien beispielsweise um den atomaren Unfall in Japan oder um andere katastrophale Folgen unseres Wirtschaftens geht, können Sie feststellen: Auf die Angst und Gier, die in uns allen steckt, und auf das Zerstörerische der Konkurrenz mit ihrer Profitgier geht verständlicherweise von den Förderern der

Atomlobby niemand ein. Aber auch von Greenpeace und anderen Kritikern der Atompolitik und der bestehenden gesellschaftlichen Verhältnisse werden diese tieferen Ursachen, die in uns allen vorhanden sind, weitgehend ausgeblendet. Die Notwendigkeit von Selbsterkenntnis als Voraussetzung zur Lösung unserer Probleme ist bisher kaum im allgemeinen Bewusstsein angekommen.

Durch Trübsal und bedrückende Ernsthaftigkeit ändert sich kein Gehirn. Selbsterkenntnis ist ein Entdeckungsprozess voll Begeisterung und Freude. Denn wir werfen dabei irrtümliche Vorstellungen und Ideologien ab, die uns nur blind gemacht haben und belasten.

Verbundenheit

Unser Gehirn produziert so lange Konflikte, Leid, Chaos und Depressionen, wie wir uns der eigenen Feindseligkeit gegen alles, was uns von draußen und in uns selbst bedrohlich erscheint, nicht bewusst sind. So lange funktioniert das Gehirn zeitweise „dumm" und aggressiv, selbst wenn es sich manchmal dabei schlau, viel wissend und human vorkommt. Wir werden aggressiv, weil wir keine Liebe spüren, weder in uns selbst, noch um uns herum. Wenn die Aggressivität nach innen geht, wird sie „Depression" genannt.

In der Einleitung habe ich das Thema schon angesprochen:

Die Entfaltung der Selbsterkenntnis geht Hand in Hand damit, dass wir erstens uns nicht mehr von der Angst vor der Zukunft blenden lassen und dass wir zweitens aufhören, andere Menschen kontrollieren, verändern oder beeinflussen zu wollen.

Wir können nicht und müssen auch nicht vorab klären, ob viele Menschen schnell dazu bereit sind. Ob und wie schnell sich ein neues Bewusstsein ausbreitet, wissen wir alle nicht.

Wenn wir uns selbst begreifen, erlauben wir keiner Autorität mehr, auf unser Innenleben bestimmenden Einfluss zu nehmen. Das gilt unabhängig von der Tatsache, dass wir materiell von anderen abhängig sind und dass in praktischen Fragen Führer notwendig sein können. Anstatt einer Autorität zu folgen, handeln wir aus einem natürlichen Interesse an optimaler Kooperation in Intelligenz und Liebe. Das ist eine wirkliche Revolution, die in uns selbst stattfindet. Wenn mehrere dies begriffen haben, kommen sie glänzend miteinander aus und brauchen keine Anführer mehr.

In den bisherigen Revolutionen, wie in den Revolutionen der kapitalistischen Länder und wie beim Zusammenbruch der kommunistischen Welt, haben die meisten Revolutionäre nur die äußere Welt verändert. Zumindest die Führer haben sich selbst offenkundig nicht aus Angst und Gier befreit. Denn die alten psychischen Strukturen der neuen Führer übernahmen sehr schnell wieder das Kommando.

Selbsterkenntnis, die zu innerer Freiheit führt, bringt eine neuartige Form gesellschaftlicher Organisation hervor: die Selbstorganisation der Menschen, die keine Autoritäten mehr brauchen, um ein gutes Miteinander zu entdecken. Eine solche sich selbst organisierende Revolution des alltäglichen Zusammenlebens kann sich heute in unserem Alltag und in den bestehenden gesellschaftlichen Strukturen entfalten wie die Hefe im Teig.

In Freundschaft verbundene selbstorganisierte Menschen richten sich selbstverständlich nicht gegen andere, sondern sind grundsätzlich für alle offen. Die Zeit ist reif dafür, dass weltweite Kooperation sich nicht mehr auf die Technik beschränkt, sondern unser alltägliches Zusammenleben bestimmt. Nur eine innere Haltung, die sich der Verbundenheit *aller* Menschen bewusst ist, beendet *vollständig* das Konkurrenzdenken und verhindert damit neue Konflikte.

Dort, wo Gemeinsamkeit für die unterschiedlichsten Menschen wie von selbst entsteht, weil jeder die Verantwortung für sich selbst übernimmt, kann sich jedes Individuum optimal entfalten.

Eigeninteresse und Gemeinwohl sind kein Gegensatz. Beides aber spielen wir gegeneinander aus, weil es sich so in unserem Bewusstsein festgesetzt hat.

Wir können diese Denkweise von ihrer Entstehung und von ihrer bisherigen Funktion her begreifen – und damit hinter uns lassen.

Die Empfehlung, dass wir auf eine lenkende spirituelle Kraft außerhalb von uns, beispielsweise auf Gott, vertrauen sollten, wird leicht zu einem doppelten Hindernis der Selbsterkenntnis: zum Hindernis, die allseitige Verbundenheit selbst zu entdecken, und auch zum Hindernis, in Kontakt mit dieser Kraft in uns selbst zu kommen. Denn das „Unbeschreibliche" zeigt sich nicht nur in der Außenwelt, sondern auch in uns selbst. Im Kapitel 12 gehe ich ausführlicher darauf ein.

Nicht erst morgen, in einer besseren Gesellschaft oder im Paradies, sondern heute findet unser Leben statt. Jeden Tag, den ich schlecht verbringe, empfinde ich als vergeudetes Leben.

Ein guter Stoffwechsel

Was ist das Wesentliche eines guten Lebens?

Als ich mir die Frage einmal gestellt habe, was das Leben an sich ausmacht, was es heißt, lebendig zu sein, tauchte folgende Einsicht auf: Das Wesen alles Lebendigen besteht darin, dass es durch seinen Stoffwechsel einen vielfältigen und ständigen Austausch hat, der sowohl in seinem Inneren als auch mit der Außenwelt stattfindet. Wenn der Stoffwechsel endet, stirbt der Körper dieses Einzelnen. Das biologische Leben geht auf andere Weise weiter.

Der Austausch des Lebendigen ist ein unablässiges Geben und Nehmen, in dem nichts gegenseitig vorgerechnet wird. Es geschieht einfach, solange das Lebensnotwendige ausgetauscht werden kann. Die unterschiedlichen Bedürfnisse der Lebewesen haben sich in diesem Austausch aufeinander abgestimmt. Auf den Kampf zwischen den Lebewesen werde ich noch eingehen.

Es ist in Ihnen und in mir und zwischen uns allen eine Energie vorhanden, die diesen Stoffwechsel aufrechterhält und ihn möglichst gut gestaltet. Manche nennen diese Energie „Seelenkraft", „Lebenslust und Lebenswille" oder „Gottes Hand, die alles lenkt." Ich selbst bevorzuge das Wort „Energie", weil es am wenigsten vorbelastet ist.

Ob unser Lebensstoffwechsel gut oder weniger gut funktioniert, hängt ab sowohl von der äußeren Lebensumgebung als auch von unserer inneren Anpassungsfähigkeit. Je schwieriger die Umstände sind, in denen wir leben, desto größer sind die Herausforderungen an unsere Anpassungsfähigkeit. Ein guter Stoffwechsel des Lebendigen erfordert natürlich möglichst eine gesunde Umgebung. In einer schlechten Umgebung wird das Lebendige krank, vermehrt sich nicht mehr und stirbt womöglich ab. Um das zerstörte Atomkraftwerk in Tschernobyl herum sind damals alle Bäume abgestorben. Das Lebendige der Natur wurde aber nicht auf Dauer von dort vertrieben.

Wenn der Stoffwechsel beeinträchtigt und gestört wird, geht es also den Lebewesen nicht gut. Wie immer auch Pflanzen und Tiere dies fühlen mögen, wir Menschen empfinden eindeutig, ob es uns gut geht oder nicht. Wir fühlen uns richtig wohl, wenn wir in einem guten Kontakt mit der Umgebung sind, wenn wir gesunde und schmackhafte Nahrung zu uns nehmen, frische Luft atmen können, eine Arbeit verrichten können, die uns gefällt, und wenn wir Menschen körperlich und seelisch nahe sind. Unser Grundbedürfnis besteht also darin, dass es den Menschen und der Natur um uns herum ebenfalls gut geht. Wodurch es uns gut geht, muss uns niemand erklären. Denn unser Empfinden teilt es uns doch in jedem Moment mit.

In der allseitigen Verbundenheit geht es uns gut. Sie ist nicht eine schöne Idee oder ein Ideal, sondern sie ist Realität und Grundlage unseres Lebens.

Unser eigenes Wohlbefinden wird aufgrund der Gesetzmäßigkeiten des wechselseitigen Austauschs maßgeblich davon bestimmt, wie wir mit den anderen Menschen umgehen. In der Verbundenheit gibt es auch Parasiten, Konkurrenz und Kampf um Platz, Nahrung und Licht, nicht nur in der Natur, sondern auch unter uns Menschen.

Die Konkurrenz ist ein Aspekt der Verbundenheit, der nicht unbedingt zur Zerstörung der Existenzgrundlage von allem führt. Sie dient zur Spezialisierung der Arten. Doch wenn der Spezialisierte den Kontakt zum Ganzen verliert, ist er nicht mehr lebensfähig.

Konkurrenz ist also nicht der dominierende Faktor dafür, dass das Ganze funktioniert, auch wenn seit Darwin die meisten Wirtschaftswissenschaftler dies der Weltgemeinschaft einreden. Darwin hat im 19. Jahrhundert die Gnadenlosigkeit der Konkurrenz im aufstrebenden Kapitalismus mit einseitigem Blick auch in der Natur beobachtet und sie zum Entwicklungsprinzip des Lebens erhoben. Und damit rechtfertigen wir, wenn wir unersättlich gierig und machtbesessen sind, unsere Ambitionen und behaupten sogar noch, dass die Konkurrenz im biologischen Allgemeininteresse liege. Mit unserer Gier handeln wir uns aber unlösbar auch die Angst ein und umgekehrt.

Gier und Angst sind jedoch auch – wie alles – Teil der Verbundenheit und haben darin ihre Funktion. Das mag vielleicht beim ersten Lesen unverständlich klingen. Aber sie erzeugen Leid und damit zugleich den notwendigen Weckruf, dass wir so nicht weitermachen sollen. Angst, Gier und Leiden sind gewissermaßen die Transportmittel zum Bewusstwerden von Verbundenheit.

In der heutigen Welt behandeln wir bisher Macht und Konkurrenz als die Grundlage von Wirtschaft und Gesellschaft und halten die Verbundenheit eher für eine Beigabe. Aber jeder spürt die Bedeutung der Verbundenheit, auch wenn das Denken die Konkurrenz hochhält. Um diesem elementaren Bedürfnis nach Verbundenheit Rechnung zu tragen, werden der Kampf um Geld und Macht und die Zerstörung der Verbundenheit mit sozialen, solidarischen und ökologischen Absichtserklärungen zugedeckt. Je mehr das Konkurrenzdenken bestimmend ist, umso bereitwilliger wird immer mehr von der gesellschaftlich lebensnotwendigen Verbundenheit geopfert zum Schaden der Natur und vieler Menschen.

Deshalb ist diese Gesellschaft, wie wir sie weltweit organisiert haben, nicht mehr zukunftsfähig. Sie zerstört unsere Lebensgrundlagen. Das ist nicht nur in wissenschaftlichen Studien zu ökologischen und sozialen Fragen belegt, sondern es wird zunehmend auch durch alltägliche Erfahrungen für viele Menschen sichtbar.

Jeder Politiker muss inzwischen ökologisch und sozial argumentieren, um Zustimmung zu bekommen. Je mächtiger ein Politiker, umso eindeutiger werden diese Argumente zu reinen Wahlkampfparolen. Soweit ich weiß, tritt weltweit kein führender Politiker dafür ein, dass die zerstörerische Konkurrenz und die Ideologie des Wirtschaftswachstums beendet wird. So wird uns neben und trotz der sozialen und ökologischen Moral schon seit der Kindheit unaufhörlich beigebracht, dass die Konkurrenz und der Kampf gegeneinander – beispielsweise durch Schulnoten – über unsere Zukunft entscheiden.

Doch auch, wenn die Konkurrenzgesellschaft noch so heftig begründet und verteidigt wird, bleibt die Verbundenheit unser eigentlicher Lebensquell. Wir benötigen unbestritten eine gute Umgebung, einen guten Stoffwechsel und eine gute Kooperation, um gut leben zu können. Daran kann keine Ideologie etwas ändern, mag sie sich auch noch so raffinierter Werbetricks bedienen.

Viele wissenschaftliche Untersuchungen haben inzwischen auch belegt, dass ein Leben in Verbundenheit gesund erhält, wohingegen Konkurrenz und Feindseligkeit beispielsweise das Immunsystem schwächen und damit ganz erheblich dazu beitragen, wenn wir krank werden.

Pflanzen und Tiere machen anscheinend kein Anrecht geltend, nur gute Erfahrungen in ihrem Leben zu haben. Aber wir Menschen wünschen uns, dass „eigentlich" alles so sein sollte, wie wir es gern hätten. Statt dass wir uns den Tatsachen stellen, werden wir aggressiv, wenn „es" nicht so läuft, wie wir es wollen. Und wir merken nicht, dass unsere Aggressivität Verbundenheit weiter zerstört und uns selbst wie auch den anderen Menschen nicht gut tut.

Das Einsame, Feindselige und Ungesunde vermittelt uns ein Gefühl von Getrenntsein und Kampf, das wir als Leiden empfinden. Dieses unangenehme Gefühl sagt uns: „Hör auf damit! Nutze die Energie, um wieder Verbundenheit herzustellen, soweit dies eben möglich ist."

Im Leid steckt die Energie, es zu beenden

Es ist nicht einfach, über das Leid zu schreiben. Ich verwende das Wort für den inneren psychischen Zustand. Die schlimmen äußeren Umstände bezeichne ich zur Unterscheidung davon als „Elend". Doch in manchen Zusammenhängen ist beides nicht genau auseinander zu halten.

Wir werden von klein auf dazu erzogen zu akzeptieren, dass ein bestimmtes Maß an Leid unabänderlich sei und dass wir mit dem Leid teilweise einfach leben müssten. Das Leiden Christi ist in unserem Kulturkreis zumindest bei vielen älteren Menschen ein positives Vorbild. Aber auch in östlichen Kulturen herrscht diese Vorstellung vor, dass wir das Leid annehmen sollen.

Nervt es Sie, wenn Sie sich mit Leid beschäftigen sollen? Oder sind Sie am Leiden interessiert, um auf diesem Weg Erlösung oder Erleuchtung zu finden? Begrüßen Sie das Leiden, wenn es Sie tatsächlich berührt? Mit Sicherheit nicht! Wir finden nämlich höchstens das Gedankenspiel über das Leid oder Informationen über das Leid anderer interessant, aber nicht, wenn wir selbst wirklich leiden.

Als ich der Wirkungsweise des Leids auf die Spur gekommen bin, habe ich festgestellt: Es ist gar nicht möglich, das Leid zu akzeptieren. Man kann vielleicht körperliche Schmerzen annehmen, was nicht ganz einfach ist. Wer jedoch versucht, psychisches Leid anzunehmen, wird sich mit seinen Bemühungen nur im Kreis drehen – ohne Ende, ohne Erfolg, vergeudetes Leben. Denn das Wesen des Leids besteht ja gerade darin, dass wir *das, was ist,* nicht haben wollen. Leiden ist ein psychischer Zustand, der aber *nicht automatisch* bei zu wenig Geld, Verlust eines geliebten Menschen oder körperlichem Schmerz auftritt. Leiden wird erst verursacht durch eine bestimmte psychische Reaktion auf Ereignisse, die wir für schlimm halten.

Mir geht es ernsthaft um die Beendigung des Leidens, und zwar indem wir den Wirkmechanismus verstehen lernen, wie Leid entsteht. Dieses Verstehen beendet das Leid und macht Verbundenheit wieder fühlbar.

Wie funktioniert dieser Mechanismus? Etwas passiert, das wir als schrecklich erleben und das wir für unabänderlich halten. Natürlicherweise ist die erste Reaktion ein Erschrecken, verbunden mit dem GedankenGefühl: „Das will ich nicht." Dieses Erschrecken ist die Aufforderung: „Du musst dich darum kümmern." Zugleich spüren wir in uns eine Energie in Form von Anspannung, die uns eine Kraft zum Handeln gibt.

Im Moment, wenn die Störung auftritt, wenn sie ins Bewusstsein kommt, ist noch kein Leid da, sondern erst einmal diese Energie. Wir spüren mit unserem ganzen Körper, dass etwas nicht stimmt, dass etwas nicht so ist, „wie es sein sollte". Dann setzt der Gedanke ein: „Das will ich nicht", und das Leiden beginnt. Dieser Ablauf ist nahezu unabänderlich. Wenn wir also aus diesem Widerstand gegen das, was geschieht, nicht herauskommen, dann beginnt das psychische Leiden.

Das Nicht-haben-Wollen von dem, was ist, tritt in zwei Varianten auf: Bei der einen Variante reiben wir uns damit auf, indem wir das, was ist, gedanklich immer wieder ablehnen. Wir grübeln, wie wir es hätten verhindern können und wie schön es wäre, wenn die Situation und das Leid nicht mehr da wären. Mit dieser Variante „Kampf gegen das Leid" hört das Leid nicht auf, es wird dadurch nur immer heftiger. Das ist die übliche Weise, wie wir spontan mit Leid umgehen.

Wenn wir uns über unsere Erfolglosigkeit im Kampf gegen das Leid nicht mehr belügen können, kommt Variante zwei ins Spiel: Wir versuchen das Leid anzunehmen, damit es nicht mehr so weh tut und wir wieder ins normale Leben zurückfinden können. Die meisten Religionen propagieren diese Variante. Bei christlichen Beerdigungen stören diese Redeweisen über das Annehmen des Leids meinen Prozess des Abschieds von dem Verstorbenen. Das Annehmenwollen funktioniert genauso wenig wie der innere Kampf gegen das Leid. Genau deshalb wird doch davon so viel geredet: vom Kampf gegen das Leid und vom gedanklichen Akzeptieren des Leides – weil es nicht funktioniert! Ansonsten würden wir es doch einfach tun und bräuchten nicht mehr über Leid zu diskutieren oder nachzudenken.

Wenn wir aufhören, das Leid wegmachen oder akzeptieren zu wollen, dann erst empfinden wir, was Leiden ist. Nur im fühlenden Verstehen dessen, was das Leid uns mitzuteilen hat, kann es enden.

Das Leid ist ein geistig-gefühlsmäßiger Zustand, der eintritt, wenn das Empfinden einer guten Verbundenheit gestört ist, beispielsweise durch die Diagnose einer schweren Krankheit, durch den Tod eines nahe stehenden Menschen, durch die Niederlage des Lieblingsclubs im Endspiel. Auch das Letztere ist für viele Menschen keine Bagatelle, wie man an Ausschreitungen nach Fußballspielen sehen kann. Es gibt unendlich viele Anlässe, durch die das Verbundenheitsempfinden gestört werden kann.

Wie aber läuft es ab, wenn wir anders an das Leid herangehen, also weder mit Kampf dagegen, noch mit dem fruchtlosen Versuch, das Leiden durch Denken zu akzeptieren?

Wenn wir in dem Moment, in dem wir uns des Leidens bewusst werden, innehalten, dann ist im fühlenden Lauschen und im Schauen der Tatsache, die als Störung in unser Leben eingreift, wieder die ursprüngliche Energie spürbar. Diese Energie entsteht aus der Störung selbst und der dadurch erzeugten Aktivierung des Stoffwechsels. Mit dieser Energie können wir uns der Herausforderung der Störung stellen und alles tun, um die gestörte Verbundenheit wieder herzustellen.

Wer das verstanden und auch erlebt hat, der hört in einer Krise auf, die Lebensenergie zu verschwenden in sinnlosem Kampf gegen das, was ist, oder in sinnlosem Bemühen, es mit Hilfe von Gedanken anzunehmen. Er oder sie verfügt über alle Energie, die benötigt wird, um angemessen zu handeln. Und zwar entsprechend der Tatsachen und nicht entsprechend unserer Wunschvorstellungen. In einem solchen Handeln existiert kein Leid.

Bei schweren Erkrankungen beispielsweise kann dies ein Klärungsprozess sein, ein Hin und Her zwischen Widerstand gegen die als schlimm empfundene Tatsache und leidfreiem Leben. Auch wenn wir immer wieder mal hineinrutschen in unseren Widerstand gegen die Störung, so haben wir zugleich auch immer wieder die Chance innezuhalten … und dann fühlend zu sehen, wie wir gerade wieder unser Leidmuster aktivieren. Diesen Prozess werde ich in den weiteren Kapiteln von verschiedenen Seiten immer wieder beleuchten.

Unser Stoffwechsel endet erst mit dem Tod. Vorher aber haben wir alle Energie zur Verfügung, um so gut wie möglich zu leben. Warum, zum Himmel oder Teufel, tun wir das denn nicht oder nur so selten!? Was hält uns eigentlich davon ab?

Das Unbewusste

Niemand macht sich freiwillig unglücklich. Niemand erzeugt absichtlich Leid für sich selbst. Wenn sich jemand selbst körperlichen Schmerz zufügt, verspricht er sich irgendetwas davon; da gibt es viele Varianten, und sei es nur das gute Empfinden, wenn der Schmerz nachlässt. Trotzdem erzeugen wir merkwürdigerweise unaufhörlich negative Empfindungen und Gefühle, die mehr oder weniger weh tun. Mehrfach habe ich schon darauf hingewiesen: Wir handeln nach automatisierten Mustern, die uns nicht bewusst sind. Wie können wir das Unbewusste in unser Bewusstsein bringen? Und was geschieht dann?

Unter den Erforschern des Unbewussten hat jeder seine eigenen, oft sehr komplizierten Definitionen. So sind viele verwirrende und Angst machende Meinungen
über das Unbewusste im Umlauf. Weil es oft so unverständlich und widersprüchlich erklärt wird, bestreiten viele „Nichtfachleute" die Existenz des Unbewussten.
Oder sie glauben, man müsse viel studiert haben, um das Unbewusste zu verstehen und einen Gewinn für das eigene Leben daraus ziehen zu können. Oder sie
wollen sich von einem Psychotherapeuten ihr Unbewusstes erklären lassen.

Auch wenn man einen umfangreichen Einblick in den *Mechanismus* des Unbewussten gewonnen hat, so kennt man doch niemals den *Inhalt* des Unbewussten
eines anderen Menschen. Auch der beste Psychotherapeut hat immer nur Vermutungen über die unbewussten Abläufe in einem anderen Menschen. Natürlich
können solche Vermutungen anderer sehr hilfreiche Hinweise geben. Aber das
Bewusstmachen des Unbewussten kann nur jeder für sich selbst leisten. Wenn Sie
sich von Autoritäten erhoffen, dass diese Ihnen sagen können, was in Ihrem Unbewussten los ist, dann bleiben Sie blind für sich selbst. Sie können Ihr Unbewusstes
verstehen, indem Sie seine Aktivität bei sich selbst beobachten, allein und im Zusammenleben mit anderen Menschen. Ich beschreibe jetzt nur den *Mechanismus*
des Unbewussten mit meinen Begrifflichkeiten. Den *Inhalt* Ihres Unbewussten
müssen Sie jedoch schon selbst aufklären.

Das Gehirn kann enorm viel von der uns umgebenden Realität und von unseren Körpersignalen wahrnehmen und speichern. Daran erinnert es sich, wenn das
Wissen gebraucht wird, weil eine ähnliche Situation wie die beim Ansammeln des
Wissens eintritt. Wie viel von diesem erworbenen Wissen in unserem Speicher ist,
wissen wir gar nicht.

Manchmal stellen wir überrascht fest: Wir wissen mehr, als wir wussten. Dieser Teil des Nichtbewussten erzeugt normalerweise keine Probleme und bedarf
auch keiner besonderen Aufmerksamkeit. Das Gehirn steuert einfach in sinnvol-
ler Weise und ohne Zutun des bewussten Denkens den Informationsfluss so, dass
der Arbeitsspeicher für das, was wir aktuell jeweils benötigen, nicht überlastet
ist. Diesen Inhalt des Gedächtnisses nenne ich einfach „das Vorbewusste". Es darf
nicht verwechselt werden mit dem „echten" Unbewussten, das so unendlich viele Probleme macht, solange es nicht ans Licht kommt.

Neben den normal zugängigen Informationen gibt es Eindrücke und Erfahrungen, die das Gehirn mit den ihm zur Verfügung stehenden Mitteln nicht in seine
vorhandenen Strukturen einordnen kann. Diese Eindrücke werden in Situationen
gesammelt, die als unerträglich erlebt werden. Wie soll z. B. ein Kind die Tatsa-

che, dass es von seinen Eltern nach deren Vorstellungen geformt, ausgenutzt oder missbraucht wird, verstehen und einordnen? Es kennt ursprünglich selbst doch nur die Liebe zu seinen Eltern. Diese Erfahrungen können nicht anders im Gehirn integriert werden, als dass sie verdrängt werden. Was soll das Gehirn auch sonst machen mit schrecklichen Erlebnissen, die es nicht versteht und auf die es nicht realistisch reagieren kann? Verdrängung in vielen Varianten ist die einzig mögliche und damit auch sinnvolle Antwort des Gehirns auf nicht verarbeitete Erfahrungen, damit ein Mensch trotzdem irgendwie weiterleben kann. Soweit ich es beobachtet habe, ist mit dem Unbewussten immer ein tiefgehendes Erleben irgendeiner Form von Einsamkeit, also ein Mangel im Empfinden von Verbundenheit, verknüpft.

Das unverarbeitete verdrängte Erleben ist damit aber nicht weg. Es ist zu einem Bestandteil des Erfahrungsschatzes des Gehirns geworden, aber nun als unbewusstes Wissen. Und was für ein Bestandteil!

Das Unbewusste ist der Teil von uns, der uns weitgehend beherrscht. Es verhindert, dass wir in Freude und Liebe leben, und hält uns stattdessen in Angst, Sorge und Gier gefangen.

Dieser Mechanismus ist von der Logik her leicht zu verstehen. Gefühlsmäßig haben wir jedoch heftige Widerstände, wenn dann doch einmal verdrängte Erinnerungen hochkommen wollen. Die Situation, die damals nicht verarbeitet werden konnte, ist mit solch starken unangenehmen Empfindungen verknüpft, dass wir möglichst nicht wieder in eine solche Situation geraten wollen. Also hat sich das Gehirn eine Art Radar zugelegt, sodass es automatisch aufpasst, ob eine solche Situation wieder eintreten könnte – allerdings ohne dass wir dies bewusst merken.

Das ist sauanstrengend, um es einmal ganz drastisch zu sagen. Denn neben der Arbeit des Gehirns, jedem Moment die geeignete Antwort zu geben, damit wir gut und fröhlich handeln können, passt es gleichzeitig auf, ob irgendwo eine alte Gefahr aus früheren Erlebnissen erneut droht oder drohen könnte, damit wir ihr möglichst aus dem Weg gehen können. Denn das Gehirn hat ja bisher keine passende Antwort auf diese unbewältigten Erfahrungen gefunden. Und weil Empfindungen des Ausgeliefertseins, der Erniedrigung, womöglich des Entsetzens im Angesicht des Todes so schrecklich sind, vermeidet das Gehirn schon im Vorfeld, sich überhaupt dieser Erinnerungen bewusst zu werden. So kommt es zu Verhaltensweisen und zu Ängsten, die vom Unbewussten gesteuert werden und die wir uns irgendwie gar nicht erklären können. Gerade sie aber trüben die Lebensfreude mächtig ein.

Menschen mit Panikattacken haben oft eine traumatische Erfahrung mit Todes-angst oder tiefer Beschämung erlebt. Im Kampf gegen diese Erinnerung erzeugen sie die panische Angst und viele andere Beschwerden wie Schwindel, Fremdheits-gefühle, Schlafstörungen und so genannte psychosomatische Störungen immer wieder neu. Der gleiche Mechanismus läuft ab bei Menschen, die die schreckliche Einsamkeit der so genannten Depression erfahren haben. Vor lauter Angst, dass die Depression wiederkommen könnte, reduziert sich ihre Lebensfreude immer mehr und die Depression bleibt erhalten, selbst wenn der ursprüngliche Anlass schon bedeutungslos geworden ist.

Doch die Realität ist nun einmal, dass andere Menschen uns schlecht behan-deln und dass wir andere ebenfalls schlecht behandeln; dass wir mit einer unge-wissen Zukunft leben, dass wir schlimmen Erfahrungen nicht aus dem Weg gehen können und dass am Ende des Lebens der Tod steht. All dies ändert sich ja nicht dadurch, dass wir die Eindrücke, die damit verbunden sind, weiter verdrängen. Im Gegenteil, wir leben dadurch angestrengt, voller Angst und gleichzeitig oft rück-sichtslos, um Ersatz für das zu bekommen, was wir eigentlich suchen – Sicherheit und Liebe. Dabei merken wir nicht einmal, dass wir selbst es sind, die sich damit das Leben schwermachen.

Was ist zu tun? Es ist einfach – zumindest auf der logischen Ebene.

Wir müssen verstehen, wie das Unbewusste sich zeigt, nämlich erstens in unseren Gefühlen, zweitens in unseren Konflikten mit den Mitmenschen und drittens in unseren körperlichen Beschwerden.

Wo immer das Unbewusste sich mit einem dieser drei „Gesichter" zeigt, sollten wir uns darum kümmern, damit es vollständig aufblühen kann. Damit wir heute begreifen, was wir damals nicht begriffen haben und verdrängen mussten. Das Unbewusste wird auf diese Art bewusst und verliert damit seine Macht über uns. Es erscheint nur so lange als gefährlich, wie wir vor ihm „davonlaufen" wollen. Wir können unseren Erinnerungen aber nicht entkommen. Wollen wir trotzdem weg davon, entstehen Unruhe und Angst. Wir können uns auf diese Weise in Angstzu-stände hineinsteigern, die bis zur Verzweiflung und Lebensmüdigkeit führen kön-nen. Oder wir werden aggressiv. Darauf gehe ich noch ausführlich ein.

Wenn wir das Unbewusste jedoch durchschauen, indem wir unseren Gedan-kenGefühlen und unserer AngstGier nicht mehr ausweichen, hört die Angst vor Erinnerungen auf. Dann können wir auch in aller Ruhe und mit ungestörter Emp-findsamkeit entdecken, dass beispielsweise die Eltern ihre eigenen ungelösten

Probleme an uns Kinder weitergegeben haben. Wir tun dies selbstverständlich unseren Kindern ebenfalls an, solange das Unbewusste uns steuert.

Nur einen Haken hat das Ganze: Erinnerungen können so heftig sein und sich entsetzlich anfühlen, dass wir sie heute immer noch nicht aushalten können. Dass die Angst vor den Menschen und vor der Ungewissheit der Zukunft uns so fesselt, dass wir gar nicht hinschauen und hinspüren können.

Das größte Hindernis bei der Bewältigung der uns treibenden Mechanismen von bewusster und unbewusster Gier und Angst besteht darin, dass wir sie nicht in Ruhe beobachten und erforschen.

Zwei „Wege" sehe ich, um aus dem Dilemma herauszukommen:

Erstens: Wir können diesen Mechanismus des Unbewussten durch vorurteilsfreie Beobachtung unserer Gefühlsempfindungen, unserer Konflikte mit den Mitmenschen und der körperlichen Störungen, gründlich durchschauen, bis wir über unsere Angst vor dem Unbewussten in uns lachen können. Diese Einsicht gewinnen wir vor allem in der Stille des Alleinseins, wenn wir uns befreien von der Angst vor den anderen Menschen und von der Sorge um morgen und den Tod. Dieses Buch kann Ihnen dabei helfen.

Zweitens: Wir tun uns mit Menschen zusammen, die dieses Problem ebenfalls erkannt haben. Wir erkunden gemeinsam die Untiefen des Unbewussten, wenn es sich in den Gefühlsempfindungen, in den Konflikten mit den Mitmenschen und in den körperlichen Störungen zeigt. Nicht indem wir uns gegenseitig sagen, was zu tun ist, oder Erklärungen über den anderen abgeben. Nein, sondern indem jemand mit seiner ganzen Ernsthaftigkeit da ist, wenn ich gründlich bei mir schaue, so wie ich für ihn genauso da bin. In einem solchen Austausch kommen zwangsläufig unsere unbewussten Mechanismen ans Licht. Warum sollte das, was in einer guten Psychotherapie geschehen kann, nicht auch in anderen guten Beziehungen funktionieren? Die Angst vor den anderen hört in dieser Selbsterkenntnis auf. Dann sind wir ungestört kooperationsfähig, und womöglich lachen wir dann frei mit anderen Menschen über uns selbst anstatt über andere.

Vielleicht denken Sie jetzt, dass ich Ihnen damit zwei Wege zur Auflösung von Angst und Leiden als einfache Rezepte verkaufen will. Ich weiß nicht, ob Sie bereit sind, *alles jederzeit* anzuschauen, was in Ihnen hochkommt. Dann erst ist es nämlich wirklich einfach. Spannende und immer neue Einsichten in der Selbsterkenntnis bereichern dabei Ihr Leben. Solange Sie jedoch Zweifel und Bedenken haben und das Unangenehme von sich wegschieben, sobald es in den Gefühlen, den Konflikten oder im Körper auftaucht, dann bleibt die Freiheit von Angst eine nicht zu erreichende Illusion. Im Teil IV gehe ich noch einmal ausführlich auf den Umgang mit einer übermächtig wirkenden Angst vor dem Unbewussten ein.

Es ist eine Herausforderung für uns alle herauszufinden, wie wir mit Freunden im Andersleben, mitten in unserer Gesellschaft, alltagstauglich, ohne Leid und voll Lebensfreude leben können, auch wenn Verdrängung, Angst und Gier zeitweilig noch in uns wirken. Haben Sie diese Entschlossenheit, allen Problemen wirklich auf den Grund zu gehen und sich ihnen nicht mehr auszuliefern?

Kreativität

Jeder Mensch trägt Kreativität in sich. Denn das menschliche Gehirn erschließt sich die Welt nur durch seine Kreativität. Sie führt uns in neue, noch nicht gekannte Dimensionen. Wenn die Kreativität aktiv ist, spüren wir Begeisterung.

Bei kleineren Kindern, die noch nicht vollgestopft sind mit unverdauter Vergangenheit und mit Wissen, mit gesellschaftlichen Normen und Konventionen, mit Gier und Angst, können wir begeisterte Kreativität beobachten. Und warum macht es uns so viel Freude, Kinder beim Spiel zu beobachten? Natürlich weil wir tief in uns spüren und ohne besondere Begründung wissen, dass es gut, richtig und schön ist. Die Kinder erinnern uns außerdem daran, dass wir nicht oder viel zu selten kreativ leben.

Kreativität wird lebendig, wenn das Denken sich nicht auf die Vergangenheit fixiert, also auf das, was schon vorbei ist. Kreativität wird lebendig, wenn das Gehirn nicht mit Tätigkeiten oder Gedanken, die sich immer wiederholen, beschäftigt ist. Kreativität ist der Ausdruck eines freien Geistes, der sich neugierig dem Leben zuwendet.

Viele Menschen verstehen unter Kreativität nur künstlerische Aktivitäten. Kunst und Musik sind ein wundervoller Ausdruck von Kreativität. Aber sie entfaltet sich in allen Lebensbereichen, wenn wir etwas mit Begeisterung tun.

Kreativität tritt immer gemeinsam auf mit **Liebe, Intelligenz, Freiheit und Schönheit.** Diese Big Five, wie ich sie nenne, sind zusammen die Quelle von Lebensfreude und Glück. Wenn eines fehlt, bleiben auch die anderen vier weg. Und wenn wir uns auf eines gründlich einlassen, stellen sich auch die vier anderen ein. Das brauchen Sie mir nicht zu glauben. Sie können es selbst entdecken.

TEIL II
Vollständiges Verstehen

Jede wirkliche Veränderung eines einzelnen Menschen wie auch die von Gemeinschaften entsteht ausschließlich durch Selbsterkenntnis. Denn wer sich selbst nicht versteht, wird immer ein von seinem Unbewussten Getriebener sein, auch wenn wir es uns höchst ungern eingestehen. Selbsterkenntnis beruht auf ungetrübten Wahrnehmungen der inneren und äußeren Wirklichkeit und nicht auf ihrer Interpretation. Deshalb ist eine Selbsterkenntnis viel bedeutsamer, als eine Diskussion über unterschiedliche Meinungen. Aber kann man überhaupt wahrnehmen ohne zu interpretieren? Davon handelt das nächste Kapitel 3. Das Kapitel 4 fasst alle wesentlichen Einsichten und Begrifflichkeiten zusammen, auf die ich als Hinweise für die Selbsterkenntnis aufmerksam mache.

3 Lesen, ohne Wissen anzusammeln

Wenn Sie neugierig auf sich selbst sind, dann beobachten Sie genau, wie sich Ihr Interesse an den verschiedenen Themen zeigt. Auf den ersten Blick erscheinen die Aussagen interessant, die das Gehirn schon kennt. Man merkt dies daran, dass man eine Meinung dazu hat, man stimmt zu oder lehnt ab.

Aber was ist mit den Themen, die wir als unangenehm empfinden? Diese möchten wir am liebsten ausblenden. Wenn wir in uns ein Wegschieben-wollen als Vorbote vom Verdrängen wahrnehmen, entdecken wir gerade einen Störfaktor in unserem Leben. Wir spüren das Störende kurz vor dem Verdrängen als unangenehm.

Sie werden also etwas Neues über sich erfahren, wenn Sie beim Lesen darauf achten, was Sie *spontan und gefühlsmäßig* positiv, vor allem aber, was Sie negativ berühnt. Achten Sie deshalb weniger darauf, ob Sie meinen Aussagen zustimmen oder ob sie diese kritisieren. Wenn Sie stattdessen vor allem *Ihrem Empfinden* die Aufmerksamkeit geben, entdecken Sie sich selbst auf eine neue Weise. Dann kann das, was in Ihnen zum Klingen kommt, zu einer eigenen Einsicht werden. Das ist etwas ganz anderes, als wenn Sie auf meine Ausführungen lediglich mit dem Urteil „richtig" oder „falsch" reagieren.

Es geht also nicht darum, an jeder Station der Reise neue Eindrücke in Form von Wissen anzusammeln. Sondern sie können jederzeit Ballast in Form von überflüssiger Denkerei abwerfen.

Dann machen wir gemeinsam eine Reise, ein wenig wie im Märchen von „Hans im Glück". Er wurde umso glücklicher, je weniger er besaß. Mit jedem Stück Ballast, das Sie abwerfen, beginnt Ihr Leben in gewisser Hinsicht wieder neu. Es wird lebendiger. Ein Bildhauer erklärte mir, dass man den Stein, von dem man gerade ein Stück abgesprengt hat, *als Ganzes* wieder neu anschauen muss, um das Kunstwerk weiterhin harmonisch zu gestalten. Wenn man dagegen nur auf die Stelle schaut, die sich gerade ein wenig verändert hat, arbeitet man engstirnig, nicht kreativ.

Wirklich frei ist Hans im Glück erst, als er alles abgeworfen hat. Das Ergebnis unserer Reise könnte sein, dass Sie „nicht mehr" über Vergangenheit und Zukunft nachdenken wollen und dass Sie sich „nie wieder" von dem Urteil anderer Menschen abhängig machen oder andere beeinflussen wollen.

Wenn Sie diesen beiden Aspekten des Denkens „nie wieder abhängig" und „sich nicht mehr in Vergangenheit und Zukunft verlieren" Raum geben, ist offensichtlich eine große Ernsthaftigkeit da, mit der Sie an Ihr Leben und das, was es belastet, herangehen wollen. Ob und wie weit dies möglich ist, wird sich Ihnen zeigen.

Um Missverständnisse zu vermeiden, möchte ich Folgendes betonen: Ich spreche hier über innerpsychische, gefühlsgebundene Prozesse. Lebenspraktische Planungen und Absprachen mit anderen Leuten bleiben dagegen natürlich weiterhin notwendig: beispielsweise das Führen eines Terminkalenders oder die Urteile in bestimmten Sachfragen durch Fachleute wie Handwerker, Zahnärzte oder Ingenieure. Doch gefühlsgebundene Prozesse sind verantwortlich dafür, *wie* wir mit uns selbst, mit den praktischen Fragen des Alltags und mit der Welt draußen umgehen.

Ich weiß, wie außerordentlich zäh unsere alten Muster sind, solange wir sie nicht begreifen. Es ist sinnlos, sich selbst einen Vorwurf zu machen, wenn wir wieder mal oder noch auf die alte Weise funktionieren. Wir müssen das Erbarmen – in der Erkenntnis, dass wir nicht perfekt sind und destruktive Muster in uns tragen – nicht nur den anderen Menschen entgegenbringen, sondern zuerst auch uns selbst.

Ein wirkliches Verstehen anderer Menschen ohne gegenseitiges Ausnutzen setzt voraus, dass wir die Mechanismen, wie wir uns gegenseitig zu manipulieren versuchen, bei uns selbst durchschaut haben.

Wir machen uns einfach auf die Reise, um herauszufinden, ob ein Andersleben im Miteinander möglich ist. Sicherlich haben Sie selbst schon einzelne Aspekte von Andersleben entdeckt, weil es die natürliche und gesunde Art zu leben ist, von der jeder Mensch wohl berührt wird. Niemand kann *nur* in negativer und ungesunder Weise leben. Doch warum sollten wir dies bruchstückhaft leben und nicht so vollständig, wie es uns möglich ist?

Wie Andersleben in Zukunft aussehen wird ist unbekannt, weil es ja nicht auf einer Zukunftsplanung oder auf einer neuen Ideologie aufbaut. Es ist einfach die gründliche Verneinung der uns heute bekannten destruktiven Denk- und Lebensweisen, ohne daraus einen neuen Kampf gegen andere Menschen und gegen sich selbst zu machen. Wer das Prinzip „Andersleben" erfasst, wird alles dafür tun, auf natürliche Art und Weise mit allen Menschen, die ihm / ihr begegnen, „gut" zusammenzuleben.

Vielleicht gefällt es Ihnen auch, mit Ihrem Partner, Ihrer Partnerin oder mit Freunden einzelne Abschnitte zu lesen. Es kann sehr spannend und befruchtend sein, gemeinsam zu beobachten, welche Auswirkungen diese Hinweise auch für das Zusammenleben haben. Es mag ein Vorgeschmack darauf sein, dass Andersleben die Beziehungen zu den Mitmenschen umgestaltet und von jeglichem Druck befreit.

Die Stille des Geistes

Selbsterkenntnis geschieht, wenn der Geist still ist, sowohl wenn ich allein bin als auch wenn ich im Austausch mit der Welt und den anderen Menschen bin. Vielleicht können Sie sich unter der „Stille des Geistes" wenig oder gar nichts vorstellen.

„Die Stille des Geistes" ist der Zustand der optimalen Funktionsfähigkeit des Gehirns. Sie ist keine großartige oder geheimnisvolle oder besonders spirituelle Angelegenheit. Sie ist ganz natürlich da, wenn wir nicht nachdenken.

Doch unser Gehirn ist zum Nachdenken quasi verdammt. Das Denken läuft sehr oft automatisch ab. Haben Sie sich auch schon einmal einen Knopf zum Abschalten des Denkens gewünscht, wenn es Sie zu sehr gequält hat? Doch andererseits sind das Denken und das Nachdenken auch lebensnotwendig. Wie passt das zusammen? Finden Sie heraus, wann das Denken sinnvoll und notwendig, wann es überflüssig ist und wodurch es zur Belastung wird.

Der stille Geist öffnet den Zugang zu den „Big Five", zu Liebe, Intelligenz, Freiheit, Schönheit und Kreativität. Er ist unbeschreiblich und deshalb auch nicht mit unserem Willen oder gemäß einer bestimmten Vorstellung davon herstellbar. Aber wir können feststellen, was ihn stört. Das bemerken wir, wenn Leid, Konflikte, Angst, Gier und körperliche Beschwerden uns das Leben schwer machen. Wir handeln nicht mehr, sondern reagieren nur noch.

Der Unterschied zwischen Reagieren und Handeln ist nicht so leicht zu beschreiben: Aber es zu fühlen, ist ganz einfach. Eine Reaktion ist eine Form von Zustimmung oder Ablehnung auf ein Ereignis, auf die Meinung oder das Verhalten eines anderen Menschen. Wir sind gewohnt zu reagieren: auf die Umstände, auf die Aktivitäten und Äußerungen anderer Menschen und auch auf unsere körperlichen Empfindungen. Wenn ich jedoch nur ruhig wahrnehme, was in mir und außerhalb von mir geschieht und was gesagt wird, ohne dass ich es als richtig oder falsch bewerte, dann ist mein Geist still. Er schlägt keine bestimmte Richtung ein, die er für richtig hält, sondern bleibt offen. Anstelle einer Reaktion ergibt sich daraus ein Handeln in innerer Freiheit. Dieses Verhalten ist ganzheitliches Handeln in dem Sinne, dass es der gesamten Situation gerecht wird und mehr beinhaltet als Zustimmung oder Ablehnung.

Ich will diesen vielleicht etwas schwer zu verstehenden Unterschied mit einem Bild verdeutlichen. Entsprechend einer Anregung von Jiddu Krishnamurti können wir die Stille des Geistes mit einem See vergleichen. Wenn Sie den folgenden Text lesen, dann nehmen Sie alle Ihre aufkommenden Gedanken einfach zur Kenntnis, ohne sich weiter darin zu verlaufen.

Lesen Sie einfach und urteilen Sie nicht.

Wenn ein See ganz still ist und glatt, dann spiegelt sich im See der Himmel und das ganze Ufer exakt wider. Ein Geist, der vollkommen still und ohne jegliche Beunruhigung ist, vermag das Leben, das ihn berührt, vollständig und direkt wahrzunehmen und entsprechend zu handeln.

Ein Geist dagegen, der mit sich selbst beschäftigt ist, mit seinen Sorgen, Ängsten und all seinen Gefühlen, erzeugt eine innere Unruhe. Der See ist nicht mehr still, sondern unruhig. Wenn sich auf dem See Wellen kräuseln, verzerrt sich auch das, was in ihm gespiegelt wird. Ein Geist, der auch nur eine kleine Unruhe hat, nimmt die Welt nicht mehr unverfälscht wahr. Ist der See aufgewühlt und sind die Wellen richtig hoch, dann spiegeln sich in ihm keine Einzelheiten mehr wider, sondern nur noch die Farben seiner Umwelt. Ein erregter Geist bekommt von seiner Umgebung nicht mehr mit als grobe Stimmungen und Effekte.

Wenn in einen stillen See ein Stein fällt, dann erzeugt er Wellen, die sich von ganz allein verlaufen. Kleine Steine erzeugen kleine Wellenkreise. Ein Felsbrocken erzeugt eine große Wellenbewegung. Alle großen und kleinen Wellen werden jedoch allmählich immer kleiner und noch kleiner, bis sie sich schließlich vollständig aufgelöst haben. Der See nimmt sie alle auf und wird wieder still. In unserem Leben geschehen unvermeidlich Ereignisse, die unseren Geist beunruhigen, kleine Ereignisse, die uns ein wenig beunruhigen, und große Ereignisse, die uns tief erschüttern. Alle Ereignisse gehen vorüber und hinterlassen in einem ruhigen Geist keine Spuren.

Was ist also ein ruhiger Geist? Ein ruhiger Geist ist nicht mit sich selbst beschäftigt, er ist wie ein See, der keine Eigenbewegungen hat.

Die Eigenbewegung, die den Geist beunruhigt, ist das Denken. Damit sind nicht sachbezogene Gedanken, sondern gefühlsbeladene Gedanken gemeint. Dieses Denken ist die Fortsetzung von nicht vollständig verstandenen und damit noch nicht erledigten unangenehmen früheren Ereignissen. Bei ähnlichen Gelegenheiten werden diese Geschehnisse erinnert. Diese Erinnerung ist jetzt verknüpft mit unangenehmen oder gar bedrohlichen Gefühlen und der Sorge, das Schlimme könnte sich wiederholen. Die Gedanken kreisen dann entweder um das, was hoch gekommen ist, oder als Ablenkung um ganz andere Themen.

Das Denken ist also die Beschäftigung mit vergangenen Erfahrungen, meist ohne dass man dies bewusst merkt. Jeder selbstbezogene, meist sorgenvolle Gedanke wirkt in uns genauso wie ein äußeres Ereignis, wie ein Stein, der in den See fällt. Er erzeugt Unruhe und kreisförmige Wellen, die dann aber immer unwichtiger und kleiner werden, bis sie verschwinden.

Der Geist wird also sowohl durch äußere Ereignisse als auch durch auftauchende Gedanken beunruhigt. Wenn wir die äußeren Ereignisse und unsere Gedanken einfach nur zur Kenntnis nehmen, dann erzeugen wir keine Probleme für uns. Wenn wir etwas Vergangenes, das sich irgendwie meldet, nur vollständig wahrnehmen, ohne es verändern zu wollen, dann klärt es sich in der Stille von allein auf.

Unsere Beunruhigung verwandelt sich jedoch in ein Problem, wenn wir gegen die Beunruhigung vorgehen wollen. Denn dadurch erzeugen wir immer neue Gedanken. Wir werfen gewissermaßen die alten Steine immer wieder neu in den See, der dann nicht zur Ruhe kommen kann. In einem solch aufgewühlten See sind seine „Eigenbewegungen" kaum oder gar nicht mehr zu unterscheiden von den Wellen, die durch die neuen Steine verursacht werden. Erst wenn wir aufhören, über unsere Probleme und unsere Beunruhigung nachzudenken, bringt der stille Geist seine immense Fähigkeit zur Geltung, Einsichten und rechtes Handeln hervorzubringen. Er ist in der Lage, alle Ereignisse ohne jegliche Nachwirkungen aufzunehmen wie ein stiller See alle Steine und die von ihnen erzeugten Wellen.

Nehmen Sie meine weiteren Ausführungen in diesem Buch mit einem stillen Geist auf, soweit es Ihnen möglich ist und wenn Sie dies auch wollen. Falls Sie dadurch an bestimmten Punkten beunruhigt werden, so geben Sie dieser inneren Beunruhigung Raum, mag die Unruhe auch noch so unwichtig erscheinen. Denn wir schieben unsere Unklarheit oft mit schönen Argumenten weg, um uns nicht ernsthaften Fragen stellen zu müssen.

Wenn ein grenzenloser innerer Raum da ist, kann sich klären, was die Unruhe eines negativen Gefühls Ihnen „sagen" möchte. Sobald Sie Klarheit haben, ist die innere Ruhe wieder da. Falls sich nichts klärt, ist es auch nicht schlimm, dann ist die Zeit dafür vielleicht noch nicht da. Wenn wir uns nicht unter Druck setzen und von anderen unter Druck setzen lassen, dann berührt uns immer nur soviel, wie wir auch bewältigen können. Alles, was in uns in Unordnung ist, wird sich irgendwann wieder melden, wenn die Zeit dafür da ist. Das Leben mit seinen ewig neuen Herausforderungen gibt uns immer eine neue Chance für ein vollständiges Verstehen.

Schnee

Vier düstere Tage.
In den Bergen Nebelgelage
verwandeln die Sonne zur Scheibe,
flüchtig und bleich, ohne Bleibe.
Kein Mond, keine Sterne,
verschwundene Ferne.

Schnee fällt heraus aus dem Grau,
stürmisch getrieben und rau.
Dann wieder als lautlose Wand.
Schneeflocken beherrschen das Land.

Tiefblauer Himmel am neuen Morgen.
Die Sonne scheint, ist noch verborgen.
Nun schimmern die Berge rötlich ganz oben.
Jetzt glühen die Kämme, den Tag zu loben.

Die Morgensonne im Schnee sich bricht,
vervielfältigt unendlich das Licht.
Die Bäume, der Hang übersät von Diamanten.
Die Schönheit schickt mir ihre Gesandten.
Helligkeit an der Grenze zum Schmerz
öffnet die Poren von Haut, Kopf und Herz.

Tief im Inneren ist mir klar,
wer diese unglaubliche Pracht gebar:
die Zeiten voll Leben, tagtäglich verschieden.
Die Welt ist dieselbe, geliebte geblieben.

Auf der Hütte in Tschagguns/Österreich, Januar 2005

4 Das Elementare

Die einzelnen Kapitel der Teile III bis VII sind wie die Stationen einer Reise zu den Themen des Lebens, von denen Sie in diesem Kapitel 4 einen Vorgeschmack bekommen. Sie können an jeder Station anhalten und mit stillem Geist erfassen, was in Ihnen dazu vor sich geht. Oder Sie können einfach auch weiterfahren, wenn das angesprochene Thema sie nicht oder noch nicht interessiert. Kein Thema ist wichtiger als ein anderes. Jedes ernsthafte Interesse an einem Thema führt automatisch auch zu den anderen. In unserem Gehirn hängt alles miteinander auf eine sinnvolle Weise zusammen. Denn es spiegelt die Welt draußen exakt wider, allerdings entsprechend unseren persönlichen Erfahrungen..

Falls Sie meinen, der Text sei schwer zu verdauen, lesen Sie entweder immer nur „häppchenweise". Oder Sie schmökern erst einmal drauflos und lassen die Hinweise auf sich wirken, ohne sich viel Gedanken darüber zu machen. Um jedoch schließlich den gesamten Zusammenhang, den ich beschreibe, zu erfassen, ist vermutlich notwendig, beim Lesen der Systematik der einzelnen Teile und Kapitel zu folgen.

Unsere Wahrnehmung der äußeren Welt und der inneren Welt, die Selbsterkenntnis, benötigt keine Worte und Begriffe. Wir können unmittelbar sehen, was ist. Doch um sich mitzuteilen und auszutauschen, benötigen wir Worte, die soweit wie möglich bei unterschiedlichen Nutzern dasselbe beschreiben sollten. Ich bemühe mich um große Sorgfalt im Gebrauch der Sprache über das, was wir empfinden, denken und entdecken. Denn das Unbewusste mit seinen unbewältigten Erfahrungen verbirgt sich auch hinter einer unklaren Ausdrucksweise und in vieldeutigen Begrifflichkeiten.

Die Elemente, die für mich zum Verstehen des Lebens von grundlegender Bedeutung sind, habe ich in diesem Kapitel 4 kurz beschrieben. Einige Begriffe habe ich auch etwas anders definiert, als es üblich ist. *Der Hinweis auf das Übliche ist in diesem Kapitel kursiv gesetzt.* Ich möchte Ihnen damit mehr Klarheit vermitteln über die Realität, die hinter den Begriffen steht. Die Kernaussagen dieses Kapitels sind wie eine Zusammenfassung oder eine Vorschau auf die Teile III bis VII zu sehen. Wenn später einer der Begriffe für Sie nicht mehr richtig verständlich ist, können Sie auch zurückblättern und hier nachlesen, was ich genau darunter verstehe.

Liebe und Verbundenheit

Liebe ist nicht etwas, das wir bekommen oder geben können, wie die meisten Menschen glauben. Sie unterliegt nicht unserer Kontrolle und kann deshalb auch nicht von uns zerstört werden.

Alles ist miteinander verbunden, alle Menschen, die Natur, das ganze Weltall. Nichts und niemand ist allein auf dieser Welt. Die Verbindung besteht aus Energie, die unabhängig von meinem Wollen und Wünschen existiert. Manche nennen es auch Liebe, Gott oder noch anders. Niemand, auch nicht der „schlimmste" Mensch, kann sich diesem universalen Stoffwechsel und damit der Lebensnotwendigkeit von Liebe entziehen. Liebe empfinden wir, wenn wir in Verbundenheit leben. Die Liebe selbst ist schon immer und überall da, wie die Luft, die wir atmen. Wir können aber für die Wahrnehmung der Liebe blind sein und Widerstände dagegen haben, die sich beispielsweise im Hass zeigen. Die Blindheit für die Liebe zieht alle Probleme nach sich, alles Leid und Gewalt und Zerstörung. Im Empfinden von Liebe gibt es keine Rangordnung und Aufteilung in Gottesliebe, Sex, Partnerliebe, Eltern-Kinder-Liebe usw., sondern nur Liebe. Denn wenn sie wirklich gespürt wird, bleiben die Worte weg.

Jetzt

Wir können nicht lernen, im Hier-und-Jetzt zu sein, weil wir doch sowieso schon im Hier-und-Jetzt sind. Wir können aber merken, wenn unsere Gedanken aus der Realität abschweifen und uns dadurch Probleme machen.

Alles, was existiert, existiert nur im gegenwärtigen Moment. Im Jetzt gibt es zwar Erinnerungen an die Vergangenheit und Vorstellungen von der Zukunft. Die Vergangenheit selbst ist jedoch tot, sie existiert nicht mehr. Und die Zukunft ist noch nicht da, sie ist unbekannt. Nur in unserer Gedankenwelt gibt es Vergangenheit und Zukunft. Aber auch der einzelne Gedanke, eine bestimmte Vorstellung – beispielsweise vom morgigen Tag – ist Bestandteil des Jetzt und genauso flüchtig wie der Moment selbst. Zwar gibt es auch Theorien über das Jetzt, beispielsweise dass alle Momente gleichzeitig existieren und dass wir uns immer nur in einem der unendlich vielen Zeitfenster aufhalten. Aber Theorien über die Zeit führen leicht dazu, dass man mit der Tatsache, dass alles im Jetzt existiert, nicht wirklich lebt, sondern nur darüber diskutiert.

Natur

Der materielle Stoff, aus dem wir gebaut sind, wie Knochen und Fleisch, Blut und Nerven, ist derselbe Stoff, aus dem alles biologische Leben besteht. Die Natur ist ein lebendiger Spiegel unserer selbst. Ohne Bezug zur Natur können wir uns selbst nicht verstehen. Je mehr wir uns von der Natur entfremden, umso unmenschlicher werden wir. Ein guter Kontakt mit Tieren, mit Bäumen und anderen Pflanzen, mit der Erde, mit Wasser und Luft ist lebensnotwendig, sowohl für die Gesundheit von Körper und Geist als auch für unser ganzheitliches Empfinden für alles, was lebt.

Intelligenz

Intelligenz ist nicht eine Ansammlung von individuellen Fähigkeiten, die z. B. der Arbeitsmarkt aufgrund des Wettbewerbs von Arbeitskräften verlangt und die zu diesem und anderen Zwecken in Intelligenztests gemessen werden. Der IQ hat mit wahrer Intelligenz so gut wie nichts zu tun.

Intelligenz drückt sich vor allem in der Fähigkeit aus, „zwischen den Zeilen zu lesen", also den Hintergrund einzelner Aspekte und damit den gesamten Zusammenhang des Lebens zu erkennen. Intelligenz nimmt vollständig und gleichzeitig die Innenwelt und die Außenwelt wahr und hilft so jedem Organismus, optimal zu leben. Die menschliche Kooperation ist eine Ausdrucksform von hoher Intelligenz, weil sie die ohnehin existierende Verbundenheit bewusst nutzt. Nicht die Einzelperson herrscht über die Intelligenz, sondern die Intelligenz führt uns durch das Leben – wenn wir für sie offen sind –, genau entsprechend der persönlichen Fähigkeiten. Intelligenz steckt also nicht in der einzelnen Person, sondern sie ist enthalten in der Verbundenheit und immer verknüpft mit der Liebe. Intelligenz wirkt auch in Menschen mit geistigen Beeinträchtigungen. Intelligentes Handeln ist für jeden unmittelbar einsichtig, voll Vernunft und bedarf keiner Erklärung und Begründung.

Freiheit

Üblicherweise wird unter Freiheit die Freiheit der Wahl verstanden. Wir können uns kaufen, was wir wollen, oder tun, was wir möchten. Diese Freiheit gibt es in Wirklichkeit gar nicht: Wir werden immer entsprechend unserer Vorlieben und Abneigungen das tun oder kaufen, worauf wir durch frühere Lebenserfahrun-

gen konditioniert sind. Diese Vorstellung von Freiheit als Wahlfreiheit tröstet nur über unser Getriebensein von erlernter Angst und Gier beispielsweise im Kaufrausch hinweg und verhindert zu verstehen, was wahre Freiheit ist.

Nur in Momenten, wenn unser Geist still ist und nicht mehr gesteuert wird von Emotionen und Gewohnheiten, dann nimmt er die Situation vollständig wahr und vermag optimal zu handeln. Dann kaufen wir beispielsweise das, was wir wirklich brauchen. Nur in diesen Momenten zeigt unser Empfinden uns auch wirkliche Freiheit, die mit Liebe, Intelligenz, Kreativität und Schönheit einhergeht.

Schönheit

Die übliche Meinung ist, dass Schönheit einem ganz persönlichen Urteil unterliegt. Das ist unsere „normale" Erfahrung.

Wenn der Geist still ist, kann er darüber hinaus die Schönheit, die in *allem* enthalten ist, sehen, Die Schönheit ist in den Menschen, in den Dingen und in der Natur „schon drin". Wer sie mit stillem Geist sieht, kann diese Erfahrung nicht mit Argumenten weitergeben. Er kann nur darauf hinweisen. Jeder muss die universelle Schönheit selbst entdecken.

Kreativität

Kreativität ist nicht nur da, wenn wir malen, basteln, dichten, musizieren usw.

In jeder Situation, in der unser Geist nicht mit mechanischen oder anderweitig vorgegebenen Aufgaben beschäftigt ist, kann sich die Kreativität ausdrücken. Im Lauschen, im Schauen, im Zuhören, im Fühlen und im Schmecken, bei jeder Tätigkeit ist Kreativität dabei: wenn wir nicht an einer bestimmten Vorstellung kleben, wenn wir nicht mehr ein bestimmtes Ergebnis erzwingen wollen, wenn wir kein Urteil über das, was wir oder andere tun, mehr fällen. Wenn immer wir uns tatsächlich überraschen lassen, was das Leben uns im Moment bietet und wohin es uns auch führt, dann ist Kreativität da. Es ist die vollständige Offenheit für das, was ist und was auf uns zukommt. In diesem Zustand geben wir der Realität die optimale, kreative Antwort, die keine Nachahmung mehr ist.

Geist

Den Begriff „Geist" kann ich nicht so klar beschreiben, wie andere Begriffe in diesem Kapitel, sondern nur so ungefähr.

„Geist" ist ein psychologischer Begriff für die Aktivitäten des Gehirns, sowohl wenn es denkt als auch im achtsamen Gewahrsein der äußeren Realität und des eigenen Zustandes. Wenn der Geist aktiv ist, ist Bewusstsein in seinen zwei Ausdrucksformen da: in Form von klarem, ungetrübtem Bewusstsein, aber auch in der Form von Verdrängen und Nicht-ins-Bewusstsein-kommen-Lassen.

Darüber hinaus habe ich eine Ahnung davon, dass dieses Gehirn mit seinen außerordentlichen Fähigkeiten, die Realität zu spiegeln, auch in Verbindung steht mit dem, was über den „eigenen Geist" hinausgeht. Man kann es „Weltgeist" nennen oder „das Göttliche" oder „das für unser Gehirn nicht direkt Fassbare".

Denken

Es gibt zwei Arten von Denken.

Üblicherweise wird mit dem Wort „Denken" jegliche geistige Aktivität verstanden. Aber es gibt zwei verschiedene Denkaktivitäten:

1. Das Denken hat seinen guten Platz in praktisch-technischen Fragen. Dieses Denken ist völlig unproblematisch – es erzeugt keine Probleme. Denn die Realität korrigiert die Irrtümer des Denkens, wenn beispielsweise eine Maschine nicht läuft wie geplant. Das Gehirn stellt sich dann sofort auf diese Tatsache ein und sucht eine neue Lösung, die ebenfalls wieder an der Realität überprüft wird.

2. Wenn unser Gehirn sich mit dem Inhalt des Bewusstseins, mit unseren Erinnerungen und Bewertungen beschäftigt: das ist jenes Denken, das zwangsläufig psychische Probleme erzeugt. Wenn irgendetwas gefühlsmäßig nicht stimmig ist, sucht das Gehirn durch Denken die Lösung in seinem eigenen Wissen. Dort findet es widersprüchliches psychisches Chaos und alte Konflikte, aber keine Korrektur durch neue Hinweise. Das Denken kann sich nämlich nur im Bereich des Bewussten bewegen. Das Verdrängte jedoch, das uns die Probleme macht, wird nicht erreicht. So ernährt dieses Denken unsere Probleme und versucht dann, sie durch weiteres Denken aufzulösen. Das Ergebnis ist ein Grübeln in Endlosdenkschleifen.

Das Entdecken von etwas wirklich Neuem geschieht in einem „Gedankenblitz", der nicht durch Denken, sondern bei einem stillen Geist plötzlich aus dem Unbekannten auftaucht.

Problem und Herausforderung

Das Wort „Problem" wird üblicherweise diffus gebraucht: sowohl für das, was von Außen und durch eine natürliche Entwicklung an uns herangetragen wird als auch dafür, was wir selbst erzeugen.

Für eine gute Wahrnehmung des Inneren und der Außenwelt sind klare Begriffe hilfreich: Eine *Herausforderung* entsteht, wenn etwas Neues aus der Außenwelt oder im Beobachten der Innenwelt auf uns zukommt und eine Antwort im Handeln verlangt. *Probleme* entstehen, wenn wir den Herausforderungen des Lebens aktiven Widerstand („ich will diese Tatsachen nicht haben.") oder passiven Widerstand durch Verdrängen entgegensetzen. Probleme sind immer psychischer Natur.

Wenn wir glauben, wir könnten uns vor den Herausforderungen drücken, dann verwandeln sich Herausforderungen in Probleme.

Angst

Angst ist nicht die sinnvolle Reaktion des Organismus in einer konkreten Gefahr. Das steht in ziemlichem Gegensatz zu dem, was Psychologen und spirituelle Lehrer meist vertreten, nämlich dass die Angst zum Leben dazu gehöre und dass wir von den Angstspezialisten lernen müssten, mit der Angst umzugehen.

Angst ist die Reaktion auf das Vorspiegeln einer Gefahr durch das Denken. Wenn wir aber tatsächlich einer echten unmittelbaren oder drohenden Gefahr für Leib und Leben begegnen, handelt unser Gehirn sofort und direkt. Es macht immer das Bestmögliche für uns. Das ist nicht Angst, sondern Intelligenz. Nur wenn Zeit zum Denken vorhanden ist, weil keine tatsächliche und reale Gefahr droht, kann sich Angst entfalten. Denn die Grundlage von Angst sind negative Erfahrungen, die wir erstens verdrängt haben, weil wir sie nicht bewältigt haben, und die wir zweitens nicht wieder erleben wollen. Wir behandeln diese Erinnerungen durch unser Denken wie eine reale Gefahr. Der Körper reagiert bei Angst auch ähnlich wie in einer echten Gefahrensituation, so dass eine Verwechslung leicht möglich ist, wenn man den Unterschied nicht kennt. Es ist möglich, ohne Angst zu leben, wenn wir den gesamten Angstproduktionsmechanismus nicht mehr aktivieren und auch nicht auf den Angstzwilling, die Gier, hereinfallen.

Gier

Gier ist keine negative moralische Eigenschaft eines Menschen. Es ist nichts, was sich durch Verurteilung auflöst. Im Gegenteil, wenn wir die Gier bekämpfen oder ablehnen, wird sie verdrängt und im Unterbewussten immer stärker, bis sie irgendwann zwangsläufig umso heftiger aufbricht.

Gier ist der heftige Drang, etwas sein, etwas haben oder etwas werden zu wollen. Jeder Mensch kennt vermutlich Gier. Sie tritt auf, wenn wir mit unserem Leben, wie es gerade ist, nicht einverstanden sind und wir durch Angst unter Druck geraten. Dann sind wir gierig auf das vermeintlich Bessere. Zugleich wirkt dann im Hintergrund auch die Angst weiter, dass die Gier nicht befriedigt wird. Wenn Gier vollständig verstanden wird und wenn dabei auch der Druck von außen, der uns gierig machen soll, keine Wirkung mehr auf uns hat, dann endet sie.

Leid

Üblicherweise werden die Ursachen von Leid in schlechten äußeren Bedingungen oder körperlichen Befindlichkeiten gesehen. Aber Tatsachen an sich erzeugen kein Leid.

Krankheiten etwa erzeugen Schmerzen und andere Beschwerden, mit denen unser Körper zeigt, dass wir uns um ihn kümmern sollen. Eine schwierige materielle und finanzielle Lage ist noch kein Leid. Sie verlangt ein Handeln zur Sicherung der Existenz. Im Moment unseres Handelns für unseren Körper oder für unsere materielle Existenz ist kein Leid da.

Erst wenn wir darüber nachdenken, dass wir den Zustand oder die Situation lieber anders hätten, wenn wir uns also im inneren Widerstand und in der Rebellion gegen das, was ist, befinden, entsteht das Gefühl von Leid. Leid ist also das unerträgliche Gefühl, wenn wir die Realität anders haben wollen, als sie ist, zugleich aber erkennen müssen, dass es nicht möglich ist – und trotzdem daran festhalten, dass sie anders sein sollte.

Psyche

Psyche entsteht dadurch, dass das Gehirn sich seinen eigenen Inhalten zuwendet. Wenn wir uns mit uns selbst, mit den eigenen Meinungen und Gefühlen beschäftigen, so dass der Kontakt zur Welt draußen vernebelt oder unterbrochen ist, dann ist Psyche da. Sie endet, wenn der Geist still ist und sich ohne Eigenbewegung der Realität zuwendet, dem Körper, der Natur, den anderen Menschen, einer Arbeit oder der Gesellschaft. Wer die Stille des Geistes nicht kennt, kann auch diese Unterscheidung nicht vornehmen. Deshalb glauben die meisten Menschen, dass Psyche immer da ist.

Konditionierungen

Das Gehirn sortiert alle Erfahrungen danach, ob sie angenehm oder unangenehm für die Person sind, und speichert diese Erfahrungen zusammen mit dem Gefühlten ab. Daraus entwickeln sich Reaktionsmuster für künftige ähnliche Erlebnisse. Dieser Prozess wird Konditionierung genannt. In den praktischen Lebensfragen brauchen wir das Konditioniertsein, um optimal handeln zu können, z. B. für die Sicherheit beim Autofahren oder beim Holzhacken. Im psychischen Bereich erzeugen die Konditionierungen die Psyche mit ihren Gewohnheiten, wodurch unsere Probleme entstehen. Dieses Buch handelt davon, wie die störenden Konditionierungen wirkungslos werden können, wie wir uns also dekonditionieren können.

Gewohnheiten

Die Beschäftigung mit der eigenen Befindlichkeit, die Sehnsucht nach Sicherheit, die Angst, irgendwann nicht mehr zu existieren mit ihren vielfältigen Facetten, und die Gier, immer mehr sein und haben zu wollen, basieren auf alten konditionierten Reaktionsmustern im Gehirn.

Da es aber totale Sicherheit nicht gibt und dies uns vom Verstand her ja auch bewusst ist, lenken wir uns durch Gewohnheiten von der Realität ab, um der Angst vor der Zukunft und vor anderen Menschen zu entgehen.

Solange wir die Suche nach vollkommener Sicherheit nicht auf der Gefühlsebene aufgeben, haben unsere Gewohnheiten uns im Griff.

Empfindung und Sensibilität

Empfindungen dürfen nicht verwechselt werden mit Gefühlen und negativen Emotionen, die aus der Vergangenheit kommen und unsere Empfindsamkeit stören und unterdrücken.

Empfindungen sind jederzeit da und zeigen uns, was gegenwärtig für uns von Bedeutung ist. Sie entstehen durch das Empfinden. Empfindungen geben uns die in jedem Augenblick eine neue und frische Orientierung zum Leben. Empfindungen werden von uns ganzheitlich erfahren: Sie umfassen die Wahrnehmungen der Außenwelt durch unsere Sinne, die körperlichen Zustände und die Vergleiche mit Erinnerungen, noch bevor sich das Denken darin verliert. Empfindungen können heftig, aber auch so „leise" sein, dass wir sie gar nicht bemerken. Unsere Fähigkeit, Empfindungen wahrzunehmen, ist unsere Empfindsamkeit. Im Empfinden steht uns zugleich die notwendige Energie zur Verfügung, die jeder Moment im Leben erfordert. Je weniger die Empfindsamkeit durch Verdrängungsprozesse gestört wird, umso sensibler werden wir. Diese Entfaltung der Sensibilität bewirkt, dass wir achtsamer, lustvoller und freudiger leben.

Gefühl

Gefühle sind nicht das, was wir unmittelbar spüren und fühlen. Das sind Empfindungen.

Das Fühlen und das Empfinden beschreiben den momentanen Kontakt zur Gegenwart.

Gefühle entstehen aus dem, was wir früher schon einmal gefühlt haben und mit dem wir damals nicht fertig geworden sind. Deshalb hat das Gehirn diese ursprünglichen Empfindungen mit dem Vermerk „gefährlich" oder „unangenehm" abgespeichert. Als die Erwachsenenwelt versuchte, uns das eigene Empfinden abzugewöhnen, damit wir so funktionierten, wie die Alten es wollten, wurden unsere Empfindungen als negativ abgespeichert. „Ich darf nicht so sein, wie ich bin." Unsere Handlungsenergie wurde blockiert und wir tragen sie als stille Wut, Trauer oder Ärger in uns. Wenn das Gehirn durch Empfindungen in einer neuen Situation an diese alten Gefühle erinnert wird, werden diese aktiviert und mischen sich in die neue Situation ein. Die Einmischung erfolgt aber nicht im vollen Bewusstsein, dass es alte Erfahrungen sind, sondern in dem Gefühl der Bedrohung, was künftig geschehen könnte. Wenn wir also (negative) Gefühle haben, merken wir nicht, dass eine unbewältigte Vergangenheit uns gerade einholt. Wir merken nur, dass wir nicht mehr unmittelbar handeln können, sondern erst einmal mit einem unangenehmen Gefühl nachdenken, was wir tun können.

Oft verwandeln wir sogar angenehme Erfahrungen in negative Gefühle: Wenn wir bedauern, dass das Angenehme schon vorbei ist, spüren wir negative Gefühle. Wenn wir gute Erinnerungen festhalten möchten, was aber nicht möglich ist, dann schlägt die schöne Erinnerung ebenfalls in einen negativen Zustand um. Wenn wir uns dagegen einfach absichtslos erfreuen an einer guten Erinnerung und sie aufsteigen und wieder verblassen lassen, dann erzeugen Erinnerungen keine Probleme.

Emotion

Emotionen werden in unserer Gesellschaft hochgeputscht. Dann verdecken sie die klare Wahrnehmung der Wirklichkeit. Wenn unsere Emotionen automatisch und ohne Bewusstsein ablaufen, können sie gut von anderen ausgebeutet werden.

Emotionen sind die Reaktionen, die von starken Empfindungen ausgelöst werden. Sie sind die Handlungsenergie, die uns je nach Bedarf zur Verfügung gestellt wird und die nach außen drängt. Die positiven Emotionen, wenn wir beispielsweise vor Glück schreien oder weinen oder vor Freude tanzen, sind Ausdruck unserer vollständigen Harmonie mit der Situation oder den Menschen um uns herum. Durch negative Emotionen hingegen geben wir unsere unbewältigten Empfindungen und Gefühle an andere Menschen weiter. So transportieren sie das unbewusste, ungelöste und damit Leid erzeugende Negative der Vergangenheit und das neue Ungelöste immer weiter fort. Wir können aber die Energie, die in den negativen Emotionen verbraucht wird, ihrem eigentlichen Zweck zuführen, nämlich gut zu leben. Darum geht es, in diesem Buch wie in unserem Leben.

Erbarmen

Erbarmen ist nicht Mitleid.

Dieses veraltet wirkende Wort beschreibt eine Empfindung, die entsteht, wenn wir das destruktive Verhalten eines anderen Menschen wahrnehmen, es aber nicht verurteilen und auch nicht dessen negative Energie aufnehmen. Dann erkennen wir hinter den aggressiven oder depressiven Fassaden sein AngstGier-Gefängnis. „Denn sie wissen nicht, was sie tun." Erbarmen kann nur empfunden werden, wenn wir unser eigenes AngstGier-Gefängnis kennen gelernt haben. Dann erfolgt auch keine Verurteilung anderer Menschen mehr. Wenn wir im Erbarmen spüren, was die anderen treibt, können sie uns nicht mehr verunsichern und einschüchtern. Wir geben dann die bestmögliche Antwort. Erbarmen lässt nicht zu, dass das Destruktive sich weiter ausdehnt.

Gesellschaft

So, wie wir mit anderen Menschen umgehen, so gestalten wir auch die uns umgebenden gesellschaftlichen Strukturen. Diese können wir nicht wirklich verändern, wenn wir uns selbst nicht verändern. Die Gesellschaft als Ganzes ist ein Gemeinschaftsprodukt aller Menschen. Sie kann und wird sich als Gemeinschaft auch nur durch ein neues Gemeinschaftsbewusstsein verändern. Jeder ist für sein Handeln in dieser Gesellschaft und damit auch für die Gesellschaft, in der er lebt, verantwortlich.

Andersleben

Im Andersleben spüre ich die Verbundenheit und grenze nichts und niemanden aus. Im Andersleben schließe ich keine Türen, weil ich weiß, dass ich mich nur selbst in meiner Gedankenwelt einschließe und dass ich mich ohnehin niemals wirklich aus der Verbundenheit mit allem lösen kann. Andersleben findet – wie alles – nur in der Gegenwart statt. Weil jeder Moment neu ist, ist auch Andersleben immer neu. Im Andersleben finde ich mich mit meinen Gewohnheiten und Mustern, die Leid erzeugen, nicht ab.

Existentielle Not

Alles, was ich beschreibe, handelt von Menschen, die nicht vollständig vom Überlebenskampf in Anspruch genommen sind. Wer tagtäglich um sein körperliches Überleben kämpfen muss, benötigt dafür alle Energie und kann sich deshalb womöglich nicht mit der Selbsterkenntnis auseinandersetzen. Aber ich weiß es nicht und kann deshalb über die Psyche von Menschen in so großer materieller Not auch keine Aussagen machen.

Die Not anderer Menschen trifft uns auf vielfältige Weise. Haben nicht wir, die wir in einer besseren materiellen Lage sind, auch dafür eine Verantwortung, dass alle Menschen am materiellen, geistigen und kulturellen Leben teilhaben können? Diese Verantwortung entspringt nicht einer sozialen Moral, der gemäß wir gute Menschen sein sollten. Sondern ich weiß, dass es mir nur richtig gut gehen kann, wenn ich dazu beitrage, dass für uns alle das Leben schöner und reichhaltiger wird.

In den folgenden Teilen III bis VII spreche ich Sie im kursiv gedruckten Text häufig sehr direkt darauf an, was Sie vielleicht denken und fühlen. Möglicherweise empfinden Sie manches als eine Unterstellung. Natürlich weiß ich nicht, was in Ihnen wirklich vor sich geht. Es sind nur Vermutungen auf der Grundlage meiner Beobachtungen bei mir selbst und aufgrund der Einsichten, die andere Menschen über sich gewonnen und mir mitgeteilt haben. Ich möchte durch die direkte Ansprache Ihr Beobachten der eigenen inneren Vorgänge anregen. Und falls meine Vermutungen nicht zu Ihnen passen oder Ihnen nicht gefallen, übergehen Sie diese einfach.

Warum ist das richtige Verständnis von der Funktionsweise des Gehirns für die Selbsterkenntnis und für die Befreiung aus dem Gefängnis der Psyche von Bedeutung? Wenn Sie Ihr Gehirn verstehen, nicht nur intellektuell, sondern wenn Sie Ihre Empfindungen und Gefühle beobachten, wie sie kommen und gehen und sich verwandeln, dann machen Sie sich von dem Irrglauben frei, Spezialisten wüssten besser, was mit Ihnen los ist als Sie selbst. Sie erfassen selbst unmittelbar und zunehmend klarer, was Ihre Empfindungen und Gefühle Ihnen direkt mitteilen, was Ihr aktuelles Problem ist und wie Sie es aufzulösen haben. Die Arbeitsweise des Gehirns ist sehr leicht zu verstehen, wenn Sie es nicht durch eine Theoriebrille betrachten, sondern auf Ihre Empfindungen achten. Damit Sie Ihre eigene Gefühlswelt richtig verstehen, gebe ich Ihnen neuartige Hinweise. Um glücklich leben zu können, brauchen Sie eine gute Antenne für die lebensnotwendigen Informationen und Energien Ihres Gehirns.

5 Das Gehirn – unser Beziehungsorgan

Aufgrund Ihres unzureichenden Verständnisses für Ihr Gehirn lassen Sie wie die meisten Menschen vermutlich die unglaubliche Empfindsamkeit dieses wunderbaren Apparats brachliegen oder vielleicht gar so verkümmern, dass Sie manchmal nur wie ein konditionierter Automat reagieren.

Das Gehirn des Menschen ist vermutlich die komplexeste Materie, die es auf der Erde gibt. Es besteht aus einigen Milliarden von Zellen. Jede einzelne Zelle hat Tausende von Verknüpfungen mit anderen Zellen. Das menschliche Gehirn nimmt in der materiellen Welt, zumindest in der uns bekannten, in seiner Einzigartigkeit offenbar außerordentliche Aufgaben wahr. Das gilt auch für Ihr Gehirn.

Sie haben Bewusstsein

Mit aktivem Bewusstsein hören Sie auf, nur zu reagieren auf die Erwartungen anderer Menschen und auf Ihre eigenen Ängste. Wenn Sie entdecken, wie Ihr Gehirn arbeitet, dann lernen Sie sich selbst, die anderen Menschen und die ganze Welt wirklich kennen. Das kann Ihr Leben spannender und fröhlicher machen als die Bespaßung durch die Kunstwelten vom Fernsehen und anderen Medien.

Das Gehirn vermag seine eigene Aktivität wahrzunehmen. Wenn dies bei Ihnen geschieht, werden Sie sich Ihrer selbst bewusst. „Selbstbewusstsein" ist das Merken, was mit Ihnen los ist, egal ob es Ihnen gefällt oder nicht. Beobachten Sie genau die Reaktionen in Ihrem Gehirn, die Gedanken und die Gefühle, die aufsteigen, dann werden Sie Ihre Probleme so verstehen, dass Sie keine Lust mehr haben, sie weiter zu erzeugen. Der Weg ist frei für ein Andersleben.

Das Gehirn organisiert Ihre Beziehungen

Ihr Gehirn weiß, dass Sie sich nicht aus den Beziehungen zur Welt und zu den anderen Menschen heraus stehlen können. Ist Ihr Gehirn etwa klüger als Sie selbst? Sie und Ihr Gehirn – sind das zwei unterschiedliche Dinge?

In Ihrem Gehirn wird alles miteinander verbunden: die Wahrnehmung der Außenwelt zeitgleich durch alle Sinnesorgane, die körperlichen Funktionen und Reaktionen, die Erinnerungen aus dem Gedächtnis, Ihr gesamtes Wissen sowie die Gedanken, Gefühle und Verhaltensweisen. Es wird alles aufgenommen, verarbeitet und in jedem Moment sinnvoll miteinander in Beziehung gesetzt. Die Beziehungen in Ihrem Kopf sind der Spiegel, wie Sie die Beziehungen in der Außenwelt erlebt und verarbeitet haben. Das Gehirn versucht ununterbrochen, sogar beim Träumen im Schlaf, sich Klarheit über die Realität zu verschaffen, damit Sie möglichst gut durchs Leben kommen, auch in den schlimmsten Situationen. Das ist doch wirklich wunderbar. Nehmen Sie diese Tatsache zur Kenntnis und hören Sie auf, Ihrem Gehirn und dem anderer Leute Vorwürfe zu machen, dass es nicht „richtig tickt". Wenn es so aussieht, als würde das Gehirn Probleme erzeugen, will es nicht beschimpft, sondern verstanden werden.

Das Gehirn steuert Ihr Verhalten

Ist es nicht erstaunlich, dass Ihr Gehirn alles dafür tut, dass es Ihnen gut geht?

Indem Ihr Gehirn alles aus der Umgebung aufnimmt, was einen Bezug zu Ihrer Person beinhaltet, spiegelt es die Welt, die Ihnen begegnet, wider. Es verknüpft diese Spiegelung mit Ihren Erinnerungen und den körperlichen Erfordernissen. Es bringt also die Realität in der Außenwelt, die körperlichen Zustände und Möglichkeiten sowie die bisherigen Erfahrungen zusammen. Es ist die Schalt- und Steuerungszentrale für Ihr Handeln. Sie können gar nicht anders handeln, als Ihr Gehirn Ihnen vorschreibt. Also machen Sie es sich doch nicht komplizierter durch Grübeleien darüber, was Sie tun sollten, sondern beobachten Sie, was in Ihnen vor sich geht. Durch empfindsame Beobachtung finden Sie die rechte und leichte Antwort auf die Fragen Ihres Lebens.

Das Gehirn ist unglaublich flexibel

Wahnsinn, wie schnell es arbeitet.

Ihr Gehirn macht unaufhörlich, in Abständen von Bruchteilen von Sekunden, ein neues „Update". So arbeitet es immer gemäß der gegenwärtigen Situation. Von einem Moment auf den nächsten und dann wieder auf den nächsten Moment und immer so weiter stellt es sich in seiner ganzen Komplexität auf das wechselhafte Leben neu ein. Diese blitzschnellen Reaktionen werden Ihnen normalerweise nicht bewusst. Aber die Arbeitsgeschwindigkeit Ihres Gehirns erkennen Sie beispielsweise daran, wie rasch Sie einen Satz sprechen oder denken können. In Sekundenbruchteilen ergreift Ihr Gehirn jedes einzelne Wort, verbindet die Wörter sinnvoll miteinander und lässt den Satz von den Sprachorganen formulieren. Das geschieht fast alles, ohne dass Sie sich dafür besonders anstrengen müssen.

Das Gehirn arbeitet niemals „falsch"

Unglaublich, wie präzise das Gehirn arbeitet. All Ihre Selbstzweifel lösen sich auf, wenn Sie sich dies vergegenwärtigen und wenn Sie, anstatt über sich nachzudenken, Ihre Sensibilität und Empfindsamkeit entwickeln.

Sie verhalten sich in jeder Situation so gut wie möglich. Das Urteil „Ich habe etwas falsch gemacht" wird immer nachher gefällt, niemals genau in dem Moment, in dem Sie handeln. Oder ein anderer sagt: „Das war falsch." Wenn Ihr Gehirn im Moment des Handelns wüsste, dass es jetzt einen Fehler macht, dann würden Sie gar nicht so handeln. Sie können sich zwar bezogen auf einen Einzelaspekt dessen bewusst sein, dass Sie jetzt etwas Falsches tun, aber ganzheitlich, gewissermaßen unter dem Strich, also unter Einbeziehung aller bewussten und unbewussten Faktoren hält Ihr Gehirn im Moment des Handelns sein Tun für richtig und in Ihrem Sinne. Es leistet das, was es jeweils als das Bestmögliche für Sie ansieht.

Das Gehirn braucht Ordnung, um handeln zu können

In Ihnen wirkt ein natürliches Bedürfnis, das Chaos in Ihrem Inneren aufzulösen.

Sie können nur handeln, wenn in der Sekunde des Handelns kein innerer Konflikt mehr da ist, auch wenn kurz vorher und kurz nachher Zweifel aufkommen. Um handeln zu können, braucht das Gehirn Eindeutigkeit in seiner Beurteilung. Es ist immer bemüht, mit seinen momentan zur Verfügung stehenden Fähigkeiten und Informationen um jeden Preis innere Ordnung zu schaffen. Denn es will leben und sinnvoll handeln, und dazu braucht es Ordnung. Notfalls und ziemlich oft verdrängt es störende Aspekte, die es im Moment nicht einordnen kann, allerdings um einen hohen Preis: Sie bekommen Probleme.

6 Die „Mechanik" des Gehirns

Um Ihre Beeinträchtigungen, beispielsweise durch Angst, zu verstehen und sich davon zu befreien, müssen Sie sich Klarheit darüber verschaffen, wie das Gehirn arbeitet, wenn es „frei" ist. Ansonsten laufen Sie Gefahr, dass Sie Störungen für normal halten und ihnen nicht auf den Grund gehen. Wenn Sie, wie die meisten

Menschen und auch psychologische Wissenschaftler, glauben, dass Angst nor-mal ist und zum Leben dazu gehört, werden Sie zwangsläufig Ihrer Angst immer ausgeliefert sein. Denn Sie kommen gar nicht auf die Idee, Angst zu unterschei-den von sinnvollen Warnsignalen und die Angst an der Wurzel zu beseitigen.

Neugier ist Lebensfreude

Lassen Sie sich Ihre Neugier nicht schlecht reden. Sie ist lebensnotwendig und ist Würze in der Suppe des Lebens.

Ihr Gehirn ist von Natur aus neugierig. Es sucht immer neue Reize. Dieses Inter-esse für Neues geht mit Wohlbefinden einher. In diesem Zustand ist Kreativität aktiv. Beobachten Sie kleine Kinder: Sie können sehen und hören, mit welchen Be-geisterungsstürmen sie unentwegt neue Entdeckungen machen, solange die Er-wachsenen sie nicht ausbremsen. Je mehr sie in diese Gesellschaft hineinwachsen und Unterwerfung und Anpassung von ihnen verlangt wird, schwächt sich ihre Neugier ab. Mit Beginn der Schulzeit und manchmal sogar schon früher wird mit dem Zwang zum Lernen vielen Kindern ihre Kreativität und die natürliche Begeis-terungsfähigkeit, Neues zu entdecken, abgewöhnt. Sie haben gelernt: „Sei nicht so neugierig! Tu, was *wir* sagen!" (Ich weiß, dass die meisten Lehrer/-innen sich um ein gutes Lernklima bemühen, aber oft unter dem Druck ungünstiger Schulbedin-gungen resignieren und den Druck an die Kinder weitergeben.)

Wissen entsteht durch Konditionierung

Glauben Sie, dass Sie selbst bestimmen, was Sie lernen? Irrtum. Ihr Gehirn lernt nach seinen eigenen Regeln.

Sie sammeln neues Wissen an, entweder um Gefahren im weitesten Sinne bes-ser abzuwehren oder um sich neue Genüsse zu erschließen. Die Reizverarbei-tungsmuster des Gehirns streben danach, das Angenehme zu behalten oder wiederzubekommen und das Unangenehme zu vermeiden. Das geschieht un-abhängig davon, ob es Ihnen bewusst ist oder nicht. Alle für Sie bedeutsamen Erfahrungen werden entsprechend in diese zwei Kategorien „angenehm" und „unangenehm" einsortiert und angesammelt. Alles, was Sie lernen, unterliegt ohne Ausnahme dieser automatischen Beurteilung. Dieser Prozess wird Konditionierung genannt. Er wird von der biologischen Struktur des Nervensystems mit aktivierenden und hemmenden Nervenimpulsen gesteuert. Das können Sie nicht abschalten.

Die „Freiheit der Wahl" ist Unfreiheit

Sie haben keine Entscheidungsfreiheit darüber, was Sie tun, sondern die jeweils aktuell stärkste Konditionierung entscheidet über Ihr Verhalten.

Mit den Sinnen nehmen Sie die Außenwelt wahr. Die für Sie wesentlichen Informationen werden im Gedächtnis abgespeichert. In neuen Situationen erinnern Sie sich an diese Informationen von früher. Dann wird Ihr Wissen aktiv. Sie verknüpfen die neuen Informationen aus der aktuellen Situation mit den alten, also mit Ihrem Wissen. Altes und Neues beeinflusst den Zustand Ihres Gehirns. Daraus resultiert die „Entscheidung" darüber, wie Sie reagieren. Niemand steht über diesen Reaktionsmechanismen seines Gehirns. Wahre geistige Freiheit erlangen Sie erst, wenn Sie sich der Reaktionsmechanismen im stillen Geist bewusst werden. In diesem Zustand sortiert das Gehirn „von allein" die ungesunden Konditionierungen aus und behält nur diejenigen, die für Ihr Leben erforderlich sind.

Die Intelligenz für das körperliche Überleben

In allen Reaktionen des Körpers ist Intelligenz aktiv. Kennen Sie diese Art der Intelligenz? Halten Sie diese Aussage für überzogen oder gar falsch?

Parallel zur Wahrnehmung der Außenwelt registrieren Sie, ob Sie etwas als angenehm oder als unangenehm empfinden. Das bedeutet, dass Sie jeder Erfahrung zugleich und automatisch Ihr persönliches positives oder negatives Erleben zuordnen, selbst dann, wenn Sie es gar nicht bewusst merken. Zum physischen, also körperlichen Überleben ist dieser Konditionierungsprozess notwendig. Denn durch den Abgleich von neuen Situationen mit alten Erfahrungen werden Sie auf Risiken und Gefahren aufmerksam gemacht. Das ist die Intelligenz, die Ihren Körper schützt. Sie sorgt dafür, dass Sie möglichst überleben und dabei so gut wie möglich leben. Das ganzheitliche Empfinden, was gut oder was nicht gut für den Organismus ist, ist jedem lebendigen Wesen zu Eigen.

In der Gefahr ist Energie

Sie bekommen jederzeit genug Energie zum Leben. Wenn Sie aber mehr Energie haben wollen, als Ihnen zur Verfügung steht, haben Sie nicht begriffen, was das Leben von Ihnen verlangt und Ihnen gibt. Aus Angst und Gier glauben Sie manchmal nur, dass Sie zu wenig Energie haben. Wie einfach wird wohl Ihr Leben sein, wenn Sie immer mit der Energie zufrieden sind, die Ihnen gerade zuwächst?

Eine unangenehme, bedrohliche oder einfach nur anstrengende Situation wird vom Gehirn durch die „Intelligenz des Lebens" registriert. Im gleichen Moment ist die erforderliche Energie zum Handeln da. Sie spüren dies meist als Anspannung. Und durch das Empfinden und die Gefühle wird Ihnen sogar mitgeteilt, was Sie am besten zu tun haben. Solange Sie nicht sterben, verfügen Sie über alle Energien, die Sie zur Bewältigung einer schwierigen Situation brauchen. Sicher haben Sie sich schon öfter im Rückblick gewundert, zu welch Erstaunlichem Sie in der Lage waren: „Das hätte ich nicht gedacht, dass ich das schaffe." Das Denken ist eben nicht das Leben.

Sind wir unseren automatischen Reaktionen ausgeliefert?

Was löst diese Überschrift bei Ihnen aus? „Es stört mich nicht, dass ich ein Reaktionsautomat bin." Oder: „Ich bin kein Automat, sondern ich entscheide selbst." Oder …

Viele Prozesse im Gehirn laufen automatisch ab, wie z. B. die genetische Steuerung vieler Körperfunktionen und Reflexe oder auch antrainierte Abläufe wie Fahrradfahren. Automatische Reaktionen sind für die Bewältigung der lebenspraktischen Dinge meist sinnvoll, hilfreich und notwendig. Sie sind Teil der Intelligenz des Körpers.

Ihre automatischen Gefühlsreaktionen hingegen sind die Ursache Ihrer persönlichen Probleme. Die Gefühlsreaktionen behindern Ihre Intelligenz und beruhen auf Ausblenden und Verdrängen. Im Gefühlssturm nehmen Sie die Realität nicht umfassend und vollständig wahr. So entstehen Ihre Probleme. Diese haben aber auch ihren Sinn. Die unangenehmen Gefühle zeigen an, dass etwas nicht stimmig ist und worin das Problem genau besteht. Das können Sie merken – und in dem Moment des vollständigen Bewusstseins darüber ist Schluss mit den automatischen Gefühlsreaktionen. Allerdings, dieses „Merken" hat es in sich. Es erfordert diese Qualität des stillen Geistes.

Freiheit

Wenn die Abendsonne
blutrot im Meer versinkt,
mit dem letzten noch sichtbaren Glühen
den Abschied nimmt,
wenn der Himmel, die Wolken
in sanft erlöschender Pracht
ein Feuerwerk feiern
zur Begrüßung der beginnenden Nacht,
wenn der Fahrtwind des Schiffes
die kommende Kühle verkündet
und mich mit dem Wasser der salzigen Luft
beim Atmen verbindet.

Wenn das Denken dann endet mit
„Oh ist das schön",
wenn ich mir nicht wünsche,
es möglichst bald wieder zu sehen,
wenn ich weiß, Kummer und Ärger
sind beherrscht von Vergangenheit,
durch das ewige Denken
blühen auf frühe Ängste heute erneut,
wenn ich mit Klarheit spüre,
das Leben ist immer jungfräulich frisch,
haben keine Wünsche, keine Angst und kein Mensch
mehr Macht über mich.

Dann leb ich in Freiheit,
alles zu schauen, zu riechen, zu spüren,
lass mich nicht mehr ins Gedankengefängnis
von Sorge und Hoffnung verführen,
werd nicht mehr vom Alten,
von gestrigen Ängsten gehetzt.
Leben will leben,
voll Liebe,
ohne Schranken
und jetzt.

Auf der Fähre von Newcastle nach Amsterdam, 2002

7 Das „alte" Gehirn ist überfordert

Wir alle – die gesamte menschliche Gemeinschaft und auch Sie – sind dabei, uns zu zerstören, falls wir uns nicht grundlegend in der psychischen Funktionsweise des Gehirns erneuern. Die Psyche entsteht dadurch, dass wir uns mit uns selbst, dem Inhalt unseres Gehirns mit Widerstand beschäftigen. (siehe S. 75) Auch Ihre Probleme entstehen dadurch, dass Sie „die Begrenzung des Gehirns durch Zeit und Raum" nicht wirklich akzeptieren. Das mag kompliziert klingen, ist aber eine sehr einfache Angelegenheit: Wir wollen die Wirklichkeit anders haben, als sie ist, und wir wollen anders sein, als wir sind. Diesen grundlegenden Konflikt, den auch die gesellschaftlichen Normen unaufhörlich am Kochen halten, können Sie verstehen durch einen neuen Bezug zu Zeit und Raum. Das beendet diesen Konflikt und ist damit auch der Schlüssel zur Lösung aller großen und kleinen Probleme. Diese Veränderung geschieht nicht in einem anstrengenden Kampf mit sich selbst. Im Gegenteil, es ist eine Befreiung vom Leid mit Leichtigkeit und Freude, die auf Sie zukommt, wenn Sie merken, wie die Psyche arbeitet. Denn auf Ihre Widerstände gegen die Realität macht Ihr Gehirn Sie doch durch die negativen Gefühle aufmerksam, damit Sie die Wirklichkeit erkennen und damit es Ihnen gutgeht.

Die bisher übliche Arbeitsweise des Gehirns, das Angenehme haben und das Unangenehme vermeiden zu wollen, ist aus der sinnvollen Fürsorge für den Körper auch in das psychische Feld durch Wunschvorstellungen übertragen worden. Dies nenne ich der Einfachheit halber das „alte" Gehirn. Es sammelt also ununterbrochen Erfahrungen, um zukünftig dementsprechend handeln zu können. Die ersten Nervensysteme, wie sie bei den so genannten niederen Tieren zu finden sind, sind nach dem Prinzip „angenehm-unangenehm" relativ einfach mit nur wenigen Verknüpfungen aufgebaut. Nach dem identischen Prinzip arbeitet das menschliche Nervensystem. Aber über die Jahrtausende oder Jahrmillionen bis zur Entwicklung des menschlichen Gehirns sind die Nervenverknüpfungen so komplex geworden, dass wir uns gewissermaßen immer mehr verstricken können, vor allem wenn unsere Wünsche und Befürchtungen, und damit die Entstehung der Psyche ins Spiel kommen.

Dieses alte Gehirn, auch Ihres, kann sich grundlegend umstellen und erneuern, und zwar dann, wenn es sich bewusst wird, dass es an die eigenen Grenzen stößt und dann erkennt, dass seine bisherige Funktionsweise zwei unlösbare, Problemstrukturen erzeugt: Es ist wie jede Materie erstens durch Zeit und zweitens durch Raum begrenzt. Wir wissen dies auch, aber es fühlt sich nicht gut an. Also will es diese Begrenzung ebenfalls nach dem einzigen automatischen Prinzip, das es kennt, auflösen: „Immer Angenehmes haben und Unangenehmes vermeiden". Weil das jedoch in der Lebenswirklichkeit nicht möglich ist, gerät es in Probleme ohne Ende: die Ängste vor der Zukunft und die Konkurrenz zu anderen Menschen, was zu Streit und Krieg gegeneinander führt.

„Die Grenzen von Zeit und Raum": Fassen Sie diesen Satz nicht als Theorie auf. Es geht hier um die praktischen Herausforderungen, vor denen Sie im Alltag stehen, wenn Sie wirklich „gut" leben wollen. Ihr Gehirn kann sich von dem psychischen Ballast der Vergangenheit und von der Angst vor der Zukunft befreien. Dann erleben Sie die Zeit nicht mehr als Begrenzung. Leicht gesagt und schwer getan? Nein, es ist „nur" eine Frage des neuen Selbstbewusstseins, das sich im Folgenden Schritt für Schritt entfalten kann, wenn Sie sich auf Ihr Empfinden und auf Ihre Gefühle einlassen.

Ihr Gehirn kann sich auch von dem weit verbreiteten Irrglauben befreien, dass Sie etwas Besonderes wären. Denn durch diese allgegenwärtige Überzeugung bauen Sie Mauern gegen die anderen Menschen und gegen die Natur auf. Ich werde später darlegen, wodurch die Begrenzung durch den Raum als psychische Begrenzung erlebt wird.

Die wunderbare Fähigkeit zur Planung

Lieben Sie das Schmieden von Plänen, oder leben Sie lieber in den Tag hinein?

Ihr Gehirn ist aufgrund seiner außerordentlichen Fähigkeiten in der Lage, sich eine Vorstellung, einen Plan zu machen, um etwas nach Vorgaben zu gestalten. In der äußeren, in der materiellen Welt ist das eine großartige Sache. Mit einer guten Planung können Sie praktische Herausforderungen meistern. Unsere Fähigkeit dazu hat der Menschheit technologischen Fortschritt ermöglicht. Wenn Ihr Vorhaben Fehler hat, d. h. mit der Wirklichkeit nicht übereinstimmt, müssen und werden Sie es korrigieren, aber nur, falls Sie es merken. Die Wirklichkeit zerstört letztendlich immer unsinnige und falsche Pläne.

Das „alte" Gehirn ist durch Wunschvorstellungen überfordert

Was ist Ihnen wichtiger, Ihre Wunschvorstellungen oder Ihr wirkliches Leben?

Die für praktische Dinge nützliche Planungsfähigkeit verwendet Ihr Gehirn auch, um sich Bilder von Ihrer Zukunft zu machen oder Urteile über das Innenleben anderer Menschen zu fällen. Ihr Gehirn will auf diese Weise die eigene Zukunft und das Verhalten der anderen kontrollieren. An solchen Wunschvorstellungen halten Sie fest, solange es irgendwie geht, weil Sie sich damit in Sicherheit wähnen. Diese Bilder sind aber nicht die wirkliche Zukunft und die realen anderen Menschen, sondern nur Vorstellungen in Ihrem Kopf. Sie sind geprägt von Ihren ankonditionierten Vorlieben und Abneigungen aufgrund früherer Erfahrungen. Tatsache bleibt, dass Sie weder in die Zukunft sehen noch in das Gehirn eines anderen Menschen eindringen können. Ihre Vorstellungen von der Zukunft und von den anderen Menschen geraten so permanent in Konflikt mit der Realität. Diese Konflikte erleben Sie als ein anstrengendes Leben mit einer Fülle von Problemen. Wenn Sie schwerwiegende psychische Probleme nicht einmal vorübergehend lösen können, werden Sie psychisch krank. Viele Probleme gestehen Sie sich nicht ein und verdrängen sie, ebenfalls mit manchmal heftigen Folgen.

Technische Herausforderungen sind unproblematisch

Praktisch-technische Herausforderungen machen keine Probleme. (Das Wort „Problem" steht bei mir immer für „psychisches Problem".) Solche Herausforderungen lösen Sie so gut es geht oder auch nicht. Das ist ein natürlicher Ablauf.

Wenn Ihr Plan in technischen Fragen, Ihr inneres Bild nicht realitätsgerecht ist, wird er scheitern. Sie müssen und werden sich früher oder später korrigieren. Ihr Gehirn kann sich gegenüber Tatsachen nicht selbst belügen, sobald es diese erkannt hat. Dann ändern Sie zwangsläufig Ihren Plan, und sei es, dass Sie ihn aus irgendeinem Grund aufgeben. Das geschieht Ihnen tagtäglich, normalerweise ohne dass Sie es zu einem psychischen Problem machen. Im Bereich der Technik existieren also nur Herausforderungen, die Sie zu bewältigen haben. Dafür ist Ihr Gehirn hervorragend ausgestattet. In diesem Feld machen Sie sich keine Gedanken über die eigene psychische Verfassung, sondern über die technisch-praktischen Fragen der Außenwelt. Sorgenvolle Gedanken entstehen erst dann, wenn diese natürlichen Fähigkeiten durch psychische Muster behindert werden.

(Psychische) Probleme sind selbst gemacht

Dass jedes Ihrer Probleme von Ihnen selbst erzeugt wird, wollen Sie nicht hören, vor allem nicht, wenn Sie mitten drin stecken. Theoretisch akzeptieren Sie diese Aussage vielleicht dann, wenn Sie gerade kein Problem haben. Wenn Sie nicht dahinter kommen, dass Sie alle Ihre Probleme und die damit verbundenen schlechten psychischen Zustände selbst hervorrufen, haben Sie auch keine Chance, zu erkennen, wie Sie das machen und damit aufzuhören.

Wenn Ihr Gehirn auf alte Weise arbeitet und sich gerade um Sicherheit bemüht, finden Sie sich mit der Tatsache, dass Sie sterblich und von anderen Menschen abhängig sind, nicht ab. Diesen Tatsachen können Sie als Theorie zwar leicht zustimmen. Aber gefühlsmäßig damit zu leben, ist eine große Herausforderung. Wenn Sie Probleme haben, erstellt Ihr altes Gehirn Gedankenkonstruktionen, mit denen Sie sich selbst etwas vormachen. Sie belügen sich gewissermaßen selbst, aber so, dass es Ihnen nicht bewusst wird. Der Preis dafür ist die Entstehung der Psyche mit all ihren komplizierten Problemen des Unbewussten, des Denkens und der Gefühle und der Verwandlung der Lebensenergie in negative Emotionen.

Sobald Ihnen allerdings Ihr Selbstbetrug bewusst wird, ändert sich Ihre Sicht auf die psychischen Probleme. Denn bewusst können Sie sich nicht etwas vormachen, wenn Sie wirklich erkennen, dass es nicht stimmt. Das gilt im psychischen Bereich genauso wie in der Technik. In dem Moment, wenn Sie begreifen, dass Sie sich psychisch vergiften, hören Sie sofort und ohne jegliche Anstrengung damit auf.

Das Denken will das Leben kontrollieren

„Man kann doch das Denken an sich nicht in Frage stellen, sondern nur bestimmte Gedanken." Denken Sie das vielleicht?

Das Wichtigste in Ihrem Leben ist vermutlich, dass Sie sich sicher fühlen und Kontrolle über das haben, was auf Sie zukommt. Das ständige Bemühen des Gehirns um Kontrolle kann aber angesichts der Unberechenbarkeit des Lebens gar nicht dauerhaft von Erfolg gekrönt sein. Trotzdem wollen Sie diese Sicherheit und Kontrolle. Also schaut Ihr Gehirn in sein angesammeltes Wissen, um dort eine Lösung zu finden. Ihr Denken und Grübeln ist nichts anderes, als im eigenen Wissensbestand nach einer Lösung zur Kontrolle des Lebens zu „googeln". Ihr Gehirn versucht also, durch Denken das Leben zu kontrollieren. Das ist nicht möglich, weil Sie Sicherheit ja nie festhalten können, sondern sie in jedem Moment neu „herstellen" müssen. Weil die Kontrolle also nicht gelingt und Sie trotzdem das Kontrollieren-Wollen nicht aufgeben, sind Sie unaufhörlich am Denken, wenn Sie nicht gerade mit praktischen Dingen des Lebens beschäftigt sind. (siehe auch S. 72 – Denken)

Ausblenden und Verdrängen hat einen enormen Preis

Am liebsten möchten Sie sich nicht mit dem Verdrängten beschäftigen und selbst die Tatsache, dass Sie verdrängen, immer verdrängen.

Sie können nur handeln, wenn Ihr Gehirn nicht in einem Widerspruch steckt (siehe Kapitel 5). Aber das Leben nach gedanklichen Vorstellungen gestalten zu wollen, erzeugt unablässig Widersprüche, weil das Leben immer neu ist. Dagegen sind Ihre Vorstellungen immer alt, weil sie aus angesammelten Erfahrungen bestehen, die noch dazu immer widersprüchlich sind. Gefühlserlebnisse, die das Gehirn nicht versteht oder die unerträglich erscheinen, und Fakten, die es nicht in seine bestehenden Schemata einordnen kann, werden, wenn möglich, einfach ausgeblendet, damit das Gehirn wenigstens für einen Moment handlungsfähig ist. Das Ausblenden, Verdrängen und Herunterspielen störender Tatsachen macht Ihr Gehirn also gewohnheitsmäßig, um überhaupt handeln zu können. Es ist weder eine besondere Dummheit noch eine Krankheit oder Bösartigkeit von Ihnen oder von Menschen, denen Sie dies vorwerfen. Doch es hat einen bitteren Preis: Sie leben in Angst und Gier anstatt in Freude und Glück.

TEIL IV
Empfindsamkeit ist alles

Im Teil IV geht es um Ihre innere Antwort auf das äußere Geschehen und wie Ihr innerer Zustand wieder zurück nach außen wirkt. Es geht also zuerst um die Entstehung von konditionierten Reaktionsmustern, die Sie knebeln, ohne dass Sie es merken. Um diese zu durchschauen, braucht es aber ein Gespür für die Unterscheidung von Empfindungen und Gefühlen. Beide basieren nämlich auf völlig unterschiedlichen Arbeitsweisen des Gehirns. Sie sind vermutlich nicht gewohnt, Empfindungen und Gefühle sorgfältig zu unterscheiden.

8 Empfindungen und Gefühle

Die meisten Menschen glauben, dass das Hervorkramen des Wissens, genannt Denken, die höchststehende Geistestätigkeit ist. Sie auch? Es ist aber Ihre Empfindsamkeit, die über Ihr Leben entscheidet.

Sie empfinden jederzeit das, was gerade ist. Sie nehmen die äußere Realität mit Ihren Sinnen wahr, und zugleich sind der beurteilende Intellekt und das Gedächtnis aktiv. Außerdem registriert Ihr Gehirn in jeder Sekunde den Zustand des Körpers über unterschiedliche Kanäle wie Nerven, Hormone usw. Sie haben die Fähigkeit, ganzheitlich zu „merken", was anliegt. Vermutlich auch über Wahrnehmungskanäle, die von der Wissenschaft noch gar nicht entdeckt und beschrieben sind und deren Existenz oft bestritten wird. Denn manchmal kann man sich mit dem vorhandenen Wissen nicht erklären, warum man etwas gewusst oder geahnt und womöglich sogar sinnvoll gehandelt hat (der so genannte 7. Sinn).

Empfinden findet immer statt
Gegen die Tatsache, dass Sie ständig etwas empfinden, können Sie nichts unternehmen, auch wenn Sie es wollen, weil Ihnen Ihr Empfinden nicht gefällt.

Jede Situation, mit der Sie gerade konfrontiert werden, jeder Moment löst automatisch eine Empfindung bei Ihnen aus. Es kann eine ganz diskrete Empfindung sein, die Sie gar nicht bewusst wahrnehmen, und trotzdem bestimmt sie Ihr Verhalten. Oder es kann eine heftige Empfindung sein, die Sie aufwühlt. Sie fühlen sich mit Energie geladen, wenn Sie beispielsweise angegriffen, ausgelacht oder gelobt werden usw. Im Moment des Auftauchens ist diese Energie weder gut noch schlecht, das Empfinden hat dann noch keinen Namen. Es führt unmittelbar zum Handeln, wenn es nicht gestört wird.

Wohliges Empfinden drückt Verbundenheit aus

Ihr Nervensystem weiß genau, dass Verbundenheit und Liebe gut für Sie ist.

In jedem Moment des Empfindens drückt sich die immer bestehende zentrale Frage Ihres Lebens jeweils ganz aktuell aus: „Fühle ich mich verbunden oder getrennt in dieser Situation?" Das Empfinden von Freude, Glück, Zufriedenheit, Harmonie ist immer verknüpft mit einem Empfinden von Verbundenheit mit der Arbeit, die Sie gerade machen, mit der Natur, die Sie bewusst erleben, oder mit anderen Menschen, deren Nähe Sie genießen. Es ist einfach schön, und die Situation verlangt keine besondere Antwort. Wenn das Empfinden von Verbundenheit Sie glücklicherweise sehr heftig trifft und tief berührt, möchten Sie vielleicht hinausschreien, wie gut es Ihnen geht. Oder Sie wollen singen und tanzen oder Sie haben Sex voll Lust und Liebe. Die Energie des Lebens fließt dann ungestört durch Sie hindurch.

Die Verwandlung von Empfinden in Negativität

Sie können die Entstehung negativer Gefühle nicht mit der Logik steuern oder unterdrücken. Wenn Sie den Automatismus ihrer Entstehung aber in dem Moment erkennen, in dem sie auftreten, sind Sie dem Negativen nicht mehr ausgeliefert.

Wenn die Verbundenheit als gestört erlebt wird, wird Energie dafür bereitgestellt, diesen Zustand sofort zu klären und zu korrigieren. Verbundenheit kann gestört werden entweder durch eine Herausforderung, die von außen kommt und als unangenehm empfunden wird, oder durch die eigene Gedankenwelt, die Sie gerade produzieren. Wenn Sie energiegeladen sind aufgrund einer Störung der Verbundenheit, verlangt diese Energie, dass Sie entsprechend handeln, um die Verbundenheit wiederherzustellen. Entweder Sie korrigieren Ihren Bezug zur Außenwelt und / oder Sie beenden bzw. verwandeln Ihre negative Denkerei – und die Verbundenheit ist wieder spürbar.

Wenn Sie aber das Signal der gestörten Verbundenheit nicht erkennen oder es gleich wieder wegdrängen, können Sie auch nicht adäquat handeln, so dass sich die Energie in Ihnen staut, anstatt in einer guten Weise in die Welt zu wirken. Das negative Empfinden bleibt bestehen, Sie fühlen sich nicht wohl. Die Energie kreist in Ihnen in Form endloser Gedankenschleifen und verstärkt den unangenehmen Zustand. Möglicherweise sagen oder denken Sie dann: „Mir geht es nicht gut", und Sie merken dabei nicht, dass Sie selbst diesen Zustand herbeigeführt haben. Womöglich werden Sie dann gegen andere aggressiv oder beschimpfen sich selbst für Ihre Negativität.

Negativität wird zu einem Gefühl

Ob Sie wohl nach den nächsten beiden Absätzen „Empfindung" und „Gefühl" noch vertauschen werden?

Wenn Sie in einer unangenehmen Verfassung sind, erinnert sich Ihr Gehirn an ähnliche Situationen, die Sie in irgendeiner Form damals nicht bewältigen konnten und in denen Sie auch nicht so zu handeln wussten, dass Verbundenheit wieder hergestellt werden konnte. Als Kind wurde Ihnen beigebracht, wie Sie mit Ihren Empfindungen umzugehen hatten. Ihre Empfindungen bekamen einen Gefühlsnamen und er wurde mit den Bewertungen der Erwachsenen verknüpft. Diese sagten Ihnen, ob Sie wütend, traurig, ängstlich, neidisch sein durften oder nicht und wie Sie auf Ihre Empfindungen zu reagieren hatten. In dieser Erinnerung, die als Denken abläuft, wird die zur Verbundenheit hinstrebende geblockte Energie lebenslang benannt und auch beurteilt – entsprechend der Bezeichnung des früher Gefühlten. Sie denken: Jetzt bin ich aber wütend, ärgerlich, ängstlich, traurig, eifersüchtig, neidisch usw. Ein **Gefühl** beinhaltet zusätzlich zu der aktuellen Energie immer das, was Sie schon erlebt, eben in der Vergangenheit **gefühlt** haben und wie es beurteilt wurde. Das erlebte Empfinden des Getrenntseins möchten Sie, mehr oder weniger heftig, nicht wieder haben. Deshalb fühlen sich Gefühle negativ an. Sie enthalten immer noch die blockierte Energie, die Sie in die Verbundenheit bringen soll.

Verwechseln Sie nicht Empfindung und Gefühl

Sie müssen sich nicht bemühen und anstrengen, um Empfindungen und Gefühle nicht zu verwechseln. Wenn Sie den Unterschied durch die Beobachtung bei sich selbst richtig verstanden haben, werden Sie künftig immer sofort merken, was in Ihnen gerade aufkommt.

Benutzen Sie um Ihrer inneren Ordnung willen nicht mehr, wie es üblich ist, die Begriffe „gutes Gefühl" und „schlechtes Gefühl". Dann decken Sie den Prozess der Verwandlung von Empfindungen in Gefühle wie von allein auf. Denn ein wirklich „gutes Gefühl" ist gar kein Gefühl mit Vergangenheitsbezug, sondern ein Empfinden von aktueller Verbundenheit. „Es geht mir echt gut." Wenn Sie darauf achten, werden Sie immer sensibler dafür zu unterscheiden, was Ihre unmittelbare Empfindung in der Situation ist und/oder ob Sie auf ein in der Vergangenheit gespeichertes Muster reagieren.

Das Ende der Begriffskombination „gutes Gefühl"

Vielleicht empfinden Sie meine Unterscheidungen als überflüssige Wortklauberei. Wirkliches Verstehen verlangt immer auch Klarheit der Gedanken und Begriffe.

Wenn Sie den Begriff „gutes Gefühl" benutzen, das in Wahrheit ein gutes Empfinden im Moment beschreibt, tragen Sie dazu bei, dass Sie sich in Ihrem Empfinden und in Ihren Gefühlen verstricken. Ihnen geht die Aufmerksamkeit für das gegenwärtige Empfinden und das vergangene Gefühlte verloren. Wenn Sie ab sofort den Begriff „gutes Gefühl" nicht mehr benutzen, schaffen Sie Ordnung in Ihrem Gehirn. Denn dann wird Ihnen der Unterschied zwischen der Empfindung in der Gegenwart und den Gefühlen, die von der Erinnerung geprägt werden, klarer. Denn bedenken Sie, dass wir auch durch Worte und Begriffe in unserem Empfinden konditioniert und verwirrt wurden und immer wieder werden.

Nicht Begriffe, sondern Verstehen ist entscheidend

Wenn Sie gründlich verstanden haben, um was es jenseits der Worte geht, müssen Sie mit den Begriffen auch nicht mehr so pingelig umgehen, wie ich es im Moment tue. Denn dann empfinden Sie unmittelbar, um was es geht. Und auf das Empfinden kommt es letztlich an. Begriffe sind nur Vehikel zur Beschreibung, die zur Klärung des Empfindens oder zur Verwirrung beitragen können.

Wenn Sie den Begriff „schlechtes Gefühl" nicht mehr benutzen, dann entfaltet sich Ihre Empfindsamkeit in neue Tiefen. Sie sortieren Ihre Gefühle und Empfindungen nicht mehr in die Wertungsschubladen „gut" und „schlecht" weg und bleiben zwangsläufig bei dem, was Ihnen das Gefühl oder das Empfinden gerade zeigt. Wenn dies für Sie völlig klar ist und Sie den Unterschied im Alltag bei sich gut beobachten konnten, dann verliert auch die sprachliche Unterscheidung zwischen Empfindung und Gefühl, die ich Ihnen oben ans Herz gelegt habe, an Bedeutung. Denn dann ist auch klar: Es geht nur darum, bei sich zu fühlen und zu spüren, also zu empfinden, was gerade ist. Diese Achtsamkeit für den wunderbaren Apparat in uns, der weiß, was Liebe und was keine Liebe ist, wird Ihr Handeln leiten.

GedankenGefühle

Gefühle gibt es nicht ohne Gedanken im Hintergrund. Denken gibt es nicht ohne Gefühle im Hintergrund. Beides ist immer gleichzeitig da, auch wenn nur eines von beiden im Vordergrund, also im Bewusstsein ist. Deshalb habe ich dieses zusammengeschriebene Wort GedankenGefühle geprägt. Auch dies müssen Sie erst einmal aufmerksam bei sich selbst beobachten, um die ablaufenden Muster zu erkennen.

Wenn Sie aufgrund aufkommender Gefühle nicht unmittelbar entsprechend Ihrem Empfinden gehandelt haben und ein Energiestau entsteht, setzt das Denken darüber ein, wie Sie jetzt mit diesem unangenehmen Gefühl umgehen sollten. Sie können nicht einfach ein unangenehmes Gefühl wie Angst, Wut, Verzweiflung ignorieren. Denn es ist Energie, die in Ihnen kreist und nicht ohne weiteres aufhört. Sie denken also beispielsweise: „Soll ich mich zurückhalten, oder soll ich es rauslassen?", „Wie kann ich dem Gegenüber beibringen, dass es nicht richtig ist, was er gemacht hat?" Das Chaos der GedankenGefühle hat Sie in die Mangel genommen. Sie merken dies an Ihrer momentanen Handlungsunfähigkeit und daran, dass es Ihnen schlecht geht und/oder dass Sie grübeln, wie Sie aus dem GedankenGefühls-Chaos herauskommen können. Dann ist Innehalten notwendig.

9 Innehalten – der zentrale Schlüssel

Wenn Sie das Innehalten begreifen, steht Ihnen der entscheidende Schlüssel zur Bewältigung psychischer Probleme zur Verfügung. Es beendet das Weitertragen negativ besetzter Energien und löst Ihre Konditionierungen durch negative Erfahrungen auf. Innehalten bringt Sie in Kontakt mit der Verbundenheit. Es ist tatsächlich so einfach. Doch Sie müssen es auch tun, das Innehalten.

Gefühlsmäßiges Handeln erzeugt Probleme

Ein negatives Gefühl (nicht: Empfindung!) und ein gedankliches Problem gibt es nicht ohne das jeweils andere. Wenn Sie sich mies fühlen, so bemerken Sie die Störung entweder auf der Gefühls- oder Gedankenebene.

Nachdem Sie als kleines Kind die Regeln der Erwachsenen bei der Verwandlung von Empfindungen in Gefühle übernommen haben, haben Sie später für sich noch zusätzlich eigene Regeln zum Umgang mit Gefühlen entwickelt. Inzwischen handeln Sie gewohnheitsmäßig entsprechend allen Ihren „Gefühlsregeln". Aber es bleiben Regeln. Sie geben der aktuellen Situation nicht die Antwort, die Ihr Empfinden bereitstellt, sondern eine, die Ihre Gefühle samt „Gefühlsregeln" Ihnen vorschreiben. So kann die Energie nicht in die positive Bewältigung der konkreten Situation fließen. Wenn Sie ein (negatives) Gefühl bemerken, sagen, denken oder empfinden Sie: „Ich habe ein Problem."

Gefühle unterdrücken oder rauslassen?

Was gefällt Ihnen besser? Wie halten Sie es mit dieser „Grundsatzfrage"?

Wenn Sie Empfindungen unterdrücken, entstehen Gefühle mit den dazu gehörigen Gefühlsregeln und Reaktionsmustern, je nach der Art der Gefühle. Wenn Sie nicht nur die Empfindungen, sondern dann auch noch die Gefühle zu unterdrücken versuchen, dann erzeugen Sie mit der angestauten Energie immer kompliziertere Reaktionsmuster. Lassen Sie dagegen die Gefühle richtig heraus, dann bringen Sie nur Ihre alten Muster lauthals in die immer neue Situation ein, die auch dadurch wieder komplizierter wird. Wie immer Sie auf Gefühle reagieren: Sie werden die Situation nicht klären, sondern nur weitere Probleme erzeugen.

Das eigene Empfinden hinter den Gefühlen entdecken

Dies ist das wirkliche Abenteuer der Selbsterkenntnis.

Halten Sie inne, wenn Sie in einen kleinen oder großen Gefühlssturm geraten sind. Dann können Sie die Verwandlung von Empfindungen in Gefühle bei sich selbst beobachten. Denn im selben Moment kommen Sie in bewussten Kontakt mit dem Druck und den alten Erwartungen, die an den Gefühlen kleben. Das Innehalten verändert die Situation völlig. Im Innehalten zeigt sich, was in der gegenwärtigen Situation geschieht, was beispielsweise einem Gegenüber, das den Gefühlssturm ausgelöst hat, wichtig ist. Und es zeigt sich, welche eigenen ungelösten Denk- und Gefühlsmuster aus der Vergangenheit das aktuelle Gefühl bestimmen.

Gefühlsstürme sind niemals verkehrt

Manchmal bringen Ihre Gefühle Sie in Schwierigkeiten. Na und? Sie bekommen dadurch die Chance, dass Ihnen etwas über sich selbst klar wird. Gerade, wenn es etwas ist, das Ihnen nicht gefällt, ist es wichtig, dass Sie es erkennen. Ansonsten werden Ihre Gefühle Sie weiter beherrschen.

Die Empfehlung, man solle die Gefühle rauslassen, ist genauso unsinnig wie die Forderung, man müsse sie kontrollieren. Entscheidend ist nicht, was Sie mit den Gefühlen tun, sondern dass Sie verstehen, was tatsächlich in Ihnen geschieht.

Wenn ein Gefühlssturm Sie überfällt und Sie spontan reagieren, ohne dass Sie innehalten können, so machen Sie daraus bitte kein zusätzliches Problem. Es zeigt einfach die Intensität von Empfinden und Gefühlen in diesem Moment. Ob das hilfreich war oder nicht, wird sich ja erweisen. Und Sie können jederzeit, also auch nach der spontanen Reaktion, noch innehalten und klären, was mit Ihnen los ist oder war. Solange Sie Verhaltensregeln akzeptieren, wie man mit Gefühlen umzugehen hat, verwirren Sie sich immer mehr. Ihre Probleme werden durch das Bemühen, mit Ihren Gefühle nach irgendwelchen Regeln umzugehen, immer größer.

Empfindungen und Gefühle halten sich nicht an Regeln.

Gott sei Dank, denn sonst wäre das Leben todlangweilig und vermutlich würden wir sterben.

Innehalten macht handlungsfähig

Darum geht es letztlich: Handeln ist Ihr Anteil am Stoffwechsel mit der Außenwelt. Ein Handeln im Zustand der Harmonie ist für Sie und alle Beteiligten gut.

Ausschließlich durch das Wahrnehmen der Gefühle im Innehalten lösen sie sich tatsächlich auf. Wenn sie stattdessen unterdrückt oder durch Ablenkung verdrängt werden, sind sie in der nächsten Situation wieder da. Sobald Sie im Innehalten die momentane Situation ungestört empfinden, wird angemessenes Verhalten möglich. Das Gehirn oder der Geist befreit sich im Innehalten von der selbst erschaffenen, widersprüchlichen Verfassung durch unbewältigte alte Empfindungen, die sich in Gefühle verwandelt haben. Das Gehirn kann nun seine eigentliche Fähigkeit, ganzheitlich den Herausforderungen des Lebens zu begegnen, ungestört zur Entfaltung bringen. Eine Herausforderung verwandelt sich nicht mehr in ein Problem. Die Energien der negativen Gefühle werden jetzt zur konstruktiven Bewältigung der Herausforderung eingesetzt. Dazu wurden sie ursprünglich auch bereitgestellt.

Innehalten ist Dekonditionierung

Wenn Sie beispielsweise Raucher sind und einen Herzinfarkt haben, den Sie überleben, kann es sein, dass Sie, wenn Sie die Diagnose erfahren, schlagartig und ohne jeglichen inneren Kampf keinen Appetit mehr auf Zigaretten haben. Das konditionierte Rauchbedürfnis endet im ungestörten Wahrnehmen der Realität. Der Rauchwunsch wurde vom Denken erzeugt. Das Denken wurde durch Werbung, Vorbilder und den eigenen Glauben, dass Rauchen entspannt, entgegen der Tatsache, dass es ungesund und teuer ist, konditioniert. Ihr Gehirn hat sich selbst aufgrund der Intelligenz von allen Irrtümern dekonditioniert. Wenn die Realität nicht mehr verdrängt werden kann, beispielsweise durch einen Herzinfarkt, handelt das Gehirn „von ganz allein" sinnvoll.

Diesen automatisch ablaufenden Prozess der Dekonditionierung können Sie bewusst selbst durchführen. Wenn Sie bei sich ein destruktives und ungesundes Verhaltensmuster bemerken, beobachten Sie es bis zum Ende, d. h. bis alle Gefühle und Empfindungen sich gezeigt haben. Es kann Minuten, Stunden oder Tage dauern, bis alle konditionierten Störungen ans Licht gekommen sind und damit die innere Ordnung hergestellt ist. Vielleicht erleben Sie auch, dass Sie das Empfinden hatten „jetzt bin ich frei von diesem Muster", aber später stellt es sich erneut ein. Dann zeigen sich eben neue Aspekte, die Ihnen noch nicht bewusst waren, und die sich noch zur Dekonditionierung „bei Ihnen anmelden".

Die Vielfalt des Innehaltens

Stellen Sie nicht die Erwartung an sich selbst, schnell und perfekt zu lernen, mit Ihren Gefühlen umzugehen. Ihr Gehirn hat seine eigene Geschwindigkeit und Reihenfolge im Klärungsprozess. Machen Sie aus dem, was ich beschreibe, nicht neue Regeln. Nur indem Sie tatsächlich beobachten, worauf ich hinweise, verändern Sie sich.

Das Klären der eigenen Gefühle im Innehalten kann blitzschnell stattfinden. Es kann bei bestimmten Problemen aber auch ein langwieriger Prozess sein, an dem Sie dranbleiben müssen, bis Ruhe und innere Widerspruchsfreiheit eintreten. Sie tragen nämlich viel ungeklärtes „Material" aus der Vergangenheit mit sich herum. Das Innehalten ist eine intensive geistige Tätigkeit – die reine Wahrnehmung des Innenlebens und der Außenwelt ohne Denken. Nur derjenige vermag diese Fähigkeit zu entfalten, der die zwingende Notwendigkeit des Innehaltens begriffen hat.
Es kann auch hilfreich sein, mit anderen Menschen, die sich des Innehaltens bewusst sind, über auftretende Hindernisse zu sprechen. Das wird allerdings nur dann sinnvoll sein, wenn keine Ratschläge erteilt oder Regeln aufgestellt werden. Ein solches Zusammensein mit anderen und der Austausch über die jeweils ganz persönlichen Empfindungen können weitere Dimensionen der Wahrnehmung öffnen.

„Ich will nicht sensibel sein"

Sie können die Entfaltung Ihrer Sensibilität weder planmäßig erzeugen noch verhindern. Deshalb ist das Bemühen fruchtlos, durch Denken die Sensibilität fördern oder einschränken zu wollen.

Viele Menschen wollen gar nicht merken, was in ihnen und um sie herum tatsächlich vor sich geht. So eine Angst haben sie aus irgendwelchen (alten) Gründen davor. Stattdessen halten sie an den liebgewordenen Illusionen fest und gestehen sich ihre Gier und ihre Ängste nicht ein. Falls Sie gern ein „dickes Fell" haben möchten, bedenken Sie einmal: Erstens können Sie sich ein dickes Fell genauso wenig zulegen wie eine Kontrolle der Gefühle. Zweitens: Schauen Sie sich die Dickfelligen mit ihrer dünnen Haut unter dem dicken Fell einmal genau an, und fragen Sie sich, ob Sie so leben wollen. Je weniger Ihre Empfindsamkeit durch Verdrängungsprozesse gestört wird, umso mehr entfaltet sich Ihre Sensibilität und umso klarer können Sie den Herausforderungen des Lebens eine gute Antwort geben.

Die Entfaltung von Sensibilität

Durch das tatsächliche Innehalten im Gefühlssturm, nicht durch das Nachdenken darüber, werden Sie sensibler für die Wahrnehmung dessen, was in Ihnen selbst vor sich geht, und des Verhaltens anderer.

Je sensibler Sie sind, desto mehr dekonditionieren Sie sich von Störfaktoren aus Ihrer Lebensgeschichte und desto unmittelbarer können Sie handeln. Sensibilität verhindert, dass die Energien der Gefühle sich immer weiter in psychische Probleme verwandeln. Sensibilität ist nur da, wenn sie gelebt wird. Es nützt also nichts, wenn Sie sich vornehmen, sensibel werden zu wollen. Entweder Ihr Gehirn hat den „Wert" der Sensibilität für Ihr Leben erfasst, dann werden Sie in Ihrem Alltagsleben zunehmend sensibler für alles, was Ihnen begegnet. Oder Sie denken nur, ich muss oder will sensibler werden. In dieser Sekunde sind Sie es nicht. Denn Sie begegnen diesem Moment mit Denken und nicht mit Fühlen und Empfinden. Bei der Entfaltung Ihrer Sensibilität handelt es sich um einen Prozess, bei dem jeder erste Schritt, das Innehalten, zugleich der letzte ist. Im nächsten Moment steht ein neuer erster Schritt an. Ein Entwicklungskonzept für die Sensibilität mit Zwischenschritten gibt es nicht. Die Entfaltung der Sensibilität geschieht durch das Tun. Wenn es vollständig in Ordnung ist und gut tut, ist es richtig, „sagt" die Sensibilität.

10 Wenn die Angst übermächtig erscheint

Manchmal scheint die Angst so mächtig zu sein, dass das Innehalten nicht möglich ist. Hier gebe ich Hinweise zum Umgang mit einer übermächtig erscheinenden Angst. Dieses Kapitel ist etwas anders aufgebaut als die anderen in diesem Buchteil, in dem es um Selbsterkenntnis geht.

Jedes Verdrängen beruht auf einer Traumatisierung, die durch eine unerträgliche Situation entstand, die nicht anders als durch Verdrängen bewältigt werden konnte. Was genau ist eine Traumatisierung? Was hat sie für Folgen und wodurch löst sie sich auf?

Wenn Sie etwas Bedrohliches erleben, baut Ihr Gehirn diese Erfahrung in seine bestehenden Strukturen ein, um sich in künftigen ähnlichen Gefahren daran erinnern zu können und sich dadurch besser zu schützen. Dabei verarbeitet und beurteilt es alle äußeren Umstände und die Reize, die es in der schlimmen Situation aufgenommen hat gemäß seinen inneren Verarbeitungsmöglichkeiten. Es prüft die Gesichtspunkte: Wodurch entstand die Gefahr? (der Blick zurück) Was ist künftig zu tun, damit eine ähnliche Gefahr gut bewältigt werden kann? (der Blick nach vorn) Wenn diese Verarbeitung gelingt, verursacht auch das schlimmste Erlebnis kein Trauma.

Nun gibt es aber unangenehme Erlebnisse, die das Gehirn nicht verarbeiten kann. Für viele Menschen ist es beispielsweise eine Katastrophe, mit Tod und Sterben unmittelbar in Kontakt zu kommen, weil sie nicht gelernt haben, mit der Tatsache zu leben, dass der Tod jederzeit unser Begleiter ist. Jemand kommt z. B. in eine lebensbedrohliche Situation und glaubt, sterben zu müssen. Es kann ein Herzinfarkt sein oder eine Panikattacke mit heftigen Herzschmerzen, die als ein drohender Herzinfarkt erlebt wird. Oder jemand erlebt einen Verkehrsunfall, ist im Auto eingeklemmt und befürchtet, das Auto gehe in Flammen auf und er müsse verbrennen. Besonders schlimm sind alle Gewalterfahrungen und Todesdrohungen, die von anderen Menschen verursacht werden durch Vergewaltigungen, Folter, Kriegserlebnisse, aber auch durch Schläge und Bloßstellungen. Dann bricht womöglich in einem extremen Einsamkeitsgefühl das Vertrauen in die Menschen insgesamt zusammen. Traumatisierend können auch Situationen sein, in denen beobachtet wurde, dass andere Personen mit dem Tod bedroht werden oder tatsächlich sterben. Insbesondere wenn man als Kind solche Erlebnisse hatte und die Erwachsenenwelt das Kind damit allein gelassen hat, entstehen heftige Traumatisierungen. Wer bis heute den Tod immer verdrängt hat, was nicht ungewöhnlich in unserer Gesellschaft ist, kommt mit solchen Erlebnissen nicht zurecht. Es wird zum Trauma für diese Person.

Zu einem Trauma wird ein unverarbeitetes Erlebnis, indem es im Gehirn abgespeichert wird, verknüpft mit dem Wunsch, ein solch schreckliches Gefühl nie wieder haben zu wollen. Dadurch entsteht ein enormer innerer Konflikt: Einerseits hat die Person Angst vor dem schrecklichen Gefühl und vermeidet alle Situationen, in denen das Gefühlte wieder hochkommen könnte. Andererseits versucht aber das Gehirn immer wieder das Erlebnis zu verarbeiten, um sich vor ähnlichen Gefahren künftig zu schützen. So erinnert es sich immer wieder an das Trauma und möchte es verarbeiten: beispielsweise in Alpträumen oder durch so genannte Intrusionen. Das sind scheinbar spontan aufkommende heftige, extrem unangenehme Erinnerungsbilder von dem Erlebten. Solange der Konflikt zwischen den unverarbeiteten Erinnerungen und den Anstrengungen, die damit verbundenen Gefühle zu unterdrücken, ungelöst ist, können die Betroffenen unter heftigen und anhaltenden psychischen Beschwerden leiden.

Die Verarbeitung erfolgt, wenn das Geschehene nicht mehr verdrängt wird, sondern alles, was passierte, auch mit den damit verbundenen Empfindungen und Gefühlen bewusst wahrgenommen wird. Im Innehalten „ohne Gegenwehr" erfolgt die Einordnung des Geschehenen in die vorhandenen Strukturen des Gehirns. Damit endet die Angst vor der Erinnerung an den Schrecken. Das leistet das Gehirn, ohne dass es eine besondere Anleitung dafür benötigt. Jeder kennt diesen Prozess, dass wir unangenehme Dinge erleben, mit denen wir nicht sofort fertig wurden. Aber nach einer gewissen Auseinandersetzung damit, entsteht das Empfinden, es verarbeitet zu haben. Das merken wir daran, dass wir ohne Gefühlsaufwallungen daran denken und darüber sprechen können.

Ein traumatisches Erlebnis ist in der Regel verknüpft mit dem schrecklichen Gefühl der Einsamkeit, weil niemand da ist, der helfen konnte. Dieses Gefühl des Verlustes von Verbundenheit kann so stark sein, dass sich der/die Betroffene eben nicht allem, was ist und was er/sie in sich fühlt, allein stellen kann.

Das Innehalten ist nicht auszuhalten. Vielleicht wäre es möglich, aber er/sie traut sich nicht, jederzeit alle Gefühle und Erinnerungen aufsteigen zu lassen. Obwohl es ja nur Bilder aus der Vergangenheit sind, die keine Zerstörung anrichten können, kann eine schreckliche Angst damit verbunden sein, eben aus der Erinnerung an die unerträglichen Gefühle.

Es gibt aber auch psychologische Theorien, die diese Angst verstärken, indem sie den verdrängten Erinnerungen eine gefährliche Energie unterstellen. Die einzige Gefahr im Innehalten bei extrem schlimmen Erinnerungen entsteht dadurch, wenn man während des Erinnerns die aufkommenden Gefühle nicht mehr spüren will und wieder mit Verdrängen reagiert. Denn durch erneutes Verdrängen kann eine solche abgebrochene Erinnerung das Angstgefühl weiter verstärken. Wenn man aber bewusst, ohne es zu verdrängen, diese Erinnerung abbricht mit dem Empfinden „für heute ist das genug" und mit der Einstellung „später werde ich erneut dran gehen, bis ich irgendwann damit durch bin und es endgültig verarbeitet habe", dann wird das Innehalten bei Angstgefühlen zu keiner Verschlimmerung der Ängste führen.

Man sollte sich aber nicht zwingen, allein durch die Angst zu gehen. Jeglicher Druck, den wir auf uns selbst ausüben, verstärkt alle unsere Probleme, nicht nur bei Traumatisierungen. Es gibt immer noch die Möglichkeit, sich zusammen mit einem Menschen, dem man vertraut, die heftigen traumatischen Erinnerungen anzuschauen. Das kann ein guter Freund oder eine gute Freundin sein, der/die selbst keine Angst mehr vor der Vergangenheit hat oder natürlich auch ein Psychotherapeut oder eine Psychotherapeutin, der/die bereit und in der Lage ist, nicht nur auf der intellektuellen, sondern auch auf der Gefühlsebene dem Trauma nachzuspüren und dabei vielleicht auch noch hilfreiche Hinweise auf unbewusstes Verdrängtes geben kann.

Je besser und klarer wir den ganzen Mechanismus der Angstproduktionsmaschine in unserem Gehirn verstehen, umso weniger Angst haben wir, uns all unseren Erinnerungen im Innehalten zu stellen. Um dabei behilflich zu sein, beschreibe ich in diesem Buch die wichtigsten Aspekte der Angst vor der Zukunft und vor anderen Menschen. Denn dies sind die Wurzeln der Angst und der Gier. Wenn sie uns vollständig bewusst werden, haben wir keine Angst mehr, dem nachzuspüren, was unser Gehirn bisher noch nicht verarbeitet hat.

TEIL V
Die Angst vor der Zukunft

Ich habe es „die Überforderung des „alten" Gehirns" genannt: Es weiß zwar um seine Grenzen in Raum und Zeit, kämpft jedoch dagegen an. Es will durch Gedanken Kontrolle über die Realität bekommen oder versucht, davor zu flüchten durch Verdrängen – und erzeugt damit die Angst und die Gier. Die „Flucht" aus einer unkontrollierbaren Situation geschieht durch Ablenkung mit einem anderen Thema, um das Unkontrollierbare nicht wahrzunehmen..

Im Teil V geht es erst einmal um Ihren inneren Konflikt mit der zeitlichen Begrenzung, während ich im Teil VI die Angst vor anderen Menschen beschreibe, die dem Widerstand gegen die Begrenzung durch den Raum des Gehirns entspringt. Was heißt das konkret?

Ihr Gehirn ist zeitlich begrenzt. Es wird unweigerlich sterben. So wie alle Materie einer dauernden Veränderung unterliegt, wird Ihr Gehirn mit all seinem angesammelten Wissen zerfallen, und aus dem toten Gewebe wird irgendetwas Neues entstehen. Sie wissen das. Das „alte" Gehirn mit seiner Orientierung auf die Zukunft hin weiß also um seine zeitliche Begrenzung. Das ist der Preis dafür, dass es sich selbst erkennen kann. Aber Sie wollen, wie alles Lebendige, möglichst leben. Wenn daraus Angst vor dem Tod wird, erzeugen Sie zugleich einen unlösbaren Konflikt zwischen der Realität Ihrer Sterblichkeit und Ihrem Wunsch, nicht sterben zu wollen. Da Ihr Gehirn diesen Konflikt nicht lösen kann, versucht es die Tatsache der Sterblichkeit immer wieder zu verdrängen. Erst wenn es wirklich ans Sterben geht, wird die Illusion, immer weiterleben zu können, zerstört.

Solange Sie aber Sterblichkeit und Tod verdrängen möchten, handeln Sie sich Angst ein: um Ihr Geld, vor der Zukunft, vor Krankheiten und vor Sterben und Tod. Der Preis, den Sie außerdem dafür bezahlen, besteht darin, dass Sie die Realität nicht vollständig wahrnehmen und dadurch nicht intelligent handeln können.

Ich schreibe also nicht darüber, was Sie gegen die Angst tun können, um mit der Zukunft, Ihrem Körper, Ihrem Geld und mit dem Tod „richtig" umzugehen. Die Angst zielt als Teil der Intelligenz auf die Beendigung der Blockaden der Intelligenz, indem sie Ihnen „sagt", was Sie mit Ihrem Körper, Ihrem Geld, Ihrem Glauben und im Kontakt mit dem Tod konkret zu tun haben.

11 Die Angst vor der Zukunft: Ihr Körper

Ist Ihnen eigentlich klar, dass dieser menschliche Körper, der zu Ihnen gehört, die Überlebenserfahrungen in der Evolution über Millionen von Jahren gesammelt hat? Er „weiß", was für ihn gut ist, besser als alle Experten und das zudem noch kostenlos. Um dieses Wissen zu nutzen und es nicht weiter zu behindern, müssen Sie Ihre Einstellung zum Körper in Einklang mit der „Sprache" des Körpers bringen.

Die meisten Menschen in den reichen Ländern glauben, ihre Gesundheit hänge von der Qualität der Gesundheitsversorgung ab. Oder sie meinen, sie müssten bestimmte Regeln im Umgang mit ihrem Körper einhalten, Regeln über die Ernährung, Regeln zur sportlichen Aktivität, Regeln bezüglich der Vorsorgeuntersuchungen, Regeln zur Körper- und Psychohygiene usw. Diese Regeln werden Ihnen vorgeschlagen und verkauft. Das Geschäft mit der Gesundheit ist voll von unendlichen Profitmöglichkeiten. Doch das Wissen des Körpers, wie er am besten überlebt und sich selbst heilt, können Sie durch eigene Beobachtung Ihres Körpers bewusst unterstützen zum Erhalt und zur Förderung Ihrer Gesundheit.

Weil wir so grundlegend programmiert sind, Lösungen zu erwarten, weise ich auch hier wieder darauf hin, dass ich keine Anweisungen gebe, wie Sie sich praktisch um Ihren Körper in dieser oder jener Situation kümmern können oder sollten. Ich weise auf ungesunde Muster in Ihrer inneren Haltung und Einstellung zu Ihrem Körper hin. Und das ungesündeste, was Sie Ihrem Körper antun können, ist, ihn mit angstvollen Gedanken zu überschütten, anstatt gut für ihn zu sorgen.

Übrigens, was machen Sie, wenn Sie selbst, wie auch ich als Psychotherapeut, von diesem Gesundheitsgeschäft finanziell leben? …

Die Fürsorge für Ihren Körper ist Intelligenz

Ich nehme an, das ist für Sie so selbstverständlich, dass ich mir diesen Hinweis fast ersparen könnte.

Halten wir noch einmal fest: Wenn Sie mit der materiellen Welt, in der Sie leben, gut umgehen, so ist dies Ausdruck von intelligenter Lebensgestaltung. Ihr Wohlbefinden hängt von guten Beziehungen in und zu der äußeren Welt ab. Also kümmern Sie sich intelligenterweise auch gut darum. Ihr Körper ist jener Teil der Materie, der Ihrem Geist am allernächsten ist. Er will jederzeit gut behandelt werden, nicht erst, wenn er krank wird. Wenn Sie nicht gut mit ihm umgehen, ist die Intelligenz nicht aktiv.

Wenn Sie registrieren, dass mit Ihrem Körper etwas nicht in Ordnung ist, entsteht naturgemäß ein unangenehmes, vielleicht sogar ein erschreckendes Gefühl. Es rüttelt Ihr Bewusstsein wach, dass der Körper Fürsorge benötigt. Das unangenehme Gefühl ist die natürliche intelligente Sprache des Körpers, es ist aber noch keine Angst.

Bloß nicht krank werden

Spätere Einsichten können auf unveränderliche, bittere Tatsachen stoßen, die Sie durch früheres Verhalten erzeugt haben. Für viele Menschen, die erst im Alter merken, dass Sie sich nicht gut um den Körper gekümmert haben und die sich immer noch nicht damit auseinander setzen, sind es leere und fruchtlose Worte: „Die Gesundheit ist das Wichtigste."

Anstatt mit dem Körper gut umzugehen und seine Warnsignale ernst zu nehmen, denken Sie vermutlich bei körperlichen Beschwerden vor allem daran, was wohl Schlimmes passieren könnte und wie Sie das Schlimmste (selten wird der Tod direkt genannt) verhindern könnten. Sie hören nicht rechtzeitig auf das, was der Körper mit seinen Symptomen Ihnen sagen will. Oder Sie verstehen seine Sprache nicht. Bluthochdruck, Diabetes, Bandscheibenvorfälle, fast alle chronischen Erkrankungen kündigen sich lange vorher an. Aber Sie verdrängen tagtäglich die Beschwerden, die noch nicht so bedrohlich erscheinen. So ernähren Sie sich trotz besseren Wissens ungesund, sorgen zu wenig für Bewegung und schieben ungelöste emotionale Probleme möglichst lange weg.

Leben Sie ungesund?

Ich behaupte es einfach einmal, dass Sie ungesund leben. Ob es stimmt und wie Sie diese Aussage aufnehmen, weiß ich natürlich nicht.

Ihr Körper erinnert Sie mit seinen Symptomen, mit dem Übergewicht und den Verdauungsschwierigkeiten, mit den Beeinträchtigungen der Haut- und Atemwegsorgane, mit den Kopf- und Rückenschmerzen usw. daran, dass Sie nicht gesund leben und dass Sie etwas in Ihrem Leben verändern müssen.

Jetzt beginnt das Neue, auf das ich Sie hinweisen möchte. Sie können es bei sich selbst überprüfen: Jedes körperliche Signal ist zugleich ein Hinweis darauf, dass dieser Körper nicht ewig lebt und nicht alles aushält, was Sie ihm zumuten. Aber weil das alte Gehirn Ihre zeitliche Begrenztheit, Ihr Sterben, nicht wahrhaben will, wird das unbequeme Signal möglichst ausgeblendet. Vielleicht fallen Ihnen jetzt, als Reaktion auf meinen Hinweis, viele andere Gründe ein, warum Sie sich manchmal oder oft nicht um Ihren Körper kümmern. In dem Moment, in dem Sie andere Gründe für Ihre Rücksichtslosigkeit gegenüber Ihrem Körper vorschieben, verdrängen Sie zugleich auch die Folgen Ihres Handelns für Ihren Körper. Sie nehmen die Entstehung von Krankheiten in Kauf, weil Ihnen beispielsweise Zeitdruck, ein anderer Gedanke oder die Gier beim Essen wichtiger sind. Das funktioniert so lange, bis Ihr Körper durch eine ernsthafte Erkrankung Ihre Aufmerksamkeit erzwingt.

„Ich kümmere mich doch um meine Gesundheit!"

Die unbequeme Wahrheit, dass Sie ungesund leben, bestreiten Sie erst einmal. (Wir machen das meistens, und ich weiß das von mir selbst.)

Nur Sie selbst können beurteilen, ob es wirklich stimmt, dass Sie sich um Ihre Gesundheit kümmern. Was genau meinen Sie damit? Kümmern Sie sich tatsächlich *jederzeit* darum, dass es Ihrem Körper gut geht? Jetzt denken Sie vielleicht: „Ich kann mir doch nicht andauernd Gedanken um meinen Körper machen." Mit „Kümmern um den Körper" meine ich nicht, dass Sie sich über ihn Gedanken machen sollten. Sondern es geht um Ihre Achtsamkeit bei körperbezogenen Aktivitäten, die ja sowieso lebensnotwendig immer wieder stattfinden. Achten Sie darauf, was und wie Sie essen, wie Sie sitzen, gehen und sich bewegen, dass Sie alle Konflikte sofort lösen, so dass Sie keinen Stress mit sich herumtragen?

Oder verstehen Sie unter dem „Kümmern um die eigene Gesundheit" nur, dass Sie erst reagieren, wenn Symptome auftreten und Sie krank werden? Wenn Sie erst dann auf Ihren Körper achten, wenn er Beschwerden macht, dann gehen Sie nicht intelligent mit Ihrem Körper um. Dann bekämpfen Sie in Wahrheit letztlich nur den Gedanken an den möglichen Tod, indem Sie möglichst nicht an Ihren Körper denken. „Mein Körper soll unauffällig funktionieren und mir nicht permanent vor Augen führen, wie sensibel und zerbrechlich er ist." Kennen Sie solche Einstellungen, die unausgesprochen im Hintergrund arbeiten?

Es gibt, soweit ich sehe, keinen berechtigten Grund, zu irgendeinem Zeitpunkt gleichgültig und unachtsam gegenüber dem Körper zu sein, der doch Ihre Existenzgrundlage ist. Sie hören doch auch nicht einfach auf zu atmen, weil gerade etwas anderes wichtiger ist. Irgendwann gibt es Beschwerden, sei es aufgrund eines eigenen negativen Verhaltens, sei es durch schicksalhaftes Geschehen. Solange die Beschwerden noch einigermaßen erträglich sind oder sobald Ihre Beschwerden nachlassen oder der Arzt Sie beruhigt, machen Sie weiter wie bisher. Die permanente Fortsetzung Ihrer Unachtsamkeit rechtfertigen Sie womöglich mit den Worten: „Man kann gegen das Altern sowieso nix machen, mit den Beschwerden muss ich eben leben." Wenn Sie so denken und dies als Begründung nehmen, warum Sie nicht gut für Ihren Körper sorgen, dann stützen Sie in Wahrheit auf der Gefühlsebene die Illusion, sie könnten dem Altern des Körpers und dem Tod entkommen, indem sie es verdrängen.

Die Angst um den Körper

Die Beschäftigung mit der Angst um den Körper muss sein, auch wenn Sie vielleicht nichts mehr über Angst lesen wollen …

Die Angst um die Gesundheit, die Angst vor Krankheiten entsteht, weil Sie sich nicht wirklich um Ihren Körper kümmern und für ihn sorgen. Sondern Sie verdrängen, wie Sie mit ihm umgehen, weil irgendein anderes Motiv Ihnen gerade wichtiger ist. Im Inneren wissen Sie aber, wenn Sie ihn schlecht behandeln, und deshalb haben Sie Angst, dass es schlimmer wird. Das Angstgefühl will Sie aufrütteln, Ihren Körper gut zu behandeln. Sie werden dann ernsthaft und gut für den Körper sorgen, wenn Sie seine zeitliche Begrenztheit und seine Verletzlichkeit nicht mehr verdrängen, wenn Sie diese Tatsachen gefühlsmäßig an sich herankommen lassen. Die Angst um den Körper endet, wenn Sie wissen:

Ich tue jetzt mein Bestmögliches für ihn, und irgendwann ist Schluss.

Die Verwandlung von Intelligenz in Angst

Das passiert vermutlich ziemlich oft, dass Sie aus Intelligenz Angst machen.

Sie beobachten nicht in Ruhe, was die Beschwerden sagen, und merken deshalb oft auch nicht, welche Unterstützung und Veränderung der Lebensweise der Körper benötigt. Anstatt sich für den Zustand des Körpers aufmerksam zu interessieren und sich darum zu kümmern, denken Sie darüber nach, was Sie *gegen* die Symptome oder Beschwerden tun können. Lassen Sie sich von den Heerscharen medizinischer Aufklärer und Therapeuten aus der Eigenverantwortung für Ihren Körper in die Flucht zu den vermeintlichen Autoritäten für die Gesundheit treiben? Diese geben oft Heilsversprechungen ab, oder sie sagen, dass es Verschleiß oder vererbt ist und dass Sie nichts daran ändern können. Allzu gern wollen Sie Sicherheit vor dem Tod und klammern sich an Medikamente, Operationen und notfalls auch an solche Erklärungen, dass Sie selbst nichts tun können. Damit können Sie sich zumindest vorübergehend beruhigen. So verwandelt sich die Intelligenz für den Körper, die in dem ursprünglich beunruhigenden Empfinden steckt, in das dauerhafte Gefühl Angst. Die Angst um den Körper ist aber nicht immer spürbar, weil sie so oft wie möglich verdrängt wird. Doch verdrängte Angst kommt immer und immer wieder hoch. Wenn Sie der Angst nicht an die Wurzel gehen, gibt es kein Entkommen vor ihr.

Pseudolösung „Angst"

Vielleicht spüren Sie jetzt beim Lesen ein unangenehmes Empfinden. Möchten Sie nichts mehr über die Angst um die Gesundheit lesen? Wollen Sie Ihre Angst vor Krankheiten lieber verdrängen? Sie können dieses Kapitel überschlagen oder herausfinden, was für Sie genau unangenehm ist.

Sie wissen, wie gesagt, dass Sie vor schwerer Erkrankung und Tod nicht sicher sind. Wenn Sie die Verantwortung für Ihren Körper nicht selbst übernehmen und sich nicht um ihn kümmern, wenn er es braucht, wird es ihm auf Dauer auch nicht gut gehen. Also wird das beunruhigende Gefühl zum Dauergefühl. Wenn Sie diesem anhaltenden Gefühl den Namen „Angst" gegeben haben, entsteht die typische Angstreaktion – gedankliche Flucht vor der Realität, indem Sie möglichst nicht daran denken, wenn Sie Ihren Körper schlecht behandeln. Zugleich hoffen Sie, dass das Gesundheitssystem Ihr Gesundheitsproblem löst. Dieses Angebot nimmt die Gesundheitswirtschaft mit Kusshand an und verkauft Ihnen alle möglichen Mittel einschließlich Psychotherapie *gegen* Angst. Die Angst wird gedämpft, verdrängt, mit Argumenten bearbeitet – und letztlich dadurch immer größer. Aber Angst endet niemals, solange Sie etwas *dagegen* tun. Maßnahmen gegen die Angst sind nur die Fortsetzung der Flucht vor den Signalen des sensiblen und sterblichen Körpers, der naturgemäß lange und gut leben will. Erst die volle Wahrnehmung der Angst, ohne ihr ausweichen zu wollen, beendet sie.

Konkret bedeutet dies: Wenn Sie kleinere oder richtig ernsthafte Beschwerden haben, die Ihnen Angst machen, sehen Sie in diesem Gefühl den dringlichen Hinweis, dass das Leben jederzeit enden kann! Lassen Sie das, was Sie fühlen und empfinden auf sich wirken, ohne ins Denken abzuschweifen. Wenn Sie diesem Gefühl nicht mehr ausweichen, tritt Ruhe ein. Ihr Gehirn hat dann nicht mehr den Konflikt zwischen Ihrem Wissen (der Tod steht jederzeit neben mir) und Ihrem Wollen (ich will nicht sterben). In dieser inneren Ruhe findet der stille Geist die Antwort, was Sie für Ihren Körper am besten tun sollten.

Was ist gute Medizin?

Ein guter Tipp? Ich weiß nicht, ob meine Hinweise für Sie von Bedeutung sind.

Erst mit der Übernahme der vollständigen Verantwortung für Ihren Körper können Sie klären, welche medizinischen Hilfen angebracht sind. Wenn Ihr Gehirn nicht mehr benebelt ist durch Angst vor Leiden, Sterben und Tod, können Sie selbst prüfen, was für Sie und für Ihren Körper gut ist und was nicht. Sie nehmen Ihren Körper ohne Verdrängung wahr und suchen sich einen Arzt oder einen anderen Therapeuten, der Ihnen auch wirklich zuhört. Wenn Sie ohne Angst zuhören, was der Arzt oder Therapeut empfiehlt, dann werden Sie viel klarer erkennen, ob es Sinn macht, was er sagt. Sie liefern sich keinen unsinnigen und ungesunden Maßnahmen und Medikamenten aus, nur weil Sie sich eine Linderung Ihrer manchmal sehr schrecklichen Angst davon erhoffen. Natürlich sind Sie manchmal gezwungen, Hilfen anzunehmen, ohne zu wissen, ob sie wirklich auch helfen. Doch wenn Sie in der Achtsamkeit für Ihren Körper bleiben und die Auswirkungen der Therapie beobachten, werden Sie auch feststellen, wie lange Sie eine Behandlung mitmachen oder wann Sie diese abbrechen sollten.

Die Ausbeutung der Angst durch die Medizinwirtschaft

Gehen Sie davon aus, dass die Medizinwirtschaft Mittel gegen Krankheiten erforscht? Das tut sie, aber nur, wenn es profitabel ist. Deshalb werden die jahrhundertealten und erprobten Hausmittel systematisch aus dem gesellschaftlichen Bewusstsein verdrängt und durch teure Medikamente ersetzt, oft mit vielen Ne-

benwirkungen. Außerdem kann mit einem chronisch kranken Menschen natürlich viel mehr Profit gemacht werden als mit einem Menschen, der auf seinen Körper achtet und Behandlungen kritisch prüft.

Die Beunruhigung durch die Angst vor Leiden, Sterben und Tod, die bei einer unklaren Beschwerde auftritt, kann nicht verhindert werden. Warum auch, ist doch die Beunruhigung der Weckruf, für den Körper zu sorgen. Bei jeder gesundheitlichen Beunruhigung haben Sie die Chance, die Intelligenz wach zu halten und sie nicht in Angst zu verwandeln. Die dann meist erfolgende Umwandlung der intelligenten Hinweise des Körpers in Angst ist einerseits ein uralter Prozess, auf den ich hier nicht näher eingehen kann. Die Entstehung von Angst wird andererseits gesellschaftlich und aufgrund wirtschaftlicher Interessen massiv und mit allen Tricks gefördert, und zwar mit dem Versprechen der Angstbekämpfung. Beispielsweise macht Ihnen die Pharmaindustrie Angst mit unaufhörlicher „Aufklärung", welche Krankheiten ich und Sie vielleicht haben könnten, ja sie erfindet sogar ständig neue Krankheiten, um ihre Produkte zu verkaufen. Ich war überrascht, als ich vor Jahren von der planmäßigen Organisation der Krankheitserfindung im großen Stil erfuhr. Viele Menschen durchschauen diese systematische Produktion von Angst durch die Gesundheitswirtschaft nicht, da sie immer gekoppelt wird mit der schönklingenden Hoffnung auf Hilfe.

Heilung ist nur Selbstheilung

Wenn Sie das begreifen, entsteht ein neuer, wunderbarer Blick auf Ihren Körper.

Der Körper hat umfassende Selbstreparaturkräfte. Mit der Erfahrung von Millionen von Jahren hat er viele, außerordentlich raffinierte Selbstheilungsmechanismen ausgetüftelt, die wir noch gar nicht alle kennen. Der Chirurg kann die Knochen gut zusammenfügen, sie aber zusammenwachsen zu lassen vermag er nicht. Eine gute medizinische Behandlung verbessert nur die Bedingungen für die Heilung, die der Körper selbst leistet. Die Selbstheilungskräfte können durch Angst und Grübeln geschwächt oder durch Liebe zum Körper gestärkt werden. Wenn eine Erkrankung Sie richtig beutelt und Sie nach Besserung oder Auswegen suchen, dann betrachten Sie erst einmal alle Aspekte Ihres Körpers ohne jeglichen Anspruch und inneren Druck bei jedem seiner Signale neu, auch die Krebszellen, auch das vom Infarkt geschwächte Herz, den gequälten Rücken und den vom vielleicht ewigen

Denken schmerzenden Kopf. Dann werden Sie viele Aspekte über Ihren Körper und Ihre Psyche entdecken, die für die Heilung oder Linderung von Bedeutung sind. Vielleicht entsteht darüber hinaus auch ein Empfinden von Verbundenheit, Dankbarkeit und Liebe zu Ihrem Körper, dem einzigen, den Sie haben.

Übrigens: Nur, wenn Sie Ihren Körper ernst nehmen und sich gut um ihn bemühen, können Sie auch Ihre anderen Probleme gründlich angehen. Denn ernsthafte körperliche Beschwerden werden immer vorrangig darüber bestimmen, wie es Ihnen insgesamt geht.

Psychosomatik – welche Dramatik

Das Leben will weiter,
doch der Kopf,
dieser Tropf,
hängt am Alten,
will es behalten.
Na, das wird ja heiter.

Wo finde ich Halt?
Ein Opfer der Not
dem Körper droht
als Lastesel billig.
Denn bist du nicht willig,
so brauch ich Gewalt.

Du sollst nicht dein Leben bestehlen,
sollst dich erden
durch die Beschwerden,
zu schauen,
zu trauen
den Realitäten im Leben.

Zypern, am Strand im Sommer 1998

12 Die Angst vor der Zukunft: Ihr Geld

Es kommen leicht heftige Emotionen beim Thema „Geld" hoch. Schauen Sie so sachlich wie möglich auf Ihre Beziehung zum Geld. Es geht nicht um moralische Fragen, wie Sie Ihr Geld einsetzen und wofür Sie es ausgeben sollten. Es geht um Ihr Bewusstsein beim Umgang mit Ihrem Geld, um Ihre innere Haltung zum Geld und die AngstGier, die damit verknüpft ist. Ihr und mein und unser aller Bewusstsein entscheidet nicht nur über unser Geldverhalten, sondern weit darüber hinaus, wie wir mit den materiellen Werten dieser Erde umgehen und wie wir die Gesellschaft organisieren.

Geld ist als Tauschmittel entstanden. Das ist es unter anderem auch immer noch. Darüber hinaus hat das Besitzen oder Nichtbesitzen von Geld eine enorme Bedeutung für fast jeden Menschen. Es ist eine wesentliche Quelle des Unglücks, das Menschen sich oftmals selbst und anderen zufügen, im Kleinen wie im Großen, in den Familien wie auch im weltweiten Miteinander. Vermutlich denkt jeder, dass das Geld dem Glück dienen sollte. Unter welchen Bedingungen führt Geld ins Unglück und wann macht es glücklich?

„Es ist nicht in Ordnung, was mit dem Geld oft gemacht wird." Jeder Mensch hat diese Feststellung wahrscheinlich schon einmal getroffen, einfach weil sie wahr ist. Doch worüber genau regen Sie sich auf, wenn Sie das Verhalten anderer Menschen in Hinblick auf Geld verärgert kritisieren, beispielsweise gegenwärtig das von Politikern oder Bankern?

In den Emotionen anderer Geldmenschen gegenüber schwingen immer Ihre Gefühle mit, die mit Ihrem eigenen Geldverhalten verbunden sind.

Es ist erforderlich, die Tatsachen, die mit dem Geld zusammenhängen, ruhig, sachlich zu betrachten. Damit Sie dazu in der Lage sind, müssen Sie bei sich selbst die psychischen Abhängigkeiten vom Geld erkennen, um sich daraus lösen zu können. Sie zeigen sich als Angst, Wut, Ärger über den Umgang von anderen mit Geld und manchmal auch von uns selbst. In innerer Ruhe können Sie die Probleme im Umgang mit Geld in Ihrer Nähe und in der Ferne der Welt draußen sehr klar sehen.

Sie können womöglich sehr leicht sagen: „Das trifft zu." Aber sind Sie sich Ihrer psychischen Abhängigkeiten vom Geld wirklich bewusst? Haben Sie diese Abhängigkeit hinter sich gelassen?

Das Geld gehört allen Menschen

Ein radikaler neuer Blickwinkel auf das Geld, der den Geldproblemen an die Wurzel geht? Oder ist es vielleicht ein alter Hut für Sie?

Die materiellen Werte, für die das Geld steht, entstammen der angesammelten Arbeit der ganzen Menschheit und den Schätzen der Natur. (Die komplizierten Tricks und Betrügereien des modernen Geldmarktes klammern wir hier aus.) Der Reichtum der Natur und der Arbeit gehört keiner Einzelperson, weil er nicht von einzelnen Menschen geschaffen wurde. Ich kenne kein einziges Produkt, das von Anfang bis Ende, von den Vorprodukten, den Werkzeugen bis zum Endprodukt nur von einer Person geschaffen wurde. Aber das Geldsystem baut von seinem Beginn an darauf auf, dass Geld juristisch immer einen bestimmten Besitzer hat, wobei „der Besitzer" natürlich auch eine Gruppe von Menschen sein kann.

Der Reichtum, den die Menschheit in Kooperation geschaffen hat, dient aber bisher nicht dazu, unser *aller* Leben gut zu gestalten und unsere natürlichen Grundlagen zu erhalten. Reichtum nutzt nur denjenigen, die ihn besitzen. Daran ändert sich auch nichts, dass die Reichen das Geld nicht nur für sich privat verbrauchen, sondern auch Geld zur Verfügung stellen müssen, beispielsweise für staatliche Aufgaben und für neue Produktionsanlagen, damit Kooperation und weitere Vermehrung des Reichtums möglich ist. Wenn Sie den privaten Reichtum aber als Teil des Reichtums der Menschheit und der Natur erkennen, dann ist auch klar, dass in diesem Sinne auch das Geld als eine Form des Reichtums allen Menschen gehört, unabhängig davon, wie viel Geld Sie besitzen. Sie und ich, wir haben also nur die Verfügungsgewalt und die Verantwortung für unser Geld.

Die Verteilung des Geldes ist nicht das zentrale Problem

Angesichts der wachsenden Armut vieler Menschen und des ungeheuerlichen Reichtums weniger meinen Sie vermutlich, dass die Probleme der Gesellschaft darin bestehen, dass die materiellen Werte und das Geld ungerecht verteilt sind und immer weiter ungerecht verteilt werden.

Eine andere Verteilung des Reichtums würde nichts an dem Grundproblem ändern, wie wir wirtschaften, nämlich im Wettbewerb und zum persönlichen Vorteil. Die Umverteilung würde, wie gehabt, wieder andere Menschen benachteiligen und neue Machtzentren hervorbringen, die nach den alten Mustern handeln. Nicht die Verteilung des Geldes ist das große Problem in Staat und Wirtschaft, sondern das fehlende Bewusstsein, dass wir *eine* Weltgemeinschaft sind. Würden wir den Reichtum in gemeinsamer Verantwortung für alle Menschen, Tiere und die Umwelt produzieren, dann würde dies eine völlig neue Gesellschaft hervorbringen. Um nur einen einzigen von vielen Aspekten als Beispiel anzuführen: Wir würden die Gegenstände nicht mehr so produzieren, dass sie bald wieder kaputt gehen, damit neue gekauft und mehr Gewinn gemacht werden kann – eine ungeheure Verschwendung von Naturschätzen, Energie und Arbeitskraft mit schlimmen Folgen für das Klima und die Umwelt.

Die Verteilung des Geldes ist dennoch ein Problem

„Wir können doch nicht auf bessere Zeiten warten, bis das Bewusstsein aller sich verändert hat. Wir brauchen schnelle Antworten für die heutigen Probleme der Ausbeutung von Mensch und Natur." Sind das Ihre Gedanken?

Solange das Bewusstsein von einer Weltgemeinschaft noch nicht unser Handeln bestimmt, wird es zwangsläufig Verteilungskämpfe geben. Tatsache ist also, dass das Grundproblem des Gegeneinanders heute noch nicht gelöst ist. Auch unter diesen gesellschaftlichen Strukturen müssen aus meiner Sicht die geschaffenen Werte möglichst breit verteilt werden, und zwar aus zwei Gründen:

Möglichst viele Menschen sollen ohne Not und in Freude leben und nicht tiefer durch materielles Elend in die Gewaltspirale getrieben werden.

Der zweite Grund ist, dass durch die wachsende Konzentration ungeheuren Reichtums in wenigen Händen auch die Zerstörung von Menschen und der Umwelt beschleunigt wird. Denn dieses Geld und die damit aufgebauten Produktionen dienen nicht einem guten Leben *aller* Menschen. Was immer auch die Absichten der Besitzer sind, selbst wenn sie sehr sozial denken, so können sie den Gesetzen der Konkurrenz und des Wirtschaftswachstums nicht entkommen und müssen sich in erster Linie für den Erhalt und die Vermehrung ihres Geldes einsetzen. Die meisten Besitzer der riesigen Geld- und Vermögensberge setzen alles zur weiteren Vermehrung ihres Geldes ein. Das bedeutet für andere Menschen immer ein mehr oder weniger großer Verlust bis hin zur Katastrophe. Die Angst vor der Konkurrenz und die enorme Lust, die bei der erfolgreichen Befriedigung der Geldgier empfunden wird, haben reiche Menschen möglicherweise mehr als andere auf die Mehrgeldproduktion konditioniert. Was werden die kleinen und großen Geldbesitzer wohl tun, wenn sie ihre eigene Angst hinter der Gier begriffen haben?

Dient das Geld dem Leben oder dem Tod?

Geld ist niemals neutral. Selbst wenn Sie es unter Ihrem Kopfkissen verstecken und es nicht in den Geldkreislauf zu seiner Vermehrung einbringen, spielt es eine Rolle in Ihrem Kopf.

Wir Menschen sind Teil der Natur und ihres andauernden Stoffwechsels. Bringen wir unsere Arbeit und die von uns gehobenen Schätze der Natur in diesen Stoffwechsel im Dienste des Lebens ein? Oder entziehen wir dem Leben Energien, indem wir das Geld um der Vermehrung des Geldes willen als tödliche Energie anhäufen? Tödlich ist es deshalb, weil es von seinen Besitzern gar nicht sinnvoll im Kreislauf des Lebens weitergegeben wird. Stattdessen dient es seiner eigenen Vermehrung. Das Geld, das nur zum Mehrwerden da ist, hat sich aus dem allgemeinen Stoffwechsel gelöst, zu dem ein selbstverständliches Geben und Nehmen ohne Berechnung gehört. Deshalb ist es zu einer Energie des Todes geworden. Das meine ich nicht symbolisch oder spirituell. Sie können selbst feststellen, wo überall Geldgier gewaltsamen Tod hervorbringt. Bedenken Sie bitte dabei, dass das Geld selbst gar nicht handelt, sondern dass die Triebfeder in unserer menschlichen Psyche liegt. Der Vermehrungsdrang entstammt der Sicherheitssuche mit seiner AngstGier. Die AngstGier kennt keine Rücksicht und keine Gnade, beutet aus und tötet, was der Vermehrung im Weg steht oder wenn es der Geldvermehrung nutzt, egal ob Menschen, Tiere oder ganze Lebensräume.

Ihre Verantwortung für Ihr Geld (1)

Ich muss es ganz klar sagen. Es fiel mir schwer, es mir selbst einzugestehen: Auch an meinem gesparten Geld, genauso wie an Ihrem, klebt Blut.

Sie tragen die Verantwortung dafür, ob Ihr Geld dem Leben und der Verbundenheit dient oder ob es Armut, Krankheit, Konflikte und Kriege unter die Menschen bringt und die Natur zerstört. Da kaum ein Mensch sich aus der Wirtschaft des Mehrgeldmachens verabschieden kann, solange sie existiert, ist es nicht einfach, dieser Verantwortung für das eigene Geld gerecht zu werden. Denn alles, was nicht direkt zum Leben benötigt wird, kommt in den Kreislauf der Geldvermehrung. Zugleich wird es irgendeinem anderen Lebensbereich entzogen. Also tragen wir, Sie und ich, die wir Geld sparen und ansammeln, zwangsläufig zu den zerstörerischen Geldproblemen bei. Davon können wir uns auch durch Spenden nicht freikaufen. Das gilt unabhängig davon, wie sinnvoll Spenden sind und ob Sparen notwendig ist. Halten Sie beides aus – die Probleme der Geldwirtschaft und Ihre zwangsläufige Beteiligung daran – ohne Verdrängen, Rechtfertigen und Entschuldigen? Können Sie einfach diese Tatsachen ansehen?

Ihre Verantwortung für Ihr Geld (2)

Solange Sie emotional, d. h. mit Angst und Gier, auf Geld reagieren, ist Unordnung in Ihnen. Sie können aber auch in dieser Hinsicht Ihre eigene innere Ordnung schaffen.

Niemand ist befugt, Ihnen zu sagen, was Sie mit Ihrem Geld anfangen sollten. Wer Sie beeinflussen will, wofür Sie Ihr Geld ausgeben sollen, ist daran interessiert, dass Ihr Verhalten seinen/ihren Vorstellungen entspricht, direkt und persönlich oder indirekt über die Begünstigung irgendeiner Gruppe oder Organisation oder eines Ideals vom „guten Geldausgeben". Dieses fundamentale Problem, im Miteinander Wirkung auf andere erzielen zu wollen, gilt in der Produktwerbung genauso wie bei moralischen Appellen und gegenseitigen Erwartungen von Eheleuten, Eltern, Kindern und Freunden.

Um so gut wie möglich mit Ihrem Geld umgehen zu können, ist es entscheidend, dass Sie die psychischen Mechanismen in sich selbst erkennen, die Ihr Geldverhalten bestimmen. Und dass Sie ohne Emotionen und ohne Zynismus begreifen, dass Sie sich als Einzelperson nicht aus der Kette der Gewalt, die unserem Geldsystem innewohnt, befreien können.

Kampf um das Geld

Welche Rolle spielt das Geld in Ihren mitmenschlichen Beziehungen?

Sie sind wie alle Menschen auf Geld angewiesen, um leben zu können. Geld bedeutet materielle Sicherheit. Solange Sie Angst vor der Zukunft haben, wollen Sie möglichst viel Geld haben. Und weil es fast allen Menschen so geht, besteht ein unablässiger Kampf um den Besitz von Geld. Da es immer jemandem gehört, sucht jeder nach Wegen, an das Geld anderer oder an die geldlichen Grundlagen heranzukommen: die Schätze der Natur oder die Arbeitskraft anderer Menschen. Die Konkurrenz unter den Menschen zeigt sich im Streit um das Geld, weil jeder bei der Verteilung möglichst gut abschneiden will. All das wird erzeugt durch die Emotionen, die am Geld kleben.

Angst schweißt Geld und Gier zusammen

Wenn Sie mit der AngstGier nicht fertig werden, werden Sie zwangsläufig auch Probleme mit dem Geld haben.

Solange Sie Angst vor Ihrer finanziellen Zukunft haben, sind Sie voll Gier, immer mehr Geld anhäufen zu wollen. Dabei ist es völlig egal, ob Sie über wenig oder viel Geld verfügen. So wie die Angst niemals gestillt werden kann, so hört auch die Gier nach dem Geld nicht auf. Mit dem Geld können Sie sich unter anderem auch Macht und Vergnügungen erkaufen, mit denen Sie wenigstens zeitweise vor Ihrer grundlegenden Angst vor der Zukunft und dem Tod fliehen können. Aber je mehr Geld Sie haben, umso größer wird Ihre Angst, es wieder zu verlieren. Die Bereitschaft, für Geld alles Mögliche zu zerstören, entspringt der Angst und der dadurch aufrecht erhaltenen Blindheit für diese Zusammenhänge.

Hinterlistige Kampfmittel um Ihr Geld

Vielleicht denken Sie inzwischen, dass ich doch verdeckten moralischen Druck wegen des Geldes erzeuge. Nein, nein, nein, das ist nicht meine Absicht. Lassen Sie sich von niemandem unter Druck setzen, natürlich auch nicht durch das, was Sie hier lesen.

Über einen Teil unseres Geldes können wir gar nicht oder kaum frei verfügen. Steuern, Sozialabgaben, Miete samt Nebenkosten, Lebensmittel, Benzin oder andere Mobilitätskosten müssen wir quasi zwangsweise bezahlen. Sie können sich der Marktmacht bestimmter Anbietergruppen, beispielsweise der Ölkonzerne und der Stromanbieter, und den staatlichen Entscheidungen über Ihren Geldbeutel kaum oder gar nicht entziehen. Wenn darüber hinaus jemand sagen würde: „Ich will dein Geld haben", würde Ihr Gehirn sofort in Alarmbereitschaft gehen und Maßnahmen dagegen treffen. Um an Ihr Geld zu kommen, muss man also schon etwas raffinierter vorgehen. Es wird Ihnen daher mit Versprechungen von Vergnügen oder mit Angstmachen aus der Tasche gezogen, wie es z. B. die Werbung oder die Gesundheitswirtschaft tun. Oder man macht Ihnen ein schlechtes Gewissen, so dass Sie Ihr

Geld für „wichtigere oder höhere Zwecke" als für sich persönlich ausgeben. Doch nur Sie selbst können beurteilen, wofür Sie Ihr Geld ausgeben wollen, soweit Sie überhaupt etwas neben dem Grundbedarf übrig haben. Dafür haben Sie die volle Verantwortung.

Der Umgang mit Geld ohne Angst

Sie hören auf, achtlos mit Ihrem Geld umzugehen, wenn Sie keine Angst haben.

Wenn Sie Ihrer Angst ausgeliefert sind, werden Sie Ihr Geld zwangsläufig dafür einsetzen, sich Sicherheiten gegen Ihre Angst zu erwerben. Wenn ein Geldjäger Ihre spezielle Angst oder Gier kennt, werden Sie auf seine Tricks hereinfallen. Sie werden das kaufen, was Ihnen Schutz, Vergnügen und Anerkennung verspricht. Die Werbepsychologen kennen sich mit allen Ängsten, auch den subtilen und unbewussten, ausgezeichnet aus. Aber auch diejenigen, die mit Himmel locken und mit Hölle drohen oder die Erleuchtung versprechen, setzen bei der Werbung für ihre „Produkte" oft darauf, Ihre AngstGier zu aktivieren. Denn nur wenn eine Angst aktiv ist, wirken auch die Versprechungen, durch bestimmte Produkte diese Angst wieder loszuwerden. Welche Art von Werbung bei Ihnen erfolgreich ist, das können Sie nur für sich selbst klären.

Sie selbst aber glauben natürlich in dem Moment, dass es auf irgendeine Weise Ihrer Bedürfnisbefriedigung dient, was Sie gerade kaufen. Sonst würden Sie das Geld ja nicht dafür ausgeben. Doch wenn Sie sich Ihrer Ängste bewusst werden, verändert sich auch Ihr Geldverhalten.

Natürlich macht es auch Sinn, sich vor wirklichen Gefahren zu schützen und dafür Geld auszugeben. Es ist hilfreich, wenn Sie herausfinden, ob Sie über Ihr Geld intelligent oder von verdeckter Angst getrieben verfügen. Warum sollten Sie es auch verschwenden für Dinge und Aktivitäten, durch die Ihre Angst vor dem Leben und die Konkurrenz zu anderen Menschen aktiviert werden. Denn Produkte beseitigen niemals die Angst. Sie kann durch viele Maßnahmen vorübergehend gedämpft werden, aber Ihre Angstmuster im Gehirn werden letztlich auch durch das Hoffen auf „Antiangstprodukte" weiter gefüttert. Wenn Sie ohne Sorge vor der Zukunft mit dem Empfinden von allseitiger Verbundenheit leben, setzen Sie wie selbstverständlich auch Ihr Geld so sinnvoll wie möglich ein. Zugleich wissen Sie um die Begrenztheit sinnvollen Geldhandelns in dem bestehenden Wirtschaftssystem des Gegeneinanders.

Eine neue Wirtschaft?

Wer soll ein neues System der Produktion und Verteilung der materiellen Werte denn gestalten? Doch nur eine Gemeinschaft, deren Mitglieder begreifen, wie wir uns und andere durch unser Mehrgelddenken unglücklich machen. Ob und wann sie entsteht, steht in den Sternen. Ob Sie und ich wohl dazu gehören?

Welche neue gesellschaftliche Organisation wird sich wohl entfalten, wenn Menschen sich zusammenschließen,

- die sich aus der gefühlsmäßigen Abhängigkeit vom Geld befreien,

- die unerschütterlich erkennen, dass die geschaffenen Werte dem Leben aller Menschen zugute kommen müssen,

- die wissen, dass nicht von Einzelnen, sondern nur in einer wirklichen Gemeinsamkeit neue Organisationsformen geschaffen werden können?

13 Die Angst vor der Zukunft: Ihr Glaube

Religiöser Glaube und Angst hängen sehr oft eng zusammen. Der Glaube soll von der Angst erlösen. Dann kommt aber womöglich die Angst, doch nicht von der Angst erlöst zu sein. Die Angst, nicht den richtigen Glauben zu haben. Die Angst, nicht richtig glauben zu können. Die Angst, dass der Glaube nur ein Selbstbetrug sein könnte. Ist das nicht erstaunlich, wo Glaube und Gottvertrauen eigentlich doch Sicherheit geben sollten? Sie finden hier keine Antworten auf Glaubensfragen, aber vielleicht einige Hinweise zum Nachdenken und Nachspüren.

Auch wenn Sie sich gut um Ihren Körper kümmern und sich nicht mehr mit Geldsorgen belasten, so endet damit nicht unbedingt die gedankliche Beschäftigung mit den Sorgen um morgen und auch nicht die Angst vor dem Tod. Da Sie wissen, dass auch nach dem eigenen Tod die Zeit nicht stehen bleibt, wollen Sie vielleicht auch für diesen Zeitraum Sicherheit haben. Viele Menschen beschäftigen sich jedenfalls intensiv mit dieser Frage. Manche glauben, dass es jenseits des irdischen Lebens keine Zeit gibt. Für mich ist dies jedenfalls auch nur ein weiteres Gedankenspiel, das nicht mit echten Empfindungen verknüpft ist und daher keine lebenspraktische Bedeutung hat.

Weil aber das Gehirn Sicherheit nur im Bereich seines bisher angesammelten Wissens suchen kann, es tatsächlich aber nicht weiß, was nach dem Tod kommt, übernimmt es leicht das behauptete Wissen und die Mutmaßungen anderer. Das wird Glaube genannt. Menschen werden von Kindheit an mit dem Glauben der Priester, Imamen, Rabbis und Gurus erzogen – je nach Tradition, in der man aufwächst – und glauben dann selbst oft bis ans Lebensende an diese Vorstellungen von dem, was nach dem Tod kommt – Himmel, Hölle, Paradies, Nirwana, das Jenseits, Wiedergeburt usw. – und dass es höhere Mächte gibt, die den Tod überdauern: Gott oder die Götter, die Engel und die Teufel. Als Kinder können wir die Meinung der Erwachsenen in solchen Fragen nicht überprüfen und übernehmen so die Traditionen, in denen wir zufällig aufwachsen. Später sagen wir dann: „Unser Glaube ist der richtige." Das ist nicht der einzige, aber der häufigste Entstehungsprozess von Glauben. Deshalb sind die beherrschenden Religionen in Ländern und Regionen über Hunderte und Tausende von Jahren immer dieselben.

Haben Sie das, was Sie glauben, selbst überprüft und selbst erfahren? Dass ein Glaube für viele Gläubige womöglich nicht viel mehr ist als die Fortschreibung kultureller Überlieferungen, wollen diese dann nicht gern zur Kenntnis nehmen. Denn eine solche Einsicht würde das Sicherheitsbedürfnis durch den Glauben stören.

Suchen Sie nicht auch dann nach einer Art von Sicherheit durch Denken, wenn Sie der Variante des Jenseits „Nach dem Tod kommt gar nichts" zuneigen oder wenn Sie Atheist sind?

Anders ist es aber, wenn Sie nicht glauben, sondern selbst etwas über „das Andere", so will ich es einmal nennen, entdeckt haben und dafür nur aus Gewohnheit das Wort „Glaube" benutzen. Hat dieses „Andere" für Ihr heutiges Leben eine Bedeutung? Oder ist es nur Ihr Trost in den Vorstellungen über den Zustand nach dem Tod?

Welches Empfinden entsteht in Ihnen, wenn Sie sich mit der letztendlichen Ungewissheit vertraut machen und sie gar nicht mehr auflösen wollen?

Glaube erzeugt einen verwirrten Geist

„Mein Glaube gibt mir eine Orientierung und Geborgenheit. Er verwirrt mich nicht. Ich meine es ernst. Ich habe keinen Aberglauben." Wenn Sie einen festen Glauben haben, glauben Sie dann nicht auch unausgesprochen, dass der Aberglaube das ist, was andere glauben, die Ihren Glauben nicht teilen?

Angenommen, Sie glauben an Gott oder an Horoskope, an Engel und Teufel, oder an einen Fußballgott oder auch an irgendein anderes Wesen. Es mag Sie stören, wenn ich diese Glaubensüberzeugungen in einem Atemzug nenne. Aber jeder, der an irgendetwas fest glaubt, nimmt das für sich auch ernst. Entspringen Ihre Vorstellungen der Wirklichkeit, die Sie unerschütterlich gesehen oder gespürt haben? Wenn Sie etwas von dem „Anderen" erkannt haben, dann würde ich dies nicht als Glauben bezeichnen.

Die Kluft zwischen einer übernommenen Vorstellung, an die Sie glauben, und der lebendigen, sich ständig verändernden Wirklichkeit, die vielleicht auch den Glauben in Frage stellt, schafft Verwirrung. „Wie konnte Gott das zulassen", ist häufig die Reaktion auf ein schlimmes Erlebnis. So entstehen unvermeidlich Glaubenskrisen, die eine tiefe Verzweiflung verursachen können. Oder eine ewige Suche nach dem wahren Glauben, von dem Sie sich absolute Sicherheit erhoffen. Auf dieser Suche probieren viele Menschen immer neue Glaubenssysteme aus.

Glaube erzeugt Angst

Innere Prozesse laufen oft anders ab, als Sie es sich vorstellen oder als Sie es gern hätten. Theoretisch wissen Sie das vermutlich. Aber beobachten Sie auch, was in Ihnen tatsächlich abläuft, wenn Glaube im Spiel ist?

Ein Glaube hat einen großen Reiz, weil er das Zweifeln und das Nachdenken über Unangenehmes beruhigt. Doch diese Ruhe des Glaubens hält „üblicherweise" nicht an. Irgendwann spüren Sie die Ungewissheit des Lebens wieder, einfach weil das Leben eben ungewiss ist. Dann kann zu der Angst vor der Unsicherheit des Lebens die Angst vor dem Verlust des Glaubens hinzukommen. Vielleicht bekommen Sie sogar Schuldgefühle wegen Ihrer Glaubenszweifel. Daran kann man genauso zerbrechen wie bei dem Zusammenbruch anderer Ideale.

Wahrheit und Glaube

Es zählt allein, was Ihr Leben tatsächlich bereichert. Das hat kein anderer Mensch in der Hand, und das können nur Sie für sich selbst herausfinden.

Wenn Sie einem religiösen oder sonstigem spirituellen Glauben anhängen, der Sie tatsächlich zu tiefer Gelassenheit und Freiheit von Zukunftsangst führt, dann ist

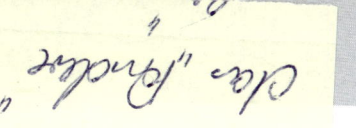

das wunderbar. Kein anderer Mensch ist befugt, das in Frage zu stellen.

Doch was ist, wenn Ihr Glaube Sie von der Angst befreien soll, aber Sie haben trotzdem Angst vor der Zukunft und dem Tod? Ein solcher Glaube ist vermutlich nur Nachahmung oder eine gedankliche Illusion gegen Ihre Angst. Wenn Sie etwas von dem „Anderen" tatsächlich erfahren haben, verändert es Ihr Leben. Meine Vermutung ist, dass jeder Mensch es schon gespürt hat. Aber weil mit Gott oder mit dem Anderen spezielle Vorstellungen verknüpft werden, merken viele gar nicht, wenn es da ist. Es kommt manchmal leise und überraschend „angeflogen". Das „Andere" hat eben nichts mit den gedanklichen Vorstellungen von Gott und Unendlichkeit zu tun, an denen sich Betende und Meditierende meist orientieren. Im Kontakt damit gibt es keine Existenzangst. Das habe ich persönlich erfahren, und ich „weiß" für mich, dass ich nichts aktiv dafür tun kann. Es hat mich einfach berührt. Für mich macht es auch keinen Sinn, in einem Buch darüber zu schreiben und „es" dadurch wieder in eine gedankliche Vorstellung für den Leser zu verwandeln. Und ich wüsste auch gar nicht, wie ich es beschreiben soll. Ich kann mit dem „Anderen" nichts machen, gar nichts. Mein Kopf scheint mir viel zu klein dafür, es zu erfassen und zu definieren. Aber worüber ich schreiben und sprechen kann, ist das, was möglicherweise blind macht für diese berührende Wahrheit des „Anderen": Die AngstGier und die Flucht in Glaubensvorstellungen blenden uns. Vielleicht kann „es" uns dann leichter berühren, wenn der Geist still ist. Doch das ist nur eine Vermutung, ich weiß es nicht.

Der Zweifel bleibt

Haben Sie bemerkt, dass in diesem Kapitel 12 besonders häufig „vielleicht" und ähnliche unsichere Aussagen auftauchen?

Wer versucht, seinen Zweifel am „Anderen" durch Gewissheit aufzulösen, weil religiöse oder spirituelle „Lehrer" versprechen, dass es möglich sei, gerät in eine Sackgasse. Die absolute Gewissheit gibt es vielleicht am Ende des Lebens, vermutlich aber nicht vorher. Wer mit diesem Zweifel lebt, ohne den Drang, ihn auf der Suche nach völliger Sicherheit zu beseitigen, lebt ohne Konflikt mit der Wahrheit, dass wir das „Andere" nicht unter unserer Kontrolle haben. Solche Zweifel halten Sie wach und vertreiben trügerische Illusionen. Daran ist nichts Schlimmes, wenn Sie zweifeln. Im Gegenteil – es ist befreiend, wenn Sie aufhören, den Zweifel, der sowieso da ist, zu bekämpfen. Wer sagt, er kenne sich aus mit dem „Anderen", ist in meinen Augen ein Betrüger, der oft sogar sich selbst betrügt. Denn es kann nur erfasst und erfühlt, aber nicht mit Worten festgehalten werden.

Doch gelegentlich gibt es Hinweise auf das Andere, auf die man aufmerksam machen kann, ohne sie bisher rational genau einordnen zu können. So gibt es eine Fülle von wissenschaftlich geprüften Berichten – einige habe ich auch glaubwürdig von meinen Patienten gehört – , dass Menschen nach einer Nahtoderfahrung meistens mit sich und mit ihren Mitmenschen weit harmonischer und friedfertiger leben und keine Angst mehr vor dem Tod haben.

Religiosität kann nicht organisiert werden

Vielleicht haben Sie sich schon aus dem inneren Druck und der Sorge um den rechten Glauben gelöst. Oder das Thema „Glauben" arbeitet noch in Ihnen …

Also gibt es vielleicht etwas Absolutes und Unermessliches. Ursprünglich hat vielleicht jemand etwas von dem „Anderen" erfahren und es aufgeschrieben. Es kann aber nicht organisiert und in Religionsbüchern definiert und beschrieben werden. Jeder muss es selbst für sich herausfinden.

Mit dem Wahrheitsanspruch als dem Kern von Religionsgemeinschaften werden unweigerlich die Abgrenzung und der Konflikt mit anderen Religionen erzeugt. Unterschiedliche Religionsgemeinschaften schließen sich nicht zusammen, weil sie dann eingestehen müssten, dass ihr Glaube nicht der einzig wahre ist. Mit ihrem Wahrheitsanspruch haben sie sich nur immer mehr aufgespalten. Das „Andere", falls es das geben sollte, kann nur großherzig und allumfassend sein und bestimmt nicht nur einer bestimmten organisierten Religion verbunden sein.

In vielen Kirchengemeinden oder spirituellen Gruppierungen ist eine liebevolle Atmosphäre zu spüren. Ob diese Gemeinschaften wohl jeden Anders- oder Nichtgläubigen einschließen als Ausdruck ihrer Verbundenheit mit der Liebe? Oder beteiligen sie sich an der Spaltung der Menschheit mit ihrem angeblich besonderen Wissen?

Falls Sie in Kontakt mit dem „Anderen" kommen, werden Sie jedoch nicht missionieren und auch keine Diskussion führen, um andere zu überzeugen. Sie werden auch nicht irgendwelche Wege zur Erleuchtung verkaufen und sie zu einer Quelle von Profit machen. Darin bin ich mir sicher. Vielleicht können wir zusammen darüber behutsam sprechen. Wahre Religiosität kennt kein Dogma, keinen Streit über die Wahrheit und keine Glaubenskriege. Wenn „es" uns berührt, in diesem Moment ist Ruhe und Ordnung im Kopf und Harmonie im Lebensgefühl.

Religion und das Ende der Angst

Vielleicht fragen Sie sich: „Wozu sind all diese Aussagen über die organisierten Religionen und über wahre Religiosität notwendig? Will der Schreiber nur seine eigene Religion verkünden?"

Es geht mir um die Klärung, welche Art von religiösem Glauben Angst erzeugt und welches religiöse Leben von Angst befreit. Ich nenne eine solche Religion „falsch", wenn sie Angst und spirituelle Gier erzeugt. Ich wünsche, dass Sie mir nicht glauben, was ich schreibe, sondern es kritisch prüfen. Wer sein Gefängnis der Angst-Gier verlassen will, muss sich auch von falscher Religiosität trennen, die jeder aber nur bei sich selbst entdecken kann.

14 Die Angst vor der Zukunft: Mit dem Tod leben

Klingt das Wort „Tod" in Ihren Ohren unangenehm und bedrohlich oder vertraut und selbstverständlich? Wenn Sie merken, wie mit dem Wort und der Realität des Todes in unserer Gesellschaft umgegangen wird, geraten Sie womöglich in ein Wechselbad zwischen Lachen über diese Blindheit und Erschrecken über die katastrophalen Folgen in der Angstproduktion.

Wie fühlt es sich wohl an, wenn sich das Gehirn nicht mehr gegen den Tod an sich wehrt, sondern ihn als Tatsache genauso annimmt wie das Leben? Was ist, wenn Sie nicht nur mit der Tatsache leben, dass der Tod mit Sicherheit kommen wird, sondern auch damit, dass Sie mit Sicherheit nicht wissen, wann und wie er kommt? Dieses Wissen um den Tod und das Nichtwissen, wann, wie und wo er eintritt, ist gültig während der gesamten Zeit Ihres Lebens bis … Niemand weiß, wie es im Ernstfall für Sie sein wird, wenn der Tod tatsächlich kommt.

Denken – die Ablenkung vom Leben

Sie kennen die fruchtlose Denkerei. Aber was passiert genau dabei?

Sie beschäftigen sich unablässig mit Plänen und Gedankenspielen. Vermutlich kennen Sie den Unterschied im Denken: ob Sie gerade praktische Fragen konkret lösen oder ob Sie in einer sorgenvollen Denkschleife gefangen sind. Es geht in diesem Abschnitt nicht um Denken, das direkt ein Handeln vorbereitet. Dieses Denken ist lebensnotwendig. Sondern lauschen Sie einmal auf Ihre automatische Denkerei, die entweder mit Sorgen verknüpft oder einfach nur eine Gedankenkette ist (siehe S 72). Bei einem solchen Denken vermeiden Sie, sich der eigenen Begrenztheit zu stellen. Das klingt merkwürdig und bedarf der Erklärung: Bleiben wir bei der Begrenztheit durch die Zeit. Sie wissen nicht, was morgen oder schon im nächsten Augenblick geschehen wird. Dass Sie das nicht wissen, wissen Sie. Durch die automatisch ablaufende Denkerei erzeugen Sie jedoch Vorstellungen von dem, was die Zukunft bringen könnte. Damit verdrängen Sie gewohnheitsmäßig die reale Ungewissheit vor der Zukunft – und erzeugen Krankheit, wie Lao Tse kurz und klar aussagt (siehe S. 33)

Wie endet die Denkerei?

Versuchen Sie bloß nicht, das Denken zu stoppen. Es wird dann immer schlimmer mit der Denkerei.

Denn die Idee, das lästige oder gar bedrohliche Denken stoppen zu wollen, ist wieder nur ein Gedanke. Sie werden außerdem feststellen, dass es nicht gelingt, und weiter darüber nachdenken, wie Sie es doch noch schaffen können, in Ihrem Gehirn Ruhe einkehren zu lassen. All das bleibt Denken. Aber wenn Sie dies erkennen, während die Gedanken aufkommen („schau an, da ist das Denken wieder zu Gange") und keine Angst mehr vor der Zukunft haben, wodurch ja die Gedanken hervorgebracht werden, dann endet die Denkschleife vielleicht von allein. Um festzustellen, ob das stimmt, müssen Sie es ausprobieren.

Denken – das Verhindern eines guten Lebens

In Ihrem Gehirn existiert die Zukunft nicht, sondern nur Erinnerungen aus der Vergangenheit. Wenn Sie sorgenvoll an die Zukunft denken, wühlen Sie in Wahrheit gedanklich nur in der Vergangenheit und machen aus dem angesammelten Wissen eine Hochrechnung für die Zukunft.

Während Sie darüber nachdenken, wie Sie Angenehmes bekommen und Unangenehmes vermeiden können, geht das Leben weiter. Sie antworten in diesem Moment nicht auf das, was aktuell ansteht. Sie nehmen die Umgebung und die anderen anwesenden Menschen nicht richtig wahr, wenn Sie mit dem Inhalt Ihres Gehirns beschäftigt sind. Das Denken des „alten" Gehirns, also die Beschäftigung mit Ihrer Vergangenheit, verhindert die reale Beteiligung am Jetzt. Sie hören beispielsweise einem Gesprächspartner gar nicht wirklich zu, wenn Sie schon vorher ein Urteil über ihn und seine Auffassungen haben. Dann werden Sie nur das hören, was mit Ihrem Vorurteil zusammenhängt, das natürlich in der Vergangenheit entstanden ist. Wenn Sie dem Leben durch die Denkerei seine Unmittelbarkeit, seine Spontaneität und seine Begeisterung genommen haben, dann wundern Sie sich irgendwann, dass es oft so schal und langweilig ist.

Das lebensnotwendige Wissen

Informationen prasseln unaufhörlich auf Sie nieder. Sie haben sich selbst mit Wissen beladen. Sie nehmen das Wissen einfach viel zu ernst.

Ihr gesamtes Wissen, das Sie für das praktische Leben benötigen, steht Ihnen in jeder neuen Situation zur Verfügung. Es ist eine Informationsquelle, die das Gehirn automatisch dann heranzieht, wenn es gebraucht wird. Aber sobald das Wissen Sie beherrscht, nämlich wenn Sie Ihr Leben durch Denken steuern wollen, dann leben Sie in der Vergangenheit, in der Sie das Wissen angesammelt haben. Sie sind dann wie ein Autofahrer, der permanent über die gelernten Verkehrsregeln nachdenkt und was er bisher über das Autofahren gelernt hat. Dadurch ist er dann gar nicht voll aufmerksam für den aktuellen Verkehr und ansonsten auch nicht für das lebendige Leben. Wenn Sie Ihr Leben vom Wissen steuern lassen, ist Ihr Geist nicht sensibel, wach und aufnahmebereit. Sie sind ein Wiederkäuer. Um sich der Trübsal eines solchen Lebens nicht bewusst zu werden, wird es gern schön geredet mit den beliebten Aussagen wie: „Wer mehr weiß, ist mehr", „Wissen ist Macht".

Brutales Sterben

Für viele Menschen ist die Tatsache des Todes so erschreckend, dass sie möglichst nicht daran erinnert werden wollen. Mit der Angst vor der Normalität des Todes wird zugleich auch das wirklich Erschreckende ausgeblendet: die Art, wie wir Krieg führen gegen alles Lebendige. Empfinden Sie das Entsetzen über die menschlichen Grausamkeiten oder drücken Sie es ganz schnell weg, wenn es hochkommt?

Der Tod kommt ja nicht erst mit dem Sterben des Körpers. Er ist immer Ihr Begleiter, ob Sie es gerade im Bewusstsein haben oder überhaupt wahrhaben wollen oder nicht. Jeder Atemzug stirbt, und ein neuer entsteht. Jeder Tag endet, und ein neuer beginnt. Ständig sterben Zellen Ihres Körpers ab, und neue bilden sich. Jedes einzelne Leben endet, aber das Leben selbst erneuert sich unaufhörlich. Um Sie herum wird laufend gestorben. In Radio, Fernsehen und Internet stoßen Sie auf Sterben und Tod und manchmal eben auch im persönlichen Leben. Entsetzlich ist das brutale Sterben, wenn z. B. Menschen verhungern, weil andere Profit machen und ihre Macht ausüben. Wenn Menschen andere Menschen töten. Diese Brutalität ist entsetzlich, nicht der Tod selbst.

Leben heißt „jeden Moment sterben lassen"

Achten Sie einmal auf die Gesichter der Menschen, wenn vom Tod die Rede ist. Es ist „normal", dass dann Trübsinn da ist. Nehmen Sie das für sich selbst genauso hin? Können wir den Tod mit einem Lächeln begrüßen, falls er uns über den Weg läuft?

Wenn Sie jeden Moment bewusst und bereitwillig sterben lassen, sind Sie vollständig lebendig und schwingen mit dem mit, was wir Leben nennen.

Vielleicht war Ihnen das schon klar. Aber ist es nur ein Gedanke, oder fühlen und empfinden Sie diese Tatsache? Leben Sie mit der Tatsache, dass der Tod Ihr ständiger Begleiter ist? Das bedeutet nämlich nicht nur Zustimmung zu diesem Gedanken.

Mit dem Tod wirklich zusammenzuleben erfordert ein konsequentes Fallenlassen aller sorgenvollen Gedanken an die Zukunft im Moment ihres Auftauchens und Bewusstwerdens. In diesem Moment hat die Vorstellung vom Tod ihren Schrecken verloren – denn Sie stellen ihn sich ja nicht mehr vor.

Wenn Sie auf diese Weise Ihre Begrenzung durch die Zeit nicht mehr verdrängen, sind Sie im Kontakt mit der Realität und geben immer die notwendige aktuelle Antwort. Dann sind Sie ein lebensbejahender fröhlicher und ernsthafter Mensch. Es klingt vielleicht kompliziert, „dahin" zu kommen. Doch wenn Sie den Mechanismus „Angstmachen durch Zeitdenken" begreifen, hören Sie einfach damit auf, sich in irgendeinem Bereich sorgenvolle Gedanken um Morgen zu machen, um den Körper, um Ihr Geld, um Ihre Partnerschaft, um das Wetter, um alles, was noch geschehen könnte. Auch um Ihre Seele, falls es so etwas geben sollte, brauchen Sie sich keine Gedanken zu machen, wenn Sie herausfinden, wie Sie hier und heute auf eine gute Weise leben. Ohne Angst vor der Zukunft bleiben nur noch die praktischen Fragen, was jetzt als Vorbereitung für später zu tun ist. Diese Vorbereitung kennt keinen Stress und wird sofort ohne Klagen umgestellt, wenn der Plan nicht mehr der Realität entspricht. Wenn Sie so leben, so ist dies das Ende der Angst vor der Zukunft, und Sie haben begriffen, was die Angst Ihnen sagen will.

Ob wir wohl im vollen Bewusstsein der Gegenwärtigkeit ohne jegliche Angst vor der Zukunft womöglich die Grenzen der Zeit überwinden können?

TEIL VI
Die Angst vor anderen Menschen

Jetzt geht es um den zweiten Teil der Überforderung des „alten" Gehirns. Es hat nicht nur einen Konflikt mit seinen Grenzen in der Zeit, die es ignorieren und verdrängen möchte, um sie möglichst nicht zu empfinden. Es bezahlt seine Flucht- und Vermeidungsversuche in einer unkontrollierbaren Situation auch im Bereich seiner räumlichen Begrenzung mit AngstGier, ebenso wie bei der zeitlichen Begrenzung. Was ist aber die räumliche Begrenzung Ihres Gehirns?

Das Gehirn ist räumlich begrenzt. Ganz einfach. Sein Volumen umfasst weniger als einen Liter. Es kann sich mehr vorstellen, als es leisten und erreichen kann. Aber woher kommen dann Ihre Gedanken darüber, dass Sie mehr leisten wollen oder sollen, als Ihnen tatsächlich möglich ist?

Sie kommen vom Vergleich mit anderen Menschen, die etwas können und besitzen, was Sie „leider" nicht können oder haben.

Das Vergleichen mit anderen Menschen erzeugt automatisch eine offene oder subtile Unzufriedenheit und Minderwertigkeitsgefühle, unabhängig davon, ob Sie bei dem Vergleich besser oder schlechter als andere abschneiden.

„Wenn ich aber besser bin als der andere, dann habe ich keine Minderwertigkeitsgefühle", so denken Sie vielleicht im ersten Moment. Tatsächlich ist aber beim Vergleichen unterschwellig immer Angst da, irgendwann nicht mehr besser zu sein als der andere. Das Vergleichen, egal mit welchem Ergebnis, und Minderwertigkeitsgefühle gehören immer zusammen. Sie wollen doch nur deshalb besser sein als andere, damit Ihre Minderwertigkeitsgefühle aufhören. Wer mit sich selbst in Harmonie lebt, hat auch kein Bedürfnis, sich zu vergleichen und besser zu sein als andere.

Nicht alle unterschiedlichen Fähigkeiten der Menschen können zum Problem für Sie werden. So macht es Ihnen vermutlich nichts aus, dass eine andere Person schneller läuft als Sie oder perfekt Chinesisch spricht. Es waren früher einmal die Urteile der anderen, die Ihnen zu verstehen gaben, dass Sie so, wie Sie waren, nicht in Ordnung waren. Und diese Urteile haben Sie übernommen und halten Sie inzwischen für die eigenen. Der Vergleich, der zu Problemen führt, entspringt früheren abwertenden Urteilen, die sie selbst erlebt haben oder bezogen auf andere Menschen mitbekommen haben. Das Vergleichen zieht sich durch alle Bereiche unserer Gesellschaft durch. Ich kenne niemanden, der keine Minderwertigkeitsgefühle hat, mag er oder sie diese auch noch so sehr vor anderen verstecken. Wenn Sie das nicht durchschauen, werden Sie sich bis zu Ihrem Lebensende grundsätzlich nicht in Ordnung fühlen, selbst wenn Sie viel Positives im Zwischenmenschlichen erfahren haben. Schauen wir uns das einmal genauer an.

15 Die Angst vor den anderen Menschen: Das Prinzip

Ihr Gehirn ist für Sie und nicht für andere da

Machen Sie sich das bitte sorgfältig bewusst. Fühlt sich das nicht gut an? Bleiben Sie bei den Tatsachen, und lassen Sie sich nicht ins Bockshorn jagen, weil Sie Angst davor haben, dass Ihnen Egoismus vorgeworfen werden könnte.

Ihr Gehirn arbeitet in jedem Augenblick so, wie es „meint", dass es für Sie am besten ist. Es ist nicht so konstruiert, dass Sie funktionieren, wie Ihre Eltern, Ihre Kinder, die Lehrer, die Bundeskanzlerin, Greenpeace, der Papst, der Dalai Lama, Ihr Arbeitgeber oder Ihr Therapeut es für richtig halten. Auch wenn viele andere Menschen vielleicht gern einen direkten Zugriff auf Ihr Gehirn hätten, damit Sie tun, was diese für richtig halten. Ihr Gehirn kann aber gar nicht anders, als für Sie zu arbeiten.

Sie ändern sich nur, wenn es notwendig ist

Hören Sie auf, sich verändern zu wollen. Sie stiften damit nur Chaos in Ihrem Gehirn. Wenn Sie erfassen, wo in Ihnen Unordnung ist, wird Ihr Gehirn sich von allein korrigieren und innere Ordnung (wieder) herstellen.

Ihr Denken und Verhalten ist bestimmt von den in Millionen von Jahren gesammelten Erfahrungen, die in den menschlichen Erbanlagen enthalten sind, und von den Erfahrungen, die Sie persönlich gemacht haben. Darauf bauen die „Programme" Ihres Gehirns auf. Diese Reaktionsmuster werden sich in Ihrem Gehirn nur ändern, wenn die Umstände es verlangen, und nicht einfach, weil Sie es wollen. Um sich von untauglichen Programmen zu befreien, müssen Sie diese auch selbst erkennen. Ob eine solche Veränderung, die zugleich Befreiung von Angst mit sich bringt, tatsächlich geschieht, merken Sie daran, dass sie mit Begeisterung und Freude einhergeht.

Sie wollen geliebt werden

Wer will das nicht! Ist Ihnen klar, dass ein Gefühl von Mangel an Liebe diese Sehnsucht nach Liebe erzeugt?

Die Lebewesen sind optimal an den Stoffwechsel mit der Welt, in der sie leben, angepasst und passen sich laufend neu an. Auch Sie sind so konstruiert, dass es Ihnen in Verbundenheit gut geht. Sie wollen, dass der Strom der Energie zwischen Ihnen und anderen Menschen gut fließt. Sie wollen also in Liebe und voll Freude leben. Wenn andere Menschen, beispielsweise früher die Eltern Sie so verändern wollten, dass Sie deren Bedürfnissen entsprachen, erlebten Sie das als Lieblosigkeit. Erst dadurch, dass Ihre natürliche Lebensfreude und das Empfinden von Verbundenheit gestört wurden, ist in Ihnen der Wunsch entstanden, geliebt zu werden.

Wenn Liebe da ist, erübrigt sich der Wunsch nach Liebe.

Andere Menschen wollen Sie beeinflussen und benutzen

Gleich vorab: Das ist natürlich nicht einseitig, dass nur die anderen Sie für ihre Zwecke einspannen möchten. Sie machen das anderen gegenüber genauso. Doch dazu später.

Wenn andere Menschen Einfluss auf Sie nehmen wollen, geben sie Ihnen erst einmal das Gefühl, dass Sie so, wie Sie sind, nicht in Ordnung sind. Es gibt unendlich viele Möglichkeiten, bei Ihnen einen inneren Druck zu erzeugen. Das ist Ihnen oft gar nicht bewusst. Wer Druck im Kontakt mit anderen Menschen spürt, versucht meist dem anderen irgendwie gerecht zu werden. Sie sind naturgemäß an Verbundenheit und Liebe interessiert und wollen keine Konflikte mit anderen. Aber irgendwann führt die Lieblosigkeit, die Sie erfahren haben, auch zu Ihren Aggressionen.

Erwartungen bringen oft Verwirrung in Ihr Gehirn

Die Verwirrung, die von den Erwartungen anderer erzeugt werden, bemerken Sie meist nicht direkt. Sie spüren sie aber in Form negativer Emotionen und schlechter Stimmung.

Die innere Harmonie hat durch das eigene Interesse an Verbundenheit eine natürliche Grundlage in Ihnen. In Harmonie arbeitet das Gehirn optimal, Sie fühlen sich wohl. Doch die Harmonie und innere Ordnung werden gestört, wenn Sie den Wünschen und Forderungen anderer nachzukommen versuchen, obwohl sie nicht mit Ihren eigenen Vorstellungen und Empfindungen übereinstimmen. Der zunächst noch äußere Konflikt mit den anderen Menschen führt dann zur Verwirrung in Ihrem Innenleben, wenn Sie den anderen trotz einer anderen eigenen Sichtweise gerecht werden wollen.

Mit inneren Konflikten sind Sie handlungsunfähig

Oft bemerken Sie Ihre Verwirrung nicht und registrieren dann auch nicht Ihre inneren Konflikte. Sie spüren diese aber in Form negativer Emotionen, die Sie an anderen ablassen und dann als äußere Konflikte mit anderen Menschen erleben.

Der Mechanismus der Beeinflussung durch andere geschieht durch Versprechungen und Bedrohungen, durch Zuckerbrot und Peitsche, durch Belohnung und Bestrafung. Hin- und her gerissen von eigenen Wünschen und den Erwartungen anderer entsteht in Ihnen ein Gefühl von Druck. Sie haben innere Konflikte und können nicht mehr direkt und klar handeln. Sie müssen erst einmal die Konflikte – zumindest für ein paar Sekunden – auflösen, um handeln zu können.

Angst und Gier

Es geht auch in diesem Bereich nicht nur um Angst. Sie müssen die Gier mit bedenken, wenn Sie den Prozess verstehen wollen. Deshalb hier ein erster Hinweis darauf.

Bedrohungen, die von anderen Menschen ausgehen, sind oft gekoppelt mit den Versprechungen, dass Sie etwas Positives bekommen, wenn Sie das tun, was gewünscht ist. Die Schönheitsversprechungen der Werbung beispielsweise suggerieren unterschwellig, dass Sie nicht schön sind, wenn Sie das beworbene Produkt nicht kaufen und benutzen. Als Eltern bestechen Sie Ihre Kinder, damit diese tun, was Sie möchten. Sie glauben, dass Sie Ihren Kindern etwas Gutes tun, wenn Sie sie belohnen. Tatsächlich aber untergraben Sie das Vertrauen der Kinder in ihr eigenes Empfinden zu dem, was gerade anliegt, und zu ihren natürlichen Bedürfnissen, die sich melden. Stattdessen lenken Sie die Aufmerksamkeit des Kindes auf die versprochene Belohnung. Durch Belohnung installieren Sie die Gier nach mehr bei den Kindern als Ersatz für die unmittelbare Lebensfreude am eigenen Entdecken.

Handlungsunfähigkeit macht Angst

Wenn Sie die Kontrolle über eine Situation mit einem anderen Menschen haben wollen, wenn Sie unbedingt vorher wissen wollen, wie Sie ihn/sie gleich behandeln sollten, dann entsteht Angst. Denn Sie können es gar nicht wissen, weil der Moment noch gar nicht da ist. Wenn Sie im Nichtwissen aber ruhig beim Beobachten bleiben, dann produziert der stille Geist auch keine Angst.

Wenn das Gehirn nicht handlungsfähig ist, sondern zerrissen zwischen verschiedenen Wünschen und Teilwahrnehmungen der Realität, dann geht es Ihnen nicht gut. Es entsteht Angst. Das eigene Vergleichen und das Urteil anderer Menschen stürzen Sie in Verwirrung und innere Konflikte. Der Angstmechanismus – Flucht aus der Realität in eine Vorstellung – ist im Kern derselbe. Oft merken Sie nicht, dass Sie sich mit anderen vergleichen, nämlich wenn Sie glauben, dass Sie selbst unfähig sind.

Innere Konflikte erzeugen negative Emotionen

Das ist ein echtes, großes Problem. Sie wollen Ihre Emotionen einfach nicht betrachten. Fairer gesagt, Ihr Gehirn will das einerseits nicht, sondern will die Emotionen von sich weg nach außen loswerden. Andererseits möchte es aber Ordnung haben und keine inneren Konflikte.

In echten Bedrohungssituationen haben Sie alle benötigten Energien zum Handeln zur Verfügung. Sie empfinden diese als Anspannung. Genauso fühlt es sich auch an, wenn das Bedrohungsgefühl durch eigene innere Konflikte entsteht. Wenn Sie dann nicht erkennen, dass es hausgemachte Probleme sind, verwandeln sich die energiegeladenen Gefühle in Ihre negativen Emotionen. Die innere Spannung durch Angst und Gier schlägt um in Emotionen wie Wut, Ärger, Traurigkeit, Eifersucht usw. Die Natur von Emotionen ist, dass sie aus dem Menschen heraus- wollen. („Emotion" kommt aus dem Lateinischen: emovere = herausbewegen.)

Die Weitergabe negativer Emotionen – eine unendliche Geschichte?

Wenn Sie Ihre negativen Emotionen an anderen abgelassen haben, sind Sie „raus aus dem Schneider" Ihrer negativen Gefühle, und die anderen haben den „Schwarzen Peter" und fühlen sich schlecht.

Es kann nicht oft genug gesagt werden, damit das Moralisieren aufhört und stattdessen das notwendige Verstehen möglich wird: Das Ablassen negativer Gefühle an anderen entsteht nicht aus Ihrer Bösartigkeit heraus, sondern das macht Ihr Gehirn automatisch, solange es keinen anderen Aus- weg sieht. Das gilt für das Gehirn aller anderen Menschen genauso.

Sie geben die Emotionen wieder und wieder nach außen an andere Menschen weiter, weil Sie nicht merken, dass in Ihnen selbst die Quelle des Problems ist. Sie machen mit Ihren negativen Emotionen Druck, damit die anderen sich ändern und dadurch Ihr innerer Konflikt endet. Diese Emotionen sind das psychische Kampf- mittel, mit dem Sie sich in den zwischenmenschlichen Konflikten behaupten wol- len. Der Kreislauf ist geschlossen: Durch den Druck der anderen verlieren Sie Ihre Harmonie, und Sie versuchen, Ihre innere Ordnung wiederherzustellen, indem Sie Ihrerseits Druck auf andere ausüben. Auf diese Weise bleiben die Energien in den negativen Emotionen gefangen und werden unablässig weitergetragen. Kein Wunder, dass die Menschheit so gewalttätig ist angesichts dieser seit Jahrtausen- den angesammelten Emotionen. Aggressionen und Gewalt werden nicht been- det, sondern nehmen zu und werden immer weitergegeben.

Verdrängte Emotionen schlagen nach innen

Kinder bestrafen sich manchmal selbst. Sie erfüllen damit die Wünsche solcher Eltern, die Bestrafungen für Kinder notwendig halten.

Nicht immer geben Sie die negativen Emotionen nach außen weiter. Wenn Ihre Angst vor den Reaktionen der anderen zu groß ist, falls Sie beispielsweise in der

Kindheit hart für Ihre Empfindungen bestraft wurden, dann schlägt die gesammelte Energie nach innen. Sobald Sie sich schlecht fühlen, verurteilen und bestrafen Sie sich womöglich selbst dafür. Denn irgendwo muss diese Energie hin. Wirkt sie nun nach innen, so macht es Sie – nicht die anderen – körperlich und psychisch krank. Allerdings kann es auch sein, dass Sie sich dadurch in eine „Zeitbombe" verwandeln, die irgendwann, wenn Sie genug negative Energie geschluckt haben, gewalttätig explodieren kann.

Negative Energien in positive verwandeln

Ob das jemals möglich ist? Warum denn nicht? Es wird Ihnen auf jeden Fall gut tun, wenn Sie nicht mehr im Gefängnis negativer Emotionen sind.

Energien, die Sie spüren, können auch bei der Wahrnehmung schrecklicher Ereignisse entstehen, die andere Menschen erleben, wie bei dem Atomunfall in Japan. Da Sie kein abgetrenntes Einzelwesen sind, empfinden Sie das Leid und die Gefahren auch für andere Menschen und für die gesamte Menschheit. Ob und wie Sie es bewusst wahrnehmen, ist eine andere Sache. Die Energien fühlen sich unterschiedlich an, je nachdem wie das Leid entstanden ist. Das durch Menschen verursachte Leid durch ein unverantwortliches Atomprogramm fühlt sich womöglich anders an als das Leid, das in dem Ausmaß noch nicht da gewesene Erdbeben und Tsunamis verursachen. Die Konsequenzen, die zu ziehen sind, sind ja ebenfalls unterschiedlich. Vergeuden Sie die Energien in negativen Emotionen, in Deprimiertheit wegen der Opfer und Wut auf die vermeintlich Schuldigen? Wenn Sie dies nicht tun, dann werden Ihre Energien sich in Tatkraft verwandeln, um alles Ihnen Mögliche daranzusetzen, die Gefahren für sich und für andere zu beseitigen. Denn die Energien erzwingen eine Antwort. Sie geht von allein in die „richtige" Richtung, wenn das klare Bewusstsein die anderen Sackgassen erkannt hat. Wenn viele Menschen die Energien bewusst bündeln, die durch die Betroffenheit über das gnadenlose Wirtschaften der Menschheit entstehen, was können diese Energien dann wohl verändern?

16 Die Angst vor anderen Menschen: Schuldgefühle

Auf den ersten Blick betrachtet gibt es drei Arten von Schuldgefühlen: 1. Sie fühlen sich schuldig, wenn Sie tatsächlich etwas getan haben, was Sie nicht für richtig halten. 2. Sie fühlen sich schuldig, obwohl Sie nichts getan haben, was Sie falsch finden. 3. Sie beschuldigen andere Menschen.

Wenn Ihre Schuldgefühle nicht enden, werden auch Ihre Probleme in der Beziehung zu anderen Menschen nicht aufhören. Die Schuldgefühle können jedoch erst enden, wenn Sie den ganzen Mechanismus der Schuldverteilung durchschauen und sich nicht mehr daran beteiligen.

Wenn Ihnen etwas verboten wird, wird zugleich verlangt, dass Sie anders sein sollen, als Sie sein wollen. Und wenn etwas von Ihnen verlangt wird, wird Ihnen zugleich verboten, so zu bleiben, wie Sie sind. Forderungen und Verbote sind wie zwei Seiten einer Münze, nicht voneinander zu trennen. Beide verlangen die Unterwerfung unter die Erwartungen anderer. Sofern Sie die Ge- und Verbote selbst für richtig halten und entsprechend handeln, gibt es das Problem der Schuldgefühle nicht.

Die Entstehung von Schuldgefühlen

Nehmen Sie sich irgendein Schuldgefühl vor, egal ob es Sie selbst belastet oder ob Sie andere damit belasten. Lassen Sie dann den folgenden Text in Ruhe auf sich wirken.

Ein Schuldgefühl entsteht immer in einer Situation, die Ihnen nicht gefällt und die Sie „weghaben" wollen. Anstatt sich mit der Situation, wie sie sich in der Außenwelt und in Ihrer Innenwelt abspielt, auseinanderzusetzen, wollen Sie das Unangenehme „wegdenken". Sie stellen sich vor, was hätte anders sein müssen vor dem Eintreten des Unangenehmen, so dass dieses nicht eingetreten wäre. Beispielsweise: „Er hätte das nicht sagen dürfen." Oder: „Ich hätte das nicht tun dürfen." Sie schauen also nicht darauf, wie sich etwas tatsächlich entwickelt hat, was wirklich gesagt oder getan wurde, sondern wie das Geschehene vielleicht hätte verhindert werden können. Da es aber nicht so gelaufen ist, beschuldigen Sie jemanden. Entweder Sie selbst bekommen Schuldgefühle, falls Sie den „Fehler" sich selbst zuschreiben. Oder Sie beschuldigen eine andere Person. Oder die Schuldzuschreibungen erfolgen zugleich zu beiden Seiten, oder sie wechseln einander ab. Doch egal in welcher Variante der Schuldsuche Sie gerade gefangen sind: Schuldgefühle verhindern, dass Sie verstehen, was tatsächlich geschehen ist. Sie können mit der Situation nun nicht mehr gut umgehen.

Es ist „verboten", die Realität genau zu betrachten

Solange Sie das Verbot, bestimmte Tatsachen anzuschauen, das Ihr Gehirn sich in früherer Verzweiflung auferlegt hat, nicht erkennen, sind Sie Gefangener Ihrer Schuldgefühle. Wenn es Ihnen einmal nicht gleich klar wird, dann gestehen Sie sich Ihre Unklarheit ein. Sie können jederzeit einen neuen Anlauf nehmen, bis die Klarheit sich zeigt und die Schuldgefühle enden.

Auf viele Dinge, die Ihnen unangenehm sind, reagieren Sie in der Weise, dass Sie die Herausforderungen angehen, diese bewältigen oder sich mit der Unlösbarkeit im Moment abfinden. Das ist der natürliche Gang der Auseinandersetzung mit der Umwelt. Es entstehen dabei keine Schuldgefühle oder Schuldzuweisungen. Was aber sind die speziellen Bedingungen dafür, dass Schuldgedanken und Schuldgefühle entstehen?

In Ihrem Gehirn gibt es ein Verbot, dass Sie einer bestimmten Realität nicht ins Auge sehen dürfen. Das Verbot entstand in einer schlimmen Erfahrung, die Sie bis heute nicht bewältigen konnten. Zum Beispiel, dass Ihr Vater sich heftig über Sie lustig gemacht hat. Damals war es ein so schreckliches Gefühl, dass Ihr Gehirn eine Sperre an diese Erfahrung gekoppelt hat. Es ist quasi eine Datei wie bei einem Computer, die mit dem Merkmal „Öffnen nicht erlaubt" versehen ist. Diese Erfahrung wurde im Gedächtnis unter der Abteilung „ist mir nicht bewusst" gespeichert. Wenn jemand nun eine Bemerkung macht, die Sie so empfinden, dass er sich über Sie lustig macht, dann erinnert sich Ihr Gehirn an die frühere Erfahrung und Sie reagieren womöglich sehr heftig, und zwar auch, wenn der andere es gar nicht so gemeint hat. Da diese Erinnerung an den ironischen Vater so schlimm für Sie ist, dass sie nicht ins Bewusstsein treten darf, dann erzeugt Ihr Gehirn Schuldzuweisungen mit dem Gedanken: „Das hätte er/sie nicht sagen dürfen".

Das Verbot, den Tod zu akzeptieren

Haben Sie schon einmal im Zusammenhang mit dem Tod Schuldgefühle erlebt, etwa wenn Sie den Tod eines Menschen erlebt haben oder wenn Sie selbst oder eine nahe stehende Person am Rande des Todes stand?

Schon als Kind erlebten Sie sehr wahrscheinlich auf irgendeine Weise, dass der Tod etwas Entsetzliches ist. Vielleicht können Sie sich an diese Erfahrungen nicht erinnern und glauben, dass Sie instinktiv Angst vor dem Tod haben. Sie haben vermutlich nicht gelernt, auf eine gute Weise damit fertig zu werden, wenn Sie den Tod oder Todesgefahr erlebt haben. Woher auch, da die erwachsenen Vorbilder so eine große Angst vor dem Tod haben. Wenn in der Realität der Tod, ein anderer schwerer Verlust oder eine gefährliche Bedrohung Sie berührt und Sie nicht ausweichen können, dann beginnt automatisch die Suche nach dem Schuldigen. Und oft kommt man dabei ausgerechnet auf sich selbst. Dadurch gehen Sie der Tatsache des Todes, des Verlustes oder der Todesdrohung auf der gefühlsmäßigen Ebene aus dem Weg, weil Ihr Gehirn stattdessen mit dem Gefühl „Schuld" gut abgelenkt ist. Viele Menschen, die einen geliebten Angehörigen verloren haben, flüchten sich so in endlose Schuldgefühle mit unrealistischen Vorstellungen, wie sie es hätten verhindern können. Sie wollen auf keinen Fall den Verlust tatsächlich spüren und damit bewusst leben.

Verbote von Autoritäten

Wenn Sie sich der Autoritäten in Ihrem Kopf bewusst werden, verlieren diese ihre Macht über Sie. Im Wechselbad zwischen Erschrecken und Belustigung erkennen Sie dann die Beschränktheit von Autoritäten, die sich als Besserwisser in Ihrer Psyche aufspielen.

Vielleicht kennen Sie auch so eigenartige Schuldgefühle, bei denen Sie sich zwar irgendwie schuldig fühlen, aber gleichzeitig das Gefühl haben, dass es eigentlich doch in Ordnung ist, was Sie tun oder getan haben. Doch was Sie selbst für richtig halten, wurde Ihnen von einer früheren Autorität, z. B. den Eltern, unter Androhung von Strafen verboten oder Sie wurden dafür heftig bestraft. Oder eine Moral hat beispielsweise Ihr sexuelles Erleben als Sünde abgestempelt, und Sie haben dies aus Angst vor Gott und der Hölle geglaubt. Durch die Übermacht der Autoritäten blieb Ihnen nichts anderes übrig, als die Verbote zu akzeptieren, obwohl Sie als Kind zuerst noch einen ungetrübten Blick für die Störungen der Liebe hatten. Aber Sie konnten dem immer weniger vertrauen, weil die Konsequenzen für Sie zu gefährlich und unerträglich waren. Vielleicht ist es immer noch so.

Not erzeugt die Identifikation mit den Zielen anderer

Die anderen Menschen sind genauso chaotisch und widersprüchlich wie Sie, auch wenn sie reden, als hätten sie alles im Griff.

Sie haben nicht nur die Gebote und Verbote der Älteren oder Stärkeren akzeptiert, weil Ihnen nichts anderes übrig blieb. Sondern damit Ihr Gehirn wieder funktionsfähig und nicht durch seine inneren Konflikte handlungsunfähig wird, haben Sie diese Ge- und Verbote als für sich „richtig" übernommen, Sie haben sich damit identifiziert. Seitdem versuchen Sie zwei Arten von „Herren" zu dienen: Ihrem eigenen Empfinden und den Erwartungen anderer. Die sind darüber hinaus völlig widersprüchlich. Das Gebot „Du sollst nicht töten" verhindert weder individuelle Morde noch staatlich organisiertes Morden. Vielleicht gibt es sogar Rückendeckung für das Töten von Menschen. Denn wenn ein Verbot von einer Autorität verhängt wird, dann kann diese Autorität auch Ausnahmen genehmigen. Fast alle Religionen stellen das Verbot auf „Du sollst nicht töten" – und beteiligen sich aktiv an den Kriegen. Wer jedoch wirklich empfunden hat, ohne sein Fühlen durch Argumente zuzudecken, was es bedeutet, einen Menschen umzubringen, wird außer zur Verteidigung seines eigenen Lebens nicht mehr andere Menschen töten.

Identifikation macht krank

Die anderen Menschen sind nicht nur in sich widersprüchlich, sondern jede Person hat auch noch andere Erwartungen an Sie. Es fängt schon bei Mutter und Vater an.

Die verschiedenen „Herren und Herrinnen" in Ihrem Kopf geraten in allen möglichen Situationen in Streit. Sie selbst wissen nicht mehr, ob Sie Ihren Empfindungen vertrauen können, weil auch Ihr Gefühlsleben durch die Identifikationen beeinflusst ist. Immer wieder müssen Sie innere Kämpfe durchstehen, um zu einer Entscheidung zu kommen und um handlungsfähig zu sein. Es bleiben Zweifel, und in der nächsten Situation kommt das Chaos zurück. Das kostet viel Kraft, macht dauerhaft Stress und damit möglicherweise krank.

Identifikation macht Schuldgefühle

Sie werden immer Schuldgefühle haben und/oder andere beschuldigen, solange Sie versuchen, nach den Vorstellungen anderer zu leben.

Wenn Sie innere Konflikte haben, diese aber unbewusst bleiben, entstehen unweigerlich Schuldgefühle. Was immer Sie tun, wird spätestens dann angezweifelt, wenn das Ergebnis für Sie oder für die anderen nicht zufrieden stellend ist: „Ich hätte anders handeln sollen." Die Schuldgefühle verhindern, dass Sie den Konflikt sehen, klären und frei handeln. So bleiben Sie „gehorsam", obwohl Sie es eigentlich nicht wollen. Das innere Chaos bleibt bestehen.

Sich selbst kritisch sehen

Stellen Sie Ihre Reaktionen in Frage, und glauben Sie nicht einfach dem ersten Gefühl, das aufkommt. Verdrängen Sie nicht Ihre Unklarheiten, sondern spüren Sie ihnen nach.

In Ihrem Gefühlschaos tun Sie auch manchmal etwas, das nicht in Ordnung ist. Das fühlen Sie oft selbst, aus sich heraus, nicht etwa, weil eine Autorität es verboten hat. Viele Eltern bemerken dies anschließend erschrocken oder gar entsetzt, wenn sie aus Hilflosigkeit ihr Kind geschlagen haben. Wer einen anderen Menschen sexuell ausnutzt oder missbraucht, *fühlt* dies. Doch unser Gehirn glaubt durch anerzogene Regeln und Gewohnheiten, dass das, was es *tut* und *denkt*, richtig ist. Dadurch wird das Empfinden von dem, was Sie gerade anrichten, nicht wirklich wahrgenommen. Sie merken nicht, dass Sie nach übernommenen destruktiven Denkmustern handeln wie beispielsweise „Man hat ein Recht darauf, sich Sex zu nehmen, wo man es für richtig hält" oder „Kinder müssen den Eltern gehorchen".

Flucht in Schuldgefühle

Manchmal sind Schuldgefühle da, obwohl Sie diese gar nicht bewusst wahrnehmen.

Verdeckte Schuldgefühle können Sie immer daran erkennen, dass der Gedanke Sie nicht loslässt: „Ich hätte es nicht tun sollen." Sie schauen dann aber nicht richtig hin auf das, was Sie getan haben und was Sie dazu getrieben hat. Und beim nächsten

Mal geschieht es wieder – weil Sie einerseits nicht auf Ihr inneres Gefühl von „das ist nicht in Ordnung" gehört haben und sich andererseits anschließend von Ihren Schuldgefühlen haben abspeisen lassen, anstatt Ihre Tat vollständig zu betrachten.

Verzeihen Sie niemals

Ich meine es absolut ernst mit dieser Aussage.

Jedes Unrecht, das geschehen ist, muss vollständig gesehen und verstanden werden, damit die Energien, die es freisetzt, nicht auf eine negative Weise weitergegeben werden. Wenn andere, beispielsweise Ihre Eltern, Sie ungerecht behandelt haben, ist es deren Aufgabe, sich vollkommen klar darüber zu werden, was sie getan haben. Auch wenn es den meisten Menschen sehr schwer fällt, sich der eigenen üblen Verhaltensweisen bewusst zu werden, so ist dies der einzige Weg, dass sie nicht fortgesetzt werden. Wenn die Eltern es sich eingestehen können und mit Ihnen darüber sprechen, werden Sie zusammen glücklich sein, das Destruktive im Miteinander aufgedeckt zu haben. Und Sie werden die gleichen Grundmuster entdecken, die auch in Ihnen und in uns allen wirksam sind. Das Verzeihen steht dann gar nicht mehr im Raum, weil das ganze Problem sich aufgelöst hat.

Doch falls die Eltern nur um Verzeihung bitten oder Sie versuchen, Ihren Eltern zu verzeihen, so bleibt es offen, was die Eltern wirklich begriffen haben. Falls Sie ihnen verzeihen würden, dann brauchten diese nicht mehr für sich zu klären, was sie in die Ungerechtigkeit getrieben hat.

In Wahrheit ist das Verzeihen auf der Gefühlsebene gar nicht möglich. Sie denken nur an Verzeihen, weil es üblicherweise verlangt wird und angeblich inneren Frieden bringt. Aber die Energie des Unrechts ist damit nicht erledigt. Das Verzeihen wird deshalb so oft propagiert und beredet, weil es im Empfinden gar nicht möglich ist.

Dasselbe gilt natürlich umgekehrt für Sie und für mich und für jeden anderen Menschen auch, wenn wir Unrecht getan haben.

Verzeihen ist also ein vorzeitiger Abbruch der tiefgehenden Klärung des Problems, das weiter schwelen wird bis zum nächsten Brand. Falls Sie als „Opfer" kein befreiendes Gespräch mit dem „Täter" führen können, können Sie dafür sorgen, dass das Unrecht, das man Ihnen angetan hat, durch Sie nicht zur Fortsetzung der negativen Gefühle gegen sich und andere führt. Das tun Sie, indem Sie sich vollständige Klarheit über das Geschehen verschaffen. Genauso verfahren Sie mit dem Unrecht, das Sie selbst angerichtet haben, wenn Sie nicht mehr in Schuldgefühlen stecken bleiben wollen.

Kann ohne Schuldzuweisung jeder machen, was er will? – Nein!

Bei der Vorstellung, dass keine Schuld mehr verteilt wird, kommt Ihnen vielleicht sofort der Gedanke, dass es dann auch keine Strafen mehr gäbe und jeder tun und lassen könnte, was er oder sie wollte. Da entstehen Horrorgedanken von totalem Chaos, das ausbrechen könnte.

Das Bestraftwerden für eine vergangene Tat ist etwas ganz anderes, als wenn sich jemand den Folgen der Tat stellt. Eine Bestrafung wirkt nur mehr oder weniger zufällig in guter Weise auf den Betroffenen ein. Wer seine Strafe abgesessen oder bezahlt hat, für den scheint damit alles wieder in Ordnung zu sein. Er muss sich nicht damit auseinander setzen, was ihn wirklich dazu getrieben hat und ob er den Schaden, den er erzeugt hat, so gründlich begriffen hat, dass er diese Tat nicht wieder begehen wird. Denn das Wiedergutmachen mit allen dem Täter zur Verfügung stehenden Mitteln wird bisher auch nicht verlangt. Wie viele Täter sind Mehrfachtäter! Die Strafe hat in vielen Fällen überhaupt keinen Erfolg gehabt.

Wenn wir aber vom Strafgedanken abrücken und stattdessen sehr genau hinschauen, ob wirklich eine Einsicht erfolgt ist, dann ist ein völlig anderes „Strafrechtssystem" erforderlich. Die Konsequenzen einer fehlenden Einsicht werden dann sicherlich für die Betroffenen wesentlich härter sein als das heutige Absitzen oder Bezahlen von Strafen. Bei schwerem Alkoholmissbrauch im Straßenverkehr wird heute schon entsprechend verfahren: Bei fehlender Einsicht bekommt man den Führerschein nicht wieder.

Wer in diesem, im Moment noch utopischen System bewusst verdorbene Lebensmittel unter die Menschen bringt, wird diese vermutlich nicht weiter produzieren dürfen, zumindest für lange Zeit. Wer Gewalttaten vollbracht hat, wird erst wieder frei unter den Menschen leben können, wenn er begriffen und empfunden hat, welches Leid er erzeugt hat. Ohne dass ich weiter über die Einzelheiten dieser anderen Sichtweise spekulieren möchte: Die Beendigung der Schuld- und Bestrafungsideologie zugunsten einer gründlichen Klärungsarbeit wird statt eines befürchteten Chaos wohl eher Ordnung und Sicherheit innerhalb der Gesellschaft mit sich bringen. Aber es bleibt erst einmal die Frage, ob wir als Gesellschaft überhaupt einen solch grundlegenden Kurswechsel wollen und zu Wege bringen.

Das vollständige Ende von Schuldgefühlen

Das ist wirklich möglich. Aber es verlangt eine große Ernsthaftigkeit und Achtsamkeit für den gesamten Schuldmechanismus, bis Sie endlich darüber lachen können, was Sie sich einmal damit angetan haben. Über das, was Sie anderen angetan haben, werden Sie allerdings erst dann lachen können, wenn der andere mitlachen kann.

In Schuldgefühlen steckt das ganze Leid, das Menschen sich gegenseitig antun, ohne die Verantwortung für das gesamte Drama seiner Entstehung zu übernehmen. Mit Schuldgefühlen verdrängen Sie also, was Sie tun oder getan haben, indem Sie stattdessen die Störung eines Ideals oder einer Moral in den Mittelpunkt stellen und bejammern. Wenn Sie beispielsweise glauben, Sie müssten immer Ihre Eltern lieben, egal wie sie sich verhalten, und wenn Sie dann keine Liebe für sie empfinden, haben Sie Schuldgefühle. Ihnen wird nicht einmal bewusst, dass Sie die Ungerechtigkeit oder gar Gemeinheit Ihrer Eltern gar nicht lieben können. Wenn Sie dies aber erkennen, enden die Schuldgefühle vollständig. Dann durchschauen Sie ebenso die verlogenen Schuldvorwürfe, mit denen Sie noch heutzutage eingeschüchtert werden sollen, damit Sie tun, was die Autoritäten wollen, denen Sie sich unterworfen haben. Und dann hören Sie auch auf, die Kette der Schuldvorwürfe fortzusetzen und andere zu beschuldigen.

Aber Sie fühlen ebenfalls, welchen Schaden Sie selbst anderen zugefügt haben. Dafür übernehmen Sie die uneingeschränkte Verantwortung und gehen dem Geschehen auf den Grund, bis zweifelsfreie Klarheit da ist, wie es dazu kam. Anschließend werden Sie alles tun, um den Schaden gutzumachen. Wenn dies nicht möglich ist, werden Sie sicher stellen, dass es sich nicht wiederholt.

Solange Sie Schuldgefühle wegen schlimmer Taten haben, ist Ihr Geist mit sich selbst beschäftigt. „Was habe ich bloß getan?" Damit wird der andere, der unter Ihnen gelitten hat, ausgeblendet. Doch nur die Wahrnehmung und das Aushalten des Leides, für das Sie verantwortlich sind, setzt Ihre Energie konstruktiv frei. Damit werden Sie alle, aber wirklich auch alle Anstrengungen unternehmen, dass die Fortführung der Gewalt, die Ihnen durch Ihre unguten Taten bewusst wurde, in Ihnen selbst endet. Wenn Sie dies klar sehen, steht Ihnen alle notwendige Energie zum rechten Handeln zur Verfügung. Das fühlt sich dann wirklich gut an.

17 Die Angst vor anderen Menschen: AngstGier

Ich gehe der AngstGier auf den Grund und erkläre, warum ich dieses Doppel-
wort geschaffen habe.

Alle Nerven erzeugen entweder aktivierende oder hemmende Impulse. Im Ner-
vennetzwerk des Gehirns existiert ein komplexes Zusammenspiel von aktivierenden und hemmenden Impulsen und Effekten. Vereinfacht ausgedrückt bewirken
angenehme Reize eine Aktivierung nach dem Prinzip „mehr davon", während unangenehme Reize eine Hemmung erzeugen nach dem Prinzip „weniger davon".
Es gibt im körperlichen Bereich sinnvolle Überlebensorientierungen wie Wollust,
Hunger, Warnungen vor Schmerz usw.

In den biologischen und in den psychologischen Theorien werden die biologische und die psychische Seite der Nervenaktivitäten unterschieden. Es ist aber
nur eine gedankliche Trennung, um sich über diese unterschiedlichen Aspekte
verständigen zu können. In der Realität des Nervensystems sind der biologische
und der psychische Prozess ein und dasselbe.

Das Element „Hemmung" im Gehirn wird, wenn Sie es in Verbindung mit Ihren
Gefühlen wahrnehmen, als Angst vor Negativem spürbar, das Element „Aktivierung" als Gier nach Positivem. Über Ihr Empfinden können Sie diesen Prozess beobachten.

Das Wort „Gier" bezeichnet den starken Impuls im Gefühlsleben, etwas haben
oder bekommen zu wollen. Bitte verbinden Sie es nicht mit dem üblichen negativen moralischen Urteil. Es benennt einfach ein Muster, das wir alle in uns tragen.

Die Gier kann Ihnen erhebliche Schwierigkeiten machen, beispielsweise in den
Beziehungen zu anderen Menschen. Um Einfluss auf einen Menschen zu nehmen,
wird versucht, sich gegenseitig mit Hilfe von Angst und Gier zu steuern, oftmals
ohne dass es einem der beiden bewusst wird, welche Probleme und manchmal
sogar Katastrophen damit erzeugt werden.

Die gegenseitige „Einflussnahme" durch Sachargumente, wenn sie wirklich frei
sind von Emotionen, ist eine sachgerechte Einflussnahme durch Tatsachen. Wenn
dieser Druck „glaube das, was ich sage" nicht darin ist, kann in einem Gespräch
jeder die Argumente des anderen in Ruhe prüfen und das annehmen, was ihm/ihr
richtig erscheint. Eine solche Art des Miteinanders ist wirklich kooperativ und nicht
von Angst und Gier bestimmt.

Angst und Gier gehören immer zusammen

Wenn Sie diesen Zusammenhang bei sich selbst festgestellt haben, können Sie die gedankliche Fluchtbewegung von der Angst zur Gier und umgekehrt beenden.

Aktivierung und Hemmung sind keine getrennten Prozesse in Ihrem Gehirn, sondern hochkomplex miteinander verschaltet. Das gilt auch für die Gefühle von Angst und Gier. Eines existiert nicht ohne das Andere. Wenn Sie Angst vor etwas haben, ist zugleich die Gier nach etwas Anderem vorhanden. Und wenn Sie gierig sind nach irgendetwas, ist zugleich die Angst da, es nicht zu bekommen. Sie fühlen im konkreten Moment jedoch nur entweder die Angst oder die Gier, und danach richtet sich dann das unmittelbare Verhalten. Die Wahrnehmung beider Gefühle geschieht üblicherweise nicht gleichzeitig, obwohl die zugrunde liegenden Muster im Gehirn immer zusammenarbeiten.

Kontrolle von Menschen durch Belohnung und Bestrafung

Wenn Sie herausfinden wollen, ob Sie weiterhin Belohnungen und Bestrafungen zur Steuerung von Menschen für richtig halten, stellen Sie sich selbst die Frage: „Möchte ich durch Belohnungen und Bestrafungen zu einem bestimmten Verhalten gebracht werden?"

Der ursprüngliche biologische Mechanismus – die Suche nach dem Angenehmen und das Vermeiden des Unangenehmen – ist auch in den Beziehungen der Menschen untereinander wirksam. Belohnung und Bestrafung sind seit Menschengedenken Bestandteile des Miteinanders. So sind Sie es gewohnt, Dinge zu tun, für die Sie von anderen belohnt werden, und Dinge zu vermeiden, für die Sie bestraft werden. Das ist so selbstverständlich, dass Sie es gar nicht vermeiden können. Beispielsweise wird jede erwerbsmäßige Arbeit be(ent)lohnt, jeder Verstoß gegen Gesetze bestraft, wenn man erwischt wird.

Gibt es wohl eine Zusammenarbeit, bei denen nicht das Belohnungsmuster aktiv ist, sondern der „gesunde Stoffwechsel"? Damit meine ich, dass man zusammenarbeitet, weil es Freude macht, als sinnvoll erlebt wird und die geschaffenen Werte zur beiderseitigen Zufriedenheit verteilt werden.

Wohlbefinden ist weder machbar noch käuflich

Sie müssen Ihre Vorfreude nicht aufgeben. Genießen Sie sie, aber wenn Sie die Erwartung aufbauen, dass es so kommen soll, wie Sie es sich wünschen, legen Sie den Grundstein für AngstGier.

Eine Vielzahl von Belohnungen und Bestrafungen akzeptieren Sie, weil sie Ihnen einsichtig und berechtigt erscheinen. Sie empfinden sie als natürliche Konsequenz des Handelns. Wenn ich beispielsweise verdorbenes Essen zu mir nehme, dann gehört auch dazu, dass ich mich übergeben muss. Übertretungen im Straßenverkehr müssen bestraft werden, weil ansonsten alle unter dem Chaos auf den Straßen leiden würden.

Aber es werden Ihnen auch Versprechungen gemacht für Ihr Wohlbefinden oder sogar Glücksgefühl, falls Sie das tun, was andere Ihnen vorschlagen. Doch ein Gefühl ist nicht planbar, machbar oder käuflich. Es ist immer Ausdruck einer momentanen Beziehung zwischen Ihnen und der Außenwelt. Es werden immer nur Hoffnungen auf gute Gefühle verkauft.

Selbstzweifel erzeugen Angst und Gier

Ich wiederhole meine Hinweise auf die kindliche Entwicklung. Aber ich halte diesen Zusammenhang für so bedeutsam, dass ich ihn hier auch noch einmal anspreche.

Schon in der Kindheit haben Sie gelernt, dass es Ihnen besser geht, wenn Sie das tun, was die Erwachsenen wollen. In praktischen Dingen ist es ja auch lebensnotwendig, dass Sie als Kind vieles von Ihren Eltern und anderen Älteren gelernt haben. Doch wenn die Maßnahmen der Eltern mit negativen Emotionen verknüpft werden, dann wird dem Kind vermittelt, dass es so, wie es ist, nicht in Ordnung ist. Auch die Wirkung von Belohnung basiert auf negativen Emotionen. Wenn das Kind etwas gut gemacht hat, warum sollte es dafür belohnt werden? Die Eltern versuchen auf diese Weise sicherzustellen, dass es möglichst immer „gut" handelt. Und warum? Weil sie Angst haben, dass das Kind nicht so funktioniert, wie die Eltern es gut finden. Mit der Belohnung geben die Eltern ihre eigene Angst an ihr Kind weiter. Künftig versucht das Kind, womöglich lebenslang, diese verdeckte Angst durch den Drang nach Belohnung, also durch die Gier nach Anerkennung aufzulösen.

Belohnung und Bestrafung verunsichern das Kind und erzeugen das AngstGier-Muster, das auf diese Weise als dauernder Bestandteil der mitmenschlichen Beziehungen installiert wird.

Belohnung erzeugt Bestechlichkeit

Eine Belohnung wird üblicherweise als etwas Positives angesehen. Deshalb war es im letzten Absatz vielleicht irritierend, dass ich auf die negativen Auswirkungen nicht nur von Bestrafungen, sondern auch von Belohnungen hinweise. Ich verdeutliche es an folgendem Beispiel:

Ein Kind hat zum ersten Mal seine Schuhe mit einer Schleife zugebunden. (Ich weiß, heute gibt es fast nur noch Klettverschlussschuhe für Kinder.) Es läuft strahlend zur Mutter, zeigt die Schleife und sagt: „Mama, Mama, ich habe es geschafft." Normalerweise freuen sich Mütter darüber und sagen etwa: „Toll hast du das gemacht." Sie teilt die Freude über den Erfolg des Kindes. Die gemeinsame Freude ist die Bestätigung des Kindes für sein erfolgreiches Tun. Das gute Gefühl der Verbundenheit mit der Mutter bestärkt das Kind in seiner neu entwickelten Fähigkeit. Es wird das Binden der Schleife noch besser lernen und sich an dem eigenen Lernprozess erfreuen.

Was geschieht aber in dem Kind, wenn jetzt die Mutter sagt: „Deine Mutter ist stolz auf dich", und das Kind mit einer Süßigkeit belohnt? Dann wird die Aufmerksamkeit des Kindes von seiner Leistung weg dahin verschoben, dass es die Mutter stolz gemacht hat und dass es eine Belohnung für seine Leistung bekommt. Nicht die eigene Leistung und die Freude am Lernen stehen jetzt noch im Mittelpunkt, sondern der Stolz der Mutter und der Erhalt einer Süßigkeit. Es zählt nicht mehr das eigene Erfolgserlebnis und die gemeinsame Freude. Sondern die Mutter missbraucht die Leistung des Kindes für ihren Stolz und für ihre Macht über die Belohnung. Das Kind wird bei dem nächsten Versuch, eine Schleife zu binden, daran denken, ob die Mutter wieder stolz sein wird, und die Gier nach etwas Süßem ist geweckt. Durch diese Ablenkung ist das Lernen beeinträchtigt. Subtile Angst kommt ins Spiel. Falls die Schleife nicht gut gelingt, befürchtet es eine Enttäuschung auf Seiten der Mutter, die dann ja nicht stolz sein kann, und eine eigene Enttäuschung, dass es dann nichts Süßes gibt. Indem sein Selbstvertrauen von der Belohnung der Mutter abhängig gemacht wird, wird das positive Wahrnehmen der eigenen Fähigkeiten untergraben. Es ist die Grundlage von Bestechlichkeit: Nicht dem eigenen Urteil vertrauen, sondern sich aufgrund des etablierten AngstGier-Musters abhängig machen von dem Verhalten anderer – meist ohne es zu merken.

Die Sehnsucht nach Liebe

Ihre Sehnsucht nach Liebe ist der Beweis dafür, dass Ihr Empfinden der Verbundenheit gestört ist.

Solange Sie das Fühlen von Disharmonie im Kontakt mit anderen Menschen vermeiden wollen, obwohl etwas faul im Zusammensein ist, solange fixieren Sie sich auf die Gier nach guten und entspannten Beziehungen und ignorieren die Warnhinweise. In Ihrem Gehirn ist die Vorstellung oder Ahnung, dass es doch einen Zustand geben muss, in dem es Ihnen in der Gemeinschaft mit anderen ohne jegliche Angst richtig gut geht. Vielleicht fühlen Sie es als Sehnsucht nach Harmonie und Liebe. Vielleicht „weiß" Ihr Gehirn noch von dem kindlichen Zustand ungetrübter Liebe zur Ihrer Welt, bevor Sie in die Selbstzweifel gestürzt wurden.

Der Traum von der Kontrolle über die Liebe

Indem Sie die Liebe zu einem Produkt des Denkens machen, erzeugen Sie den Irrglauben, dass Sie die Macht hätten, die Liebe festhalten zu können.

Sie glauben an eine bestimmte Definition von Liebe, sei es an die große Liebe, sei es an unglaublich tollen Sex, sei es an Ihre Liebe zu den Tieren oder zu Ihrem Bild von Gott. Sie halten Ihre persönliche Vorstellung von Liebe für die Liebe selbst und möchten gern das, was Sie sich ausgemalt haben, Ihrer Kontrolle, Ihrem Einflussbereich unterwerfen, um es möglichst oft zur Verfügung zu haben.

Die Sehnsucht nach Liebe wird zur Jagd nach dem Vergnügen

Wie viel Zerstörung unter den Menschen richtet die Jagd nach dem Vergnügen an! Das wollen Sie vielleicht nicht wahrhaben. Vergnügen ist doch so gut!

Ihr Gehirn kennt aus früheren Erfahrungen, was angenehm ist, was Spaß macht. Und es hört die Versprechungen anderer, wie Liebe, Vergnügen und Spaß angeblich zu bekommen sind. Tatsächliche Erlebnisse mit Spaß, Freude und Vergnügen sind wunderschön. Sie treten jedoch immer spontan und unberechenbar ein. Es sind keine durch Denken machbare Produkte. Selbst wenn Sie in einen Film gehen, den Sie schon gesehen haben und lustig fanden, wissen Sie beim zweiten Besuch nicht, ob er Sie wieder zum Lachen bringt. Wenn Sie unbedingt Spaß haben wollen, sind Sie dann nicht mit dem, was gerade ist, unzufrieden? Die Gier danach kann niemals wirklich befriedigt werden. Falls die Gier einmal erfolgreich durch Vergnügen befriedigt wird, beginnen nach dem Ende des Vergnügens die Unzufriedenheit und die Jagd nach einem neuen Vergnügen sofort erneut wieder. Wenn die Gier aktiv ist, kann sie gnadenlose Ausmaße annehmen. Sie kennen vermutlich die Probleme von Alkoholikern und anderen Abhängigen, von sexueller Ausbeutung und profitabler Umweltzerstörung usw.

Die Ausbeutung der Sehnsucht

Können Sie sich Ihren Sehnsüchten wirklich noch hingeben, wenn Sie erkennen, was Sie sich selbst vormachen und wie Sie damit von anderen für deren Interessen manipuliert werden können? Doch Sehnsüchte werden Sie nicht aufgrund von Argumenten aufgeben, sondern nur, wenn Sie selbst merken, wie Sie sich damit unglücklich machen.

Der Priester verspricht Ihnen Gott und den Himmel für den Fall, dass Sie ihm folgen. Der esoterische Guru zeigt Ihnen den Weg zur Erleuchtung. Die Werbung lockt mit Glück durch Konsum. Die Stars und Sternchen in Sport und Entertainment wollen Sie von Ihrer Unzufriedenheit und Unruhe in Ihrem Leben durch Spannung und Vergnügen ablenken. Aber auch die Menschen in Ihrer persönlichen Umgebung verführen Sie mit Versprechungen, dass Ihre Wünsche erfüllt werden, wenn Sie das tun, was beispielsweise Ihre Partnerin oder Ihr Partner möchte. Von allen Seiten können Sie damit rechnen, dass jemand Ihnen etwas Gutes verspricht, um Sie zu lenken. Und versuchen Sie nicht auf die gleiche Weise Einfluss auf die Menschen in Ihrem Umfeld zu nehmen?

Ein Leben aus zweiter Hand

Aus sich selbst heraus erzeugt das Gehirn keine psychische Unzufriedenheit. Erst dadurch, dass andere durch Belohnung und Bestrafung schon sehr früh eine Verwirrung in Ihrem Kopf erzeugt haben, begann Ihre Suche außerhalb von Ihnen nach besseren Gefühlen.

Mit Ihren Selbstzweifeln und Ihrer AngstGier fallen Sie immer wieder auf die plumpen oder raffinierten Tricks anderer herein. Falls Ihre Gier einmal kurzzeitig Erfüllung gefunden hat, entsteht, wie gesagt, anschließend die alte Unruhe erneut. Die Gier sucht sich ein neues Ziel. Die Gier kommt niemals zu Ruhe, da sie doch der Ausdruck Ihrer Unzufriedenheit mit dem Leben ist. Sie bewirkt, dass Sie nicht Ihr eigenes Leben leben, sondern sich daran orientieren, was andere Ihnen versprechen, eben ein Leben aus zweiter Hand. Sie werden mit Hilfe Ihrer AngstGier bestochen, so dass die trügerischen Hoffnungen auf künftige Vergnügungen Ihre lebendigen Beziehungen in der Gegenwart überschatten.

18 Die Angst vor anderen Menschen: Schluss damit!

Wenn Sie sich aus dem AngstGier-Muster befreien und Ihre innere Ordnung finden, hat kein Mensch mehr psychische Macht über Sie. Und auch Sie selbst haben kein Interesse mehr daran, andere zu Ihrem Vorteil beeinflussen und kontrollieren zu wollen. Dann können Sie die Lebensenergie in vollen Zügen genießen.

Die Angst vor anderen Menschen endet, wenn Sie aufhören, über andere Menschen und auch über sich selbst nachzudenken. Mit einer solchen Haltung findet eine neue Art von Beziehung zwischen Ihnen und Ihren Mitmenschen statt, in der die Energie positiv und ungehindert fließen kann. Die Tür steht weit offen für echte gemeinsame Freude. Sie können unendlich viele Entdeckungen machen, wie Sie die negativen Emotionen in positive und klärende Energie umwandeln können. Wenn es zwischen Ihnen und einem anderen Menschen nicht stimmt und Sie sind deswegen bedrückt, dann sagt die Bedrückung: „Bring das in Ordnung. Und wenn der andere nicht mitmacht, dann schaffe allein Ordnung in dir selbst, damit die Bedrückung aufhört."

Fremdbestimmte Werte

Wir brauchen keine neue Wertediskussion, wie wir miteinander umzugehen haben. Die Widersprüchlichkeit der gesellschaftlichen Werte und der Streit um Werte haben das Chaos erst erzeugt. Nur ein Wert zählt: Liebe und Verbundenheit. Alle anderen Werte müssen dem untergeordnet werden, oder sie führen in die Verwirrung.

Beispielsweise haben der religiöse Fanatiker oder der Soldat, wenn sie an die Sinnhaftigkeit des Tötens anderer Menschen glauben, die Überzeugung, vielleicht sogar Begeisterung für ihren Glauben bei anderen Fanatikern oder Soldaten erlebt und vielleicht auch das Prickeln der Macht über andere Menschen. Das hat womöglich eine große Anziehungskraft. Zugleich haben sie Angst, in ihrer Bezugsgruppe allein dazustehen, wenn sie diesen Glauben nicht teilen. Sie sind TäterOpfer in einem Wertesystem, das beispielsweise das Töten von Menschen rechtfertigt. Sie fühlen nicht, was Sie den Opfern antun und wie sie selbst verrohen. Oder sie fühlen es, müssen es verdrängen und kommen aus ihrem Krieg traumatisiert zurück.

Wahre Werte

Sie sind unkompliziert und einfach einzusehen. Aber sie müssen ernst genommen werden.

Ein Handeln, das in Liebe geschieht und der Verbundenheit Raum gibt, ist der einzig wahre Wert. Was dies in konkreten Situationen bedeutet, vermag niemand im Voraus zu definieren. Es kann Ihnen niemand vorschreiben. Sie fühlen es als innere Ordnung, völlige Stimmigkeit und Wohlbefinden. Es ist aber keine Ordnung und Stimmigkeit, die man festhalten und als Ratschlag oder Glaubensempfehlung an andere weitergeben kann. Es zeigt sich in jeder Situation neu.

Das innere Chaos kann jedoch in jedem Moment wieder neu entstehen, wenn sich die Identifikation mit anderen Zielen und Werten, die im Gedächtnis tief eingegraben sind, wieder einmischt. Allerdings kann die Verwirrung genauso wieder sofort beendet werden, wenn Sie dies merken.

Alleinsein, um in Beziehung zu sein

Diese Aussage erscheint auf den ersten Blick wie ein Widerspruch. Und auf den zweiten, ruhigen und sorgfältigen Blick? Betrachten Sie das folgende Beispiel:

Sie haben Angst vor dem Alleinsein und klammern sich deshalb an Ihren Partner. Mit dem Theater, das Sie machen, wenn der Partner sich nicht so verhält, wie Sie meinen, es zu brauchen, zerstören Sie immer mehr die Beziehung. Als Ihnen dies bewusst wird, stellen Sie sich Ihrer Angst vor dem Alleinsein und erfassen auf einmal das ganze Drama. Weil Sie gründlich Ihre Angst vor dem Alleinsein beobachtet und begriffen haben, hat diese Angst aufgehört. Jetzt erst können Sie Ihren Partner so sehen, wie er ist und nicht mehr wie Sie ihn haben wollten. Das ist die Voraussetzung für eine Partnerschaft, in der Sie sich wirklich aufeinander beziehen, anstatt sich nur mit den Ängsten und Wünschen, wie der andere sein sollte herumzuschlagen.

Wenn Sie also einen Konflikt, Schuldgefühle oder andere Auswüchse des Chaos in Ihnen und mit anderen spüren, halten Sie inne und beobachten, was da in Ihnen los ist. Sie flüchten nicht mehr in die gewohnten Gedankenwelten. Dann fühlen Sie sich allein, weil Sie sich an niemandem mehr orientieren und nicht einmal an Ihren eigenen Erinnerungen. Plötzlich zeigt sich das Lebendige einer Konfliktsituation mit allen Facetten, die gerade aktiv sind. Sie sehen klar, fühlen die Energie in der vor kurzem noch gestörten Beziehung und können nun auch stimmig handeln. Aus diesem Alleinsein mit dem eigenen Empfinden heraus können Sie in eine echte Beziehung mit Ihren Mitmenschen treten.

Das Ende des Nachdenkens über sich selbst und andere

Es geht um das Verstehen Ihres Innenlebens und nicht um die Beurteilung des Verhaltens von Ihnen und den anderen. Sich einfach anders verhalten zu wollen, ist nicht wirklich möglich. Ihre innere Haltung entscheidet über Ihr Verhalten. Wenn sich Ihre Haltung nicht ändert, können Sie sich auch nicht anders verhalten. Allerdings können Sie über die Beobachtung des eigenen Verhaltens wichtige Hinweise über Ihre automatischen Gedanken bekommen.

Jeder Gedanke über Sie selbst und über andere ist nur die Wiederholung alter Erfahrungen und zerstört den lebendigen Kontakt untereinander. Denn wenn Sie mit Ihren Gedanken beschäftigt sind, sind Sie nicht in Beziehung, d. h. Sie nehmen nicht wirklich wahr, was gerade in der Beziehung zu Ihrem Mitmenschen geschieht. Wenn Sie erkennen, dass das Nachdenken über eine Beziehung die Beziehung als lebendige Begegnung behindert, hören Sie von selbst ohne große Anstrengung damit auf. Ihr Gehirn macht sich nicht absichtlich das Leben schwer, sondern nur, solange es sein eigenes Chaos nicht erkennt.

Das Erkennen der Unordnung schafft Ordnung

Sie müssen sich nicht verändern oder anstrengen, um Ordnung zu schaffen.

Wenn Sie die Unordnung erkennen, die Ihr Denken in einer bestimmen Situation erzeugt, weil Sie versuchen, allen möglichen „Herren" oder Erwartungen gerecht zu werden, dann geschieht eine wirkliche Veränderung. Sie bringt ein stimmiges Verhalten mit sich. Indem Sie die „fremden Herren" erkennen, befreien Sie sich von ihnen. Dann kann Ihr Gehirn leicht und direkt arbeiten. Es ist doch seine Natur, die bestmögliche Antwort für Sie zu finden.

Andere ändern zu wollen, erzeugt Konflikte

Wenn Sie das Folgende begreifen, können Sie nicht weitermachen wie bisher im Umgang mit anderen Menschen. Sie haben dann aber auch keine Lust mehr dazu, Ihre Energie destruktiv zu verschwenden. Neugier auf den anderen bringt Lebensfreude mit sich.

Bei sich selbst spüren Sie ganz eindeutig den Widerwillen, wenn eine andere Person Sie verändern will. Trotzdem hören Sie Ihrerseits nicht auf, über andere nachzudenken, sie zu interpretieren und beeinflussen zu wollen. Dass Sie Sicherheit durch Kontrolle über andere suchen, sitzt tief in Ihnen und in uns allen. Natürlicherweise erzeugt es Konflikte, Streit, Ärger, Krieg, dass jeder die anderen so haben will, wie es seinem Vorteil dient. Und es schafft ein heilloses Chaos in der Familie, am Arbeitsplatz, unter Freunden und genauso in der Politik, in der Gesellschaft und unter den Nationen, Konzernen, Religionen in der ganzen Welt. Haben Sie immer noch Lust, andere verändern zu wollen? Wenn dieser Drang, Wirkung bei anderen erzielen zu wollen, nachlässt, dann werden Sie zunehmend sensibler für den Moment, wenn dieses gewohnheitsmäßige Denken aufkommt. Und wenn Ihnen völlig bewusst ist, dass Sie gerade wieder auf andere einwirken, dann können Sie über sich lachen oder lächeln. Damit enden diese Gedanken, andere ändern zu wollen, und Ihr echtes Interesse am anderen ist wach.

Sich selbst ändern zu wollen, vergrößert die Probleme

Also hört dann auch der ganze Spuk auf um Selbstverwirklichung, persönliche Entwicklung oder wie auch immer Sie diesen Drang nennen, anders sein zu wollen – was Sie sich schön ausmalen und dann angestrengt versuchen, das Gewünschte zu erreichen. Denn sich tatsächlich zu entwickeln, ist das Gegenteil davon, sich entwickeln zu wollen.

Andere beeinflussen zu wollen und sich selbst verändern zu wollen, sind nur zwei Seiten derselben Angelegenheit. Denn Sie wollen andere verändern, weil Sie mit sich selbst nicht klarkommen. Und Sie wollen sich verändern, weil Sie glauben, dass Sie dann mit den anderen endlich klarkommen können. Sie hadern mit sich selbst. Anstatt sich der inneren Konflikte bewusst zu werden, schieben Sie diese mit der Idee „Ich müsste anders sein!" von sich weg. Kein Wunder, dass Ihre Konflikte immer komplizierter werden. Mit einem Schlag ist das vorbei in dem Moment, in dem Sie aufhören, sich und andere ändern zu wollen. Dann handeln Sie danach, was dieser Moment oder diese unmittelbare Begegnung mit einem Menschen gerade erfordert, ohne jeglichen inneren Druck.

Nicht mehr über Egoismus nachdenken

Wenn Sie an „Egoismus" denken, so haben Sie eine Vorstellung im Kopf, die den Geist verwirrt. Es geht nicht darum, ob jemand an sich oder an andere denkt, sondern ob das, was Sie tun, für Sie genauso gut ist, wie für die anderen, oder nicht.

Diese Befürchtung habe ich oft gehört: „Wenn ich mich nicht mehr mit anderen beschäftige, nicht mehr an andere denke, dann werde ich sicher gleichgültig oder total egoistisch." Das Gegenteil jedoch ist der Fall. Was geschieht, wenn Sie nicht mehr denken? Wenn Ihr Geist nicht mehr vom Denken besessen ist, nehmen Sie wahr, was um Sie herum und in Ihnen geschieht. Im Kontakt mit anderen hören Sie erst dann wirklich zu, ohne den anderen nach Ihren Regeln zu bewerten. Bei einem solchen Zuhören und Zuschauen sehen Sie direkt das Falsche im Wahren und das Wahre im Falschen. Ihr Handeln oder Nichthandeln ist nicht mehr zwiespältig, sondern ruhig und klar und dient einer guten Gemeinsamkeit.

Wer mit sich nicht im Reinen ist und seine Probleme nicht wahrhaben will, lädt unweigerlich seine negativen Emotionen an anderen ab und kann niemandem gut tun.

Keine Angst vor anderen Menschen – mit Leichtigkeit

Ich gehe jetzt einfach einmal davon aus, dass Sie verstanden haben: Andere und sich selbst verändern zu wollen ist eine ungesunde Unmöglichkeit. Totale Offenheit ohne innere Barrieren ermöglicht echte Beziehungen zu anderen Menschen.

Doch wenn Sie so leben wollen, stellen Sie fest, wie schwer das ist. Sie sind überrascht, wie vollautomatisch das Denken sich auf die anderen stürzt, um dort Kontrolle zu erreichen sowie Erklärungen und Hilfe zu bekommen. Machen Sie daraus kein neues Problem, indem Sie wieder einmal anders sein wollen, als Sie sind. Die Wahrnehmung davon, wie die Denkabläufe Ihre Probleme erzeugen, reicht vollständig aus, so dass in Ihrem Gehirn eine Reinigung von alten Mustern stattfindet. Jede Anstrengung, ein besserer Mensch werden zu wollen, verschlimmert Ihren Zustand. Doch wenn die Leichtigkeit Sie berührt, „wissen" Sie, dass nichts verkehrt ist mit Ihnen.

Und wenn die anderen nicht mitspielen? Die Probleme der anderen können Sie nicht lösen. Entdecken Sie Ihre nichtaggressive Antwort auf die Negativität anderer.

Oh, könnte ich Ihnen doch dieses absolut wunderbare Empfinden vermitteln, ohne Angst vor der Zukunft und vor anderen Menschen zu sein. Sie hätten dann keine Lust mehr auf die Angst und den Stress, sich und andere ändern zu wollen. Doch diese Entdeckung müssen Sie natürlich selbst machen. Das ist auch gut so, denn dann erleben Sie auch die Freude dieser Entdeckung.

Jenseits von richtig und falsch ist der Raum, in dem wir uns wahrhaft begegnen.

Spielregeln der Liebe

Nie wieder kämpfen um Liebe.
Du tötest sie
und glaubst nur, sie bliebe.

Nie wieder der Streit, den andern zu wenden.
Du schaffst es nie,
wirst dabei selber versteinert enden.

Und schließlich nie wieder
die eignen Gefühle dem anderen beugen.
Du verkrüppelst dich nur,
verlierst deinen ureigenen Wert aus den Augen.

Im Kampf um Unterwerfung und Macht
geht die Liebe verloren in trauernder Nacht.

Die Liebe sucht Menschen, die zu sich stehen.
Wenn's sein muss,
lässt sie den anderen gehen.
Sie hat es nicht nötig, ihn zu verdammen.
Ist Liebe noch da,
kommen sie wieder zusammen.

Das Hässliche, das geschehen mag
unter dem Deckmantel „Liebe",
ist nur übermächtige Angst vor dem Alleinsein.
Es sind einsame Triebe,
aber nicht die Liebe,
die uns glücklich findet
und uns in Freiheit verbindet.

Juli 1997 in der Türkei

19 Sex

Im Orgasmus, den die Franzosen auch „la petite mort" (den kleinen Tod) nennen, lösen sich zugleich die Angst vor der Zukunft und vor dem Tod sowie die Angst vor anderen Menschen auf. Das ist ein wunderschöner Zustand mit reinem Fühlen ohne Denken. Deshalb ist er für viele Menschen der einzige Moment, in dem Ruhe vor der sorgenvollen Denkerei im Gehirn ist. Wenn Sie Ihre anderen Lebensbereiche als öde erleben, weil Sie meist von sorgenvollen Gedanken gequält werden, dann wird Sex womöglich Ihr Thema Nr. 1. Sobald Ihr Gehirn nicht gerade anderweitig beschäftigt ist, gehen Sie auf die Jagd nach Sex.

Sex ist ein Grundbedürfnis. Sex hat seinen Ursprung wohl darin, dass durch Sexualität dem Körper die Energie zur Verfügung gestellt wird, aus der neues Leben entstehen kann. Das ist eine mächtige Energie. Aus dieser wunderbaren, sehr schönen und zugleich einfachen Angelegenheit, die wir auch unabhängig von der Fortpflanzung erleben können, machen wir oft ein großes Problem. Sex ist eine wesentliche Quelle von Angst, Gier und Gewalt. Wie kam es dazu?

Gebote und Verbote durch Religionen

Ein schlechtes Gewissen im Zusammenhang mit der Sexualität, das kennt vermutlich jede und jeder. Es lohnt sich, dieses genauer zu betrachten.

Die Sexualität wurde und ist heute noch mit Regeln und Verboten umgeben. Diese hatten sicher früher auch soziale Funktionen, etwa für den Erhalt von Familie, von Eigentumsverhältnissen und von einer gewissen gesellschaftlichen Ordnung. Die Religionen haben Vorschriften auch genutzt, um die Menschen mit Hilfe dieses Grundbedürfnisses steuern zu können. Die Vorschriften bezüglich Sexualität werden mit dem Willen Gottes, Allahs oder einer anderen höheren Macht begründet, die die Einhaltung dieser moralischen Normen verlangt. Wer dagegen verstößt, versündigt sich. Sünde bedeutet, sich von Gott getrennt zu haben. Wenn Sie gläubig sind, erscheint Ihnen aber Gott als das Wertvollste, was es gibt. Und die Trennung von ihm als das Schlimmste.

Nun mag man einwenden, dass die Religionen doch kaum mehr Einfluss auf das Sexualverhalten der meisten Menschen haben. Wer lässt sich denn heute noch seine Moral vorschreiben? Unterschwellig jedoch sind diese Vorstellungen von einer

„richtigen" Sexualität immer noch verbreitet, auch wenn sie nicht mehr vorrangig von den Religionen, sondern von Eltern, Erziehern, Psychologen usw. vermittelt werden. Wer unter sexuellen Schuldgefühlen und Verunsicherungen leidet, kennt diese Zusammenhänge vermutlich gut.

So entstehen durch das natürliche Bedürfnis nach Sexualität einerseits und die bevormundende Moral andererseits unablässig Konflikte, Angst und Verwirrung im Sich-selbst-Spüren und in den sexuellen Beziehungen.

Denkverbote

Haben Sie „schlechte" Gedanken, wenn Sie an Sex denken? Lassen Sie diesen Gedanken im Kopf einmal freien Lauf und denken sie bis zum Ende. Denn das, was auf diese Weise an Gedanken hochkommt, ist sowieso in Ihrem Kopf. Vielleicht sind Sie erschüttert, wozu Sie in Ihren Vorstellungen fähig sind, und räumen gründlich auf mit dem, was aus Konditionierungen erwachsen ist. Oder Sie entdecken, wie viel überflüssige AngstGier Sie übernommen haben – und lachen über die „schlechten" Gedanken.

Die Unfreiheit und Abhängigkeit von einer bestimmten Moral bekommt eine große Hartnäckigkeit, wenn nicht nur ein bestimmtes Verhalten, sondern allein schon der Gedanke an solchen Sex, der vom Erlaubten abweicht, als Sünde oder als „nicht in Ordnung" betrachtet wird. Ein Gedankenverbot erzeugt nämlich in unserem Gehirn ein zwanghaftes Denken gerade an das Verbotene. Das gilt auch, wenn Sie „freiwillig" auf Sex verzichten, um dadurch Gott näher zu sein oder ein besonders gutes Leben führen zu wollen. Sie werden natürlicherweise an Sex erinnert, beispielsweise durch den Stand Ihrer Hormone oder durch sexuelle Reize in der Außenwelt. Wenn Sie sich dann die aufkommenden Gedanken an Sex vorwerfen, weil sie diese für unmoralisch oder für etwas Niedriges halten, beschäftigen Sie sich ja weiter damit. Je größer Ihre Schuldgefühle sind, umso mehr Sexfantasien haben Sie. Sie werden merken, dass Sie die Gedanken nicht loswerden. Wie viele katholische Priester mögen in dieser Falle stecken, dass mit der Angst vor Sünde oder durch das Keuschheitsgelübde die Gier nach Sex nur vergrößert wird? Wenn alle Denkverbote und damit die inneren Kämpfe um die Sexualität enden, dann können Sie herausfindenden, welchen guten Platz die Sexualität in Ihrem Leben haben kann. Dazu bedarf es keinerlei Versprechen gegenüber Gott oder einem Menschen.

Die Ausbeutung von Sex durch Werbung

„Geile Werbung ist doch klasse", denkt mancher vielleicht. Achten Sie doch einmal darauf, wie sehr der Werbesex Druck und Minderwertigkeitsgefühle in Ihre Sexualität bringt, indem Sie Ihr Sexualleben damit vergleichen.

Auch die Werbung zielt auf die Kontrolle der Menschen durch Sex. Sie setzt aber vordergründig nicht auf der Seite der Angst an wie die Moral, sondern sie erzeugt Gier nach Sex. Mit dem Anregen von sexuellen Fantasien, mit dem Aufgeilen, will die Werbung Ihr Kaufverhalten steuern und beutet Ihre Sexualität zu diesem Zweck aus. Natürlich ist auch hier im Hintergrund Angst wirksam, nämlich die Angst, dass die so erzeugte Gier nach Sex nicht erfüllt wird, wenn Sie das Produkt nicht kaufen. Wie gesagt, Angst und Gier gehören immer zusammen. Wenn Sie es genau beobachten, werden Sie dies feststellen.

Der Missbrauch von Sex in Beziehungen

Beim Thema Sex können Sie vermutlich gar nicht anders, als zugleich bei sich zu lauschen und anzuschauen, was meine Aussagen für Sie bedeuten. Sex ist mit solch starken unmittelbaren Erlebnissen verbunden, dass Ihr Gehirn vermutlich ein reines Theoretisieren gar nicht mitmachen kann. Jedenfalls ergeht es mir so.

Wenn das Denken und das Be- und Verurteilen von Sexualität die AngstGier erzeugt hat, dringt dieses Denken in alle Beziehungen ein, in denen Sexualität empfunden wird: Wenn Sexualität nur in einer Ehe stattfinden darf, dann muss auch eifersüchtig darüber gewacht werden, dass der/die Partner/-in nicht fremdgeht. Wenn es wichtig geworden ist, viel Sex zu haben, wie die Werbung suggeriert, dann wird der/die mögliche Sexpartner/-in unter dem Gesichtspunkt gesehen, ob er/sie auch viel und guten Sex zu bieten hat. Wenn schlechte Erfahrungen mit der Sexualität gemacht wurden, verhindert das Denken daran neue, glücklichere Erfahrungen.

Dann haben moralische Urteile, Regeln, Erwartungen und Erfahrungen die Steuerung der sexuellen Aktivitäten übernommen und nicht das echte Empfinden einer körperlichen Zuneigung als Ausdruck der Verbundenheit. Die einfache und schöne Sexualität ist zu einer komplizierten und oft sehr hässlichen Angelegenheit geworden mit allen möglichen negativen und taktischen GedankenGefühlen gegenüber dem/der Partner/-in, die vor und nach dem Orgasmus im Kopf herumschwirren. In einer guten Beziehung können sich beide zusammen daraus befreien. In einer vollständig unbelasteten sexuellen Begegnung ist die ganzheitliche körperliche und geistige Verbundenheit spürbar und bedarf keiner Moral, die etwas vorschreibt oder verbietet.

Treue

Eine kurze Anmerkung dazu, ob Treue und Sex zusammen gehören sollten.

Wer darauf pocht, dass Treue versprochen wird, lebt er/sie nicht schon mit der Angst vor einem neuen Partner des anderen? Sonst wäre doch ein solches Versprechen nicht notwendig. Fast alle gescheiterten Partnerschaften haben mit einem Treueversprechen begonnen. Ich meine, wir sollten aufhören, über Treue zu reden, sondern uns konsequent um die Störungen in einer Beziehung kümmern. Das ist die einzige Möglichkeit, dass eine Partnerschaft nicht in Frust und Enttäuschung zerbricht.

Reine Wollust

Da fällt mir nichts ein, was Ihre Aufmerksamkeit für dieses Thema zusätzlich anregt.

Bei der Beobachtung Ihrer sexuellen Empfindungen können Sie die damit verbundene uneingeschränkte Lust und Freude im Zusammensein gut unterscheiden von der Gier nach Sex. Ich benutze das Wort „Wollust" für diesen Zustand, in dem die Sexualität „keusch" ist, d. h. ohne Hintergedanken: In dieser reinen Wollust ist keine Berechnung enthalten, wie Sie am besten den Sexualpartner behandeln sollten, was er oder sie Ihnen bieten sollte oder von Ihnen erwartet. Der Sex ergibt sich einfach aus der Wollust, die in beiden vorhanden ist und keine anderen Absichten verfolgt. Sobald Sie aber beim Sex und beim Vorspiel und Nachspiel ins Nachdenken über den Sex und die Beziehung geraten, ist dies ein Hinweis auf Unstimmigkeit im gemeinsamen Erleben von Sex. Wenn Sie an einer glücklichen Sexualität interessiert sind, dann achten Sie auf Ihre Sexdenkerei. Sie ist der entscheidende Hinweis darauf, dass Sie nicht wirklich frei sind, sondern dass Angst und Gier die Lust und Freude trüben.

Sexuelle Freiheit ist Unfreiheit

Unter sexueller Freiheit wird üblicherweise verstanden, dass wir sexuell tun und lassen können, was wir wollen. Ist das auch Ihre Vorstellung von sexueller Freiheit?

Woher kommt das, „was Sie wollen"? Kommt es aus einer völlig stimmigen, ungestörten Begegnung mit einem anderen Menschen? Oder kommt es aus einer Vorstellung, wie Sie es gern hätten, kommt es von Ihren Vorlieben und Abneigungen, auf die Sie durch Kirche, gesellschaftliche Konvention, Werbung und frühere Erfahrungen konditioniert wurden? Spüren Sie wirklich eine Stimmigkeit des Zusammenseins, oder ist es nur eine Wunschvorstellung, zu deren Erfüllung Sie den oder die Partner-/in benutzen oder sich selbst zu zwingen versuchen?

Es gibt zwischen einem Erwachsenen und einem Kind keine Stimmigkeit eines sexuellen Zusammenseins. Es gibt auch keine Stimmigkeit, wenn der/die eine auf eine feste Partnerschaft hofft und der/die andere auf einen One-Night-Stand scharf ist. Es gibt keine Stimmigkeit, wenn eine/-r nur mitmacht, um den anderen nicht zu verlieren oder zu enttäuschen. Es gibt keine Stimmigkeit, wenn Sex zur Selbstbestätigung missbraucht wird.

Die „Freiheit", sexuell zu machen, was man möchte, ist in Wahrheit eine Knechtschaft der erlernten Angst und Gier. Denn wirkliche Freiheit ist die innere Freiheit von AngstGier. Sie lässt sich nicht auf einen Aspekt des Lebens, beispielsweise Sexualität, beschränken. Wenn wir wirklich frei sind, nehmen wir den ganzen Menschen wahr, uns selbst wie den anderen. Das sexuelle Erleben in wahrer innerer Freiheit ist konfliktfrei und nicht gebunden an eine bestimmte Form und Dauer von Partnerschaft.

Gehören Sex und Liebe zusammen?

Es gibt den moralischen Anspruch, dass Sexualität nur mit Liebe zusammen gelebt werden sollte. Lassen Sie alle moralischen Regeln und Wunschvorstellungen über Sexualität und Liebe fallen.

Wenn Sie Liebe mit wie auch immer gearteten Ansprüchen, Normen und Erwartungen verknüpfen, dann spricht in diesem Moment nicht die Liebe aus Ihnen, sondern die Abhängigkeit und Angst vor dem Alleinsein. AngstGier versteckt sich häufig dahinter, wenn von Liebe gesprochen wird, während tatsächlich aber ein innerer Druck dabei vorhanden ist. Beobachten Sie Ihre Gedanken, die um Sex kreisen. Sind sie verknüpft mit Gier und Angst? In diesem Fall nehmen Sie den Partner oder die Partnerin gar nicht wirklich wahr, wie er/sie ist. Sie malen ihn/sie sich mit Ihren sexuellen Fantasien so aus, wie Sie es gern hätten. Wenn Sie dies erkennen und damit aufhören, dann erst treten Sie ganz in Kontakt mit der anderen Person. Dann wird sich zeigen, ob es stimmig und wunderschön ist, was Sie beide zusammen treiben.

Sollte das nicht der Fall sein, dann ist die Sexualität nur vorübergehende Ablenkung von anderweitiger Denkerei. Das fühlt sich für ein paar Sekunden oder einige Minuten gut an, wird aber mit dem Gefühl bezahlt, nie gesättigt zu sein. Denn die AngstGier-Schleife des Denkens geht nach dem Akt sofort weiter.

Sexualität ist Erleben von Verbundenheit und Gegenwärtigkeit

Moralische Vorschriften zur Sexualität sind unmoralisch, weil sie Angst erzeugen. Was ein beglückendes sexuelles Leben ist, können Sie selbst herausfinden. Und falls es für Sie wirklich stimmig ist – es mag Gründe dafür geben – , können Sie sich ohne Krampf und inneren Kampf auch von Ihrer Sexualität verabschieden.

Ein außerordentlicher Aspekt von Sex ist das intensive Erleben von Verbundenheit und Gegenwärtigkeit im ganzen Körper und mit einem stillen Geist. Spätestens beim Höhepunkt gibt es eben kein Denken an später und daran, was mit dem/der Partner/-in los ist. Wenn Sex mit Angst und Gier gekoppelt wird, dann reduziert sich das Empfinden von Verbundenheit und Gegenwärtigkeit auf den Höhepunkt und geht danach sofort wieder verloren. Viele müssen anschließend regelrecht aus dem Bett flüchten, weil das weitere Zusammensein unerträglich ist.

Wenn aber Stimmigkeit da ist, ohne jeden Selbstbetrug, ohne Schuldgefühle und ohne der oder dem anderen etwas vorzumachen, dann ist es bedeutungslos, ob ein Trauschein vorliegt oder wie lange man sich kennt oder was aus der Begegnung zukünftig wird. Dann hat die Liebe Sie beide berührt.

TEIL VII
Das Denken

20 AngstGier oder Intelligenz

Entweder Sie sind von Angst (inklusive Gier) gesteuert oder von Intelligenz. Beides schließt sich gegenseitig aus. Aber die beiden können rasch einander abwechseln, manchmal im Sekundentakt. Intelligenz nimmt die Tatsachen wahr. Tatsachen allein machen keine Angst. Aber schon einen Moment später, wenn Sie die Tatsachen, oder einen Aspekt der Realität, nicht haben wollen, ist Angst da. Tatsachen wollen Sie nicht wahrhaben, wenn sie an unerträgliches Vergangenes erinnern oder Gedanken an eine schlimme Zukunft hervorrufen. Dann legt das AngstGier-Muster los. Die Tatsachen werden immer diffuser wahrgenommen, und die Intelligenz zieht sich zurück. Obwohl Sie intelligent sein wollen, lassen Sie sich dummerweise oft von der AngstGier leiten, dann nämlich, wenn Sie es nicht durchschauen. Aber die AngstGier fühlt sich nicht gut an. Aus Ihrem unguten Gefühl in der AngstGier spricht Ihre Intelligenz, die „sagt": „Befreie Dich daraus."

Wenn die AngstGier herrscht, dann bestimmt ein Bruchstück Ihres Lebens das Handeln. Es ist das Bruchstück, auf das Sie sich gerade mit einem bestimmten Gefühl fixiert haben. Beispielsweise denken Sie in einem Beziehungsstreit: „Er könnte mir wehtun" oder „Sie könnte mich verlassen". Und dann weiter: „So habe ich es doch auch in einer früheren Beziehung oder bei meinen Eltern oder Freunden erlebt. Das tat so schrecklich weh. Das will ich nicht wieder."

Wenn Intelligenz aktiv ist, nehmen Sie die Situation ohne Illusionen vollständig wahr, ohne blinde Flecken durch die erlernten Vorlieben und die schlechten Erfahrungen. Sie sehen, was Ihr Partner jetzt sagt oder tut. Darauf können Sie direkt eingehen, ohne den Vergleich mit seinem früherem Verhalten oder mit anderen Personen, beispielsweise: „Du bist wie deine Mutter." Ihre Erfahrung ist im Hintergrund sowieso dabei, aber ohne dass die neue Situation durch den angstgetriebenen Vergleich bestimmt wird. Sie bleiben dann auch im Konflikt mit einer anderen Person ruhig. Ein Handeln aus Angst und Gier erzeugt und / oder vergrößert Ihre Probleme. Ein Handeln in Intelligenz verhindert und beendet Probleme.

Im Denken werden meist Angst und Gier getrennt

An Ihren Gedanken können Sie erkennen, was gefühlsmäßig in Ihnen vor sich geht. Das ist für solche Situationen von Bedeutung, in denen sich Ihr Gefühlsleben teilweise noch im Dunkel Ihres Unbewussten verbirgt.

Indem Sie entweder an die Angst oder an die Gier denken, haben Sie den Eindruck, als hätte Ihre Gier nichts mit Ihrer Angst zu tun und umgekehrt. Das Denken verhindert die Erkenntnis, dass Angst und Gier zwei Seiten derselben Medaille sind. Sie flüchten vor der Realität in die Vorstellungswelt Ihrer Vorlieben und Abneigungen. Beobachten Sie gründlich Ihre Gedanken, wenn Angst oder Gier auftauchen.

Angst und Gier herrschen abwechselnd

Entdecken Sie das Verwirrspiel von Angst und Gier in Ihrem Kopf. Dann gibt es Verstehen, Ruhe und vielleicht ein Lächeln über diese Konditionierungen. Und beim nächsten Mal merken Sie es vielleicht schneller – oder auch nicht. Das wird sich zeigen. Damit müssen Sie sich keinen Stress machen.

Sie können erkennen, dass Angst und Gier immer zugleich vorhanden sind, auch wenn sie nicht gleichzeitig fühlbar sind. Die jeweils andere, noch verdeckte Seite wird Ihnen erst bewusst, wenn Sie sich auf das gerade dominante Gefühl Angst oder Gier einlassen und es beobachten, ohne nach Ihrem bisher üblichen Muster zu reagieren. Achten Sie darauf, dass das vorherrschende Gefühl – vor allem, wenn es stark ist – auf eine sofortige Reaktion drängt. Die Angst soll sofort aufhören, oder die Gier nach etwas Schönerem soll gestillt werden. Diese Wünsche wechseln sich unaufhörlich ab, und so kommt es zu einer dauernden Unruhe in Ihrem Geist. Deshalb nenne ich es AngstGier.

Das Ende der Flucht vor der Angst

Wenn Sie aufhören, vor der Angst fliehen zu wollen, endet die Angst. Aber Sie müssen schon bei dem Angstgefühl bleiben. Das ist die Herausforderung, die die Angst verlangt.

Angst erzeugt nicht eine Fluchtreaktion, wie es in den Psychologiebüchern steht. Sondern die Angst ist selbst schon eine Vermeidungsreaktion in Ih-

rem Gehirn. Ein scheinbar kleiner, aber fundamentaler Unterschied. Entweder Sie kämpfen gegen die Angst, um sie auf diese Weise wegzubekommen. Innerlich ist dies auch eine Variante der Flucht, und die Angst hört natürlich dadurch nicht auf oder sie kommt schnell wieder. Oder aber Sie merken, dass es die Fluchtbewegung selbst ist, die diesen unangenehmen Zustand erzeugt. Mit dieser Einsicht endet die Flucht und damit die Angst von allein, und zwar ohne weitere Aktivitäten und Anstrengungen.

Es ist die natürlichste Sache der Welt, dass Sie sich einerseits vor einer wirklichen Gefahr schützen, also Unangenehmes vermeiden wollen, und dass Sie andererseits etwas tun, was Ihnen wirklich gut gefällt, um etwas Angenehmes zu bekommen. Dann geben Sie der Realität, aus der in diesem Moment Ihr Leben besteht, die „rechte" Antwort. Doch wenn Sie aus Angst handeln, reagieren Sie auf eine gedanklich-gefühlsmäßige negative Erinnerung, die Sie nicht wieder hochkommen lassen wollen. Das treibt Sie in eine Vorstellung von „Ich will die Angst nicht" – weg von der aktuellen Realität. Auch dann, wenn Sie unbedingt „gierig" etwas haben oder erreichen möchten, sind Sie auf der Flucht – weg von der aktuellen Realität hin zu Ihrer Wunschvorstellung.

Realität oder Vorstellung?

„Wir können die Realität nicht erkennen, wir können uns nur eine Vorstellung davon machen." Wenn Sie diesen weit verbreiteten Glauben übernommen haben, sind Sie in der Sackgasse und können Ihre Illusionen von der Realität nicht mehr unterscheiden. Aber dann nutzen Sie auch nicht den wunderbaren Apparat Ihres Gehirns, der diese Unterscheidung sehr wohl genau kennt. Er zeigt Ihnen die Stimmigkeit oder Gestörtheit Ihrer Beziehungen zur Umwelt und macht Sie mit dem, was Sie empfinden und fühlen, darauf aufmerksam.

Was ist der Unterschied zwischen einem Tun, das Ihnen gut gefällt und einem gierigen Verhalten? Was ist der Unterschied zwischen einer echten und einer nur vorgestellten Gefahr? Das eine ist Handeln in der Realität, das andere die Antwort auf eine Vorstellung. Doch diese Definition wird Ihnen nicht viel weiterhelfen. Niemand kann Ihnen sagen, was bei Ihnen gerade stattfindet. In Ihrem eigenen Empfinden können Sie erkennen, was Sie gerade antreibt, was Ihre Motive sind. Sind es Angst und Gier, oder sind es Lebensfreude und Intelligenz? Beim Innehalten spüren Sie, ob die Lebensenergie positiv fließt. Oder verspüren Sie einen Druck als Gier, dass etwas anders sein sollte, oder als Angst, dass es so bleiben könnte, wie es ist?

Eine Vorstellung ist innere Realität

Versuchen Sie jedoch nicht, sich keine Bilder von der Realität mehr zu machen. Das Bildermachen wird für bestimmte Herausforderungen gebraucht. Deshalb können Sie diese Funktionsweise des Gehirns nicht abschalten. Aber wenn Sie sich der Bilder bewusst sind, sind Sie ihnen nicht mehr ausgeliefert und können intelligent damit umgehen.

Denken ist ein Prozess in Ihrem Gehirn, bei dem Nerven aktiviert und gehemmt werden. Es ist also ein materieller Prozess. Folglich ist das, was wir denken, auch eine Form von Realität, nämlich eine messbare Nervenaktivität. Es ist eine innere Realität, zusammengemischt aus Wahrnehmungen der Außenwelt, Erinnerungen und Körpersensationen. Sie können beobachten, was in Ihnen vor sich geht, indem Sie ohne Urteil alle Empfindungen, Gefühle und Gedanken, die aufsteigen, wahrnehmen und nicht weiter darüber nachdenken. In diesem Zustand sind Sie im Kontakt mit der Realität, aber mit Ihrer eigenen inneren Realität.

Wie Sie über einen anderen Menschen denken, ist nur Ihre Vorstellung von ihm. Niemand, auch Sie nicht, will von einem anderen entsprechend dessen Bild behandelt werden, sondern jeder möchte wahrgenommen werden, wie er/sie ist. Und trotzdem machen Sie sich unaufhörlich Bilder von anderen Menschen und behandeln sie entsprechend. Wenn Sie Ihre Vorstellung von einem anderen Menschen für ihn selbst halten, erzeugt es viele Probleme und ist der Kern der Konflikte zwischen den Menschen.

Das Wahrnehmen der AngstGier ist Intelligenz

Versuchen Sie auch nicht, die AngstGier abzuschalten oder zu unterdrücken. Denn das ist ebenfalls nicht möglich. Dann entsteht nämlich die Gier, nicht gierig sein zu wollen, und die Angst, die Angst nicht verhindern zu können. Doch wenn Sie sich der AngstGier bewusst sind, sind Sie ihr nicht mehr ausgeliefert. Sie „sagt" Ihnen, auf welche Weise Sie sich gerade das Leben schwer machen.
Intelligenz zeigt sich in Ihnen als die Fähigkeit, Ihr Leben optimal zu organisieren. Ihre unbewältigten Erfahrungen haben nun einmal AngstGier-Muster erzeugt,

die Sie nicht einfach ausschalten können. Sie sind Realität in Ihrem Inneren. Aber sie verändern sich und lösen sich auf, wenn sie erkannt werden als das, was sie sind: Unbewältigte Vergangenheit. Wenn Sie Ihre AngstGier wahrnehmen, ist Intelligenz aktiv, da Sie zugleich vollständig Ihre Innenwelt und Ihre Beziehung zur Außenwelt wahrnehmen.

Der Sprung aus der AngstGier in die Intelligenz

Vielleicht bezweifeln Sie, dass Ihre vollständige Wahrnehmung die zwingende Bedingung für Ihre wirkliche Veränderung ist. Zweifeln finde ich gut, denn nur aufgrund von Zweifeln werden Sie selbst prüfen, was an den folgenden Aussagen dran ist:

Warum können Sie nicht einfach das leben, was gerade ansteht? Sie haben als kleines Kind normalerweise sehr unmittelbar gelebt. Vermutlich hatten auch Ihre Eltern große Freude an Ihrer Unbekümmertheit, Spontaneität und vor allem an Ihrer Begeisterungsfähigkeit. Trotzdem meinten sie immer wieder, sie müssten eingreifen und Sie in die richtige Richtung (er)ziehen. Dagegen wehren konnten Sie sich nur schwer oder gar nicht. Denn Sie waren von den Erwachsenen abhängig. Um akzeptiert zu werden, haben Sie versucht, es den Eltern mehr oder weniger recht zu machen. Die Angst vor negativen Gefühlen und die Gier nach positiven Gefühlen war geboren – und hält Sie bis heute unter Druck. Jetzt – vielleicht – erkennen Sie im Innehalten das ganze Drama. Dann spielen Sie dieses anstrengende Spiel nicht mehr mit, das Ihnen lächerlich erscheint, wenn Sie es bemerken – und der Spuk ist einfach vorbei. Sie müssen nicht mehr anders sein, als Sie sind. Es ist kein allmählicher Prozess, sondern ein Sprung aus der AngstGier in die Intelligenz, die jetzt nicht mehr blockiert ist. Allerdings: Damit sind nicht alle Dramen, die sich in Ihrem Kopf angesammelt haben, erledigt. Aber wann immer sich das AngstGier-Muster in neuen Situationen zeigt, kann dieser Sprung geschehen – und immer wieder von Neuem. Fragen Sie sich nicht, ob und wann die AngstGier endgültig aufhört. Das ist wieder nur Ausdruck der AngstGier, die ohne AngstGier sein will.

Intelligenz gehört niemandem

Die Intelligenz ist nicht Ihr persönlicher Besitz. Vielleicht gefällt Ihnen diese Aussage nicht. Aber überlegen Sie einmal, wie erleichternd es ist, wenn Sie nicht mehr intelligent sein oder werden müssen und es auch nicht mehr vorzutäuschen brauchen.

Sie können nicht anders sein oder werden als Sie sind. Sie können auch nicht die AngstGier beseitigen und sich intelligent *machen*. Diese Vorstellungen stammen immer noch aus dem Gefühl, anders sein zu sollenwollenmüssen. Doch wenn Sie Ihre gefühlsmäßigen Abhängigkeiten erlauschen, fühlen und sehen, dann kann die Intelligenz Sie berühren. Woher sie kommt, weiß ich nicht. Sie haben sie auch nicht unter Kontrolle, sie taucht auf einmal aus dem Unbekannten auf. Wie ein Blitz ist Ihnen plötzlich klar, was Sie sich mit der AngstGier gerade antun, und schlagartig ist es vorbei damit, vielleicht für immer, vielleicht aber auch nur bis zum nächsten Mal, und dann wieder bis zum nächsten Mal usw. Sie wissen nicht, wann es das letzte Mal sein wird, dass AngstGier auftaucht. Es interessiert Sie nämlich auch gar nicht mehr, ob sie noch einmal wiederkommt, weil Sie mit Intelligenz bei dem bleiben, was aktuell ist.

Intelligenz und Liebe gehören zusammen

Wir sind es gewohnt, mit Begriffen umzugehen, die immer nur einen Aspekt der Wirklichkeit beschreiben. Ohne Begriffe könnten wir uns gar nicht verständigen. Solange unser ganzheitliches Leben nicht selbstverständlich in unserem Bewusstsein ist, kommen wir ohne die begriffliche Unterscheidung von Intelligenz und Liebe nicht aus.

Wenn Sie ungetrübt erkennen, was ist, dann erkennen Sie auch, dass alles miteinander verbunden ist und dass es Ihnen nur gut geht, wenn Sie im Empfinden von Verbundenheit leben. Intelligenz entfaltet unsere Fähigkeit, gut und ohne Angst zu leben. Sie ist das gegenwärtige und lebendige Bewusstsein für Verbundenheit und Liebe. Besser kann ich den Zusammenhang von Intelligenz und Liebe nicht ausdrücken.

Egoismus?

Ich bin ich.
Und ich lebe mich.
Dabei brauche ich dich.
Und du mich.

„Du sollst für uns leben,
dankbar uns nachstreben!"
Eltern machen oft solchen Druck
mit Schlägen oder Liebesentzug.
Sobald du dich selber spürst,
verurteilen sie dich als egoistisches Kind,
so dass du dich wieder verlierst.
Für die eigene Selbstsucht bleiben sie blind.

Diese Erziehung aus alten Zeiten
sollte die Kinder vorbereiten,
in die Fußstapfen der Eltern zu treten
und dabei dieselben Gebete zu beten.
Vielleicht war es nötig in früheren Jahren
der Not, so zu verfahren.
Doch heute, in dieser Zeitenwende,
mit Reichtum und neuen Unsicherheiten,
brauchen wir Kopf, Herz und Hände,
um unser Leben selbst gut zu bereiten.

Wir entdecken das Spüren,
mal laut und mal leise.
Lassen uns nicht verführen.
Sind sehr dumm und sehr weise
auf dem Weg in die künftige Welt.
Ob sie uns wohl besser gefällt?

Ich bin ich.
Und ich lebe mich.
Dabei brauche ich dich.
Und du mich.

Nur das eigene Empfinden ist frei,
es beseitigt den fremden Knebel.
Egoismusvorwürfe sind nur ein Nebel,
zu verschleiern des anderen Ausnutzerei.

In der Bibel steht geschrieben:
Du sollst deinen Nächsten lieben
so wie dich selbst.
Nur, wenn du dir selber gefällst,
brauchst du niemanden mehr zu betrügen.
Dann hast du die Kraft, auch wirklich zu lieben.

Ich bin ich.
Und ich lebe mich.
Dabei brauche ich dich.
Und du mich.

Pegesdorf an der Weser 1998

21 Wer bin „Ich"?

Ich benutze den Begriff „Egoismus" nicht mehr als Kritik an einem Menschen. Es ist ein ideologischer, ein verdorbener Begriff. In den ersten Entwürfen meines Manuskripts habe ich viel darüber geschrieben, als eine Quelle von Angst und Gewalt. Doch als ich dem Geschehen auf die Spur kam, wie wir die eigenen negativen Gefühle an andere immer weiter reichen, wurde mir klar, dass „Egoismus" ein Kampf- und Streitbegriff ist, um anderen Vorwürfe zu machen und Schuldgefühle zu erzeugen. Wenn mir der Vorwurf gemacht wird: „Du bist egoistisch", dann steht dahinter immer das Motiv, mich so ändern zu wollen, wie es der Vorwerfende möchte. Der Begriff unterscheidet nicht zwischen gesunder, lebensnotwendiger Fürsorge um die eigene Person und dem Ausnutzen anderer. Sondern er erzeugt eine Verwirrung im Kopf über die Frage, was egoistisch ist und was nicht, was ich tun darf und was nicht. Aber nur das klare und nicht durch Denken verwirrte Wahrnehmen von dem, was ist, bringt rechtes Handeln mit sich. Ein solches Handeln ist letztlich gut für mich wie für die anderen. Diese Stimmigkeit des Handelns kann ich nur selbst in mir spüren und entdecken und – das gehört unbedingt dazu – wenn ich zugleich bereit bin, den anderen Menschen auch wirklich zuzuhören. Der Begriff „Egoismus" ist überflüssig.

Ihnen wurde beigebracht, dass Sie ein unverwechselbares Individuum sind. Dass Sie aber zugleich auch Teil der Menschheit sind und als Einzelperson gar nicht existieren können, dass Verbundenheit so lebensnotwendig ist wie die Luft zum Atmen, das wurde und wird Ihnen nicht auf eine Weise beigebracht, dass Sie es auch wirklich so empfinden. Solange Sie die Frage nach dem Ich ohne den Bezug zur Verbundenheit und zur Liebe stellen, bleibt es eine quälende Frage, die Sie niemals zur Ruhe kommen lässt. Denn ohne Liebe gibt es darauf keine Antwort.

Das Wort „Ich"

Das Wort „Ich" und seine lateinische Variante „Ego" stiftet so viel Verwirrung und Verunsicherung in unseren Köpfen. Wenn „Ich" nur dafür gebraucht wird, dass die sprechende Person sich selbst *beschreibt*, ist dies völlig unproblematisch: Ich tue dies, ich tue das. Ich habe keine Haare und kein Geld usw. Für den Zweck der Beschreibung brauchen wir selbstverständlich das Wort „Ich".

Doch wenn eine Bewertung hineinkommt (z. B. Ich bin gut oder schlecht), beginnt das Chaos. Was kann, darf, soll, muss Ich und was nicht. Wenn man sich nichts mehr von anderen vorschreiben lässt, wenn man keine moralische Autorität mehr akzeptiert, wird es ganz einfach: Mir geht es gut, wenn ich in gutem Kontakt bin, nicht abgetrennt und isoliert. Also ist doch nichts verkehrt, was für mich und für die anderen zugleich gut ist. Deshalb lasse ich mich nicht ausnutzen und nutze auch andere nicht aus. Das Ich oder Ego ist bedeutungslos. Was wir tun und wie wir leben, ob in Verbundenheit und Liebe oder mit Widerständen dagegen, das ist entscheidend. Nur ich selbst kann das empfinden.

Sie sind nicht, was die anderen über Sie denken

Die wertenden Urteile, die Sie von sich haben, sind die Beurteilungen, die andere direkt über Sie abgegeben haben oder die Sie indirekt, beispielsweise aus Büchern, übernommen haben. Alles, was Sie glauben, was Sie im Inneren sind, sind Meinungen anderer Menschen über Sie, die Sie für sich angenommen haben.

Warum sollten Sie auch von sich aus eine Meinung über Ihr Innenleben haben? Das macht deshalb keinen Sinn, weil Sie doch unmittelbar merken, was mit Ihnen los ist. Die Frage „Wer bin ich?" tauchte ja erstmals auf, als Sie irgendwann wieder einmal verunsichert waren und Angst vor anderen Menschen hatten. Von den Antworten auf diese Frage erhoffen Sie sich, dass Sie dann mit anderen Menschen besser klarkommen, dass Sie sich gegenüber anderen behaupten und dass Sie damit Ihre Zukunftsangst kontrollieren können.

Das Gedankengefängnis der Frage „Wer bin ich"

Sie sind weit mehr als das, was Sie gerade über sich denken. Etwas Lebendiges wie Sie kann nicht festgelegt werden in Begriffen des Denkens. Wenn Sie sich trotzdem fragen, wer Sie sind, dann reduzieren Sie sich durch diese Frage engstirnig auf das Bruchstück des Lebens, das Ihnen in diesem Moment einfällt und Ihnen wichtig erscheint. Wenn Sie sich diese Frage stellen, brauchen Sie sich nicht zu wundern, dass Sie dabei unruhig und unzufrieden sind.

Sie sind Ihre gelebten Beziehungen

Ihre Einzigartigkeit besteht nicht in dem, wer oder was Sie sind, sondern wie Sie leben. In einem Moment sind Sie ein intelligenter Mensch, der voll Liebe handelt.

Im nächsten Augenblick können Sie ängstlich und gierig um Ihr Geld kämpfen. All dies sind Sie. Sie sind Ihre gelebten Beziehungen in Ihrer gesamten Umwelt. Anstatt darüber nachzugrübeln, wer Sie sind, kümmern Sie sich besser darum, wie Sie leben und wie Sie Ihre Beziehungen zur Welt, zu den anderen Menschen und zu Ihrem Körper gestalten.

„Ich" ist nur ein Gedanke

Wenn Sie aufhören, über sich nachzudenken, weil Sie die Unsinnigkeit dessen erkannt haben, dann entstehen auch keine Ich-Gedanken mehr. Die Sorge um die Zukunft und die Angst vor anderen Menschen enden. Damit hört auch die ganze Aufregung um das Ich auf. Es gibt nämlich gar kein Ich als Teil der Person. Mir ist jedenfalls bewusst geworden: Das, was wir üblicherweise für „Ich" oder Ego halten, sind nur GedankenGefühle, die in diesem Moment, in dem Sie über sich nachdenken, im Kopf kreisen. Ich bestehe aus einem Körper, der gut behandelt werden will, und einem Geist, der offen sein kann für alles, was in ihm und um ihn herum geschieht.

Ordnung schließt Kontrolle aus

Wenn Ihr Geist sich aus seiner Selbstbezogenheit, aus seinem Ich-Grübeln gelöst hat, haben Sie eine innere Ordnung. Ihr Geist arbeitet nun ungestört. Sie wollen dann andere nicht mehr kontrollieren und richten sich auch nicht mehr an anderen aus. Sie bemerken auch jeden Manipulationsversuch. Jede neu aufkommende Störung der Ordnung wird unmittelbar geklärt. Wenn die Störung nicht sofort beendet werden kann, verbleiben Sie in der Beobachtung, bis es sich irgendwann in Ihnen klärt, und flüchten nicht mehr in die Ich-Denkerei mit all dem „Wer bin ich?" und „Was wird aus mir?".

Meditation

Eine Meditation, in der Sie mit Hilfe einer Technik den Geist zur Ruhe zwingen, ist keine wirkliche Meditation, sondern eine Methode, um vorübergehend einmal Ruhe vor der Denkerei zu haben. Sie führt zu einer Einengung des Geistes durch Konzentration und Anstrengung, aber nicht zu seiner Befreiung. In einer solchen Meditation wird nichts geklärt und bereinigt. Anschließend ist alles beim Alten. Sie füttern nur die Illusion, Sie hätten etwas für Ihren Geist getan.

Wahre Meditation ist dagegen Teil des Lebensalltags. Es ist vollständige und reinigende Achtsamkeit für die ganze innere und äußere Bewegung des Lebens in der Gegenwart, in der das Denken ein Ende findet, weil seine Rastlosigkeit und Unsinnigkeit empfunden wurde.

Falls Sie mehr oder weniger regelmäßig meditieren: Was geschieht dann tatsächlich mit Ihnen? Erleben Sie es als eine mühsam erkämpfte Ruhepause des Denkens, oder spüren Sie eine innere Veränderung ohne jede Anstrengung mit Nachwirkungen im Alltag?

Erleuchtung – gibt es sie?

Wer wünscht sich nicht einen Zustand von dauerhafter innerer Harmonie und Glück? Wenn Sie gehört haben, dass es diesen Zustand geben soll, der im Osten als Erleuchtung beschrieben wird und im christlichen Westen als Gotteserfahrung, dann entsteht leicht der Wunsch nach diesem außergewöhnlichen Zustand ohne den ganzen Lebenskampf mit Angst, Gier und Stress.

Ich kann beschreiben, was ich selbst erfahren habe und was einige Menschen mir geschildert haben. Andere können vielleicht ganz andere Erfahrungen darüber berichten.

Es gibt einen Zustand völliger Harmonie, in dem kein Erinnern und kein Denken stattfindet. Was immer man anschließend darüber sagt, trifft nicht wirklich das, was geschehen ist, so wie man mit der Beschreibung eines Rezepts auch nicht den Geschmack der Speise vermitteln kann. Der Zustand kann Sekunden bis viele Monate andauern und sich dabei laufend verändern.

Man kann diesen Zustand nicht selbst erzeugen, auch nicht durch noch so viele Anstrengungen und Übungen. Er ist ein überraschendes Geschenk aus unbekannter Quelle. Vielleicht (?) berührt er uns leichter, wenn das Kreisen in der eigenen Gedankenwelt endet. Wenn wir das Denken beenden wollen, damit Erleuchtung möglich ist, dann ist das auch nur ein weiterer belastender Gedanke.

Es ist absurd, aus dieser Erfahrung ein Geschäft zu machen. Wer daran verdienen will, ist nicht erleuchtet. Wenn die „spirituellen Meister" ihren Schülern eine dauerhafte Erleuchtung in Aussicht stellen, setzen sie nur auf den spirituellen Aspekt der AngstGier ihrer Schüler. In vollständiger Gegenwärtigkeit gibt es keine Frage nach der Dauer und auch keine spirituellen Meister-Schüler-Verhältnisse. Das ist mir jedenfalls bewusst geworden.

Wir können uns bewusst um unser Leben im Innen und im Außen kümmern, damit wir ohne Angst und Gier und in Verbundenheit und Liebe leben. Was immer dann geschieht, ist gut. Ob und ab wann wir das für Erleuchtung halten, finde ich unwichtig. Ich möchte niemanden auf die Suche in den Irrgarten, genannt Erleuchtung oder Gotteserfahrung, schicken.

Wer oder was ist das, was uns handeln lässt?

Nehmen Sie sich wichtig? Das Gegenteil ist der Fall. Sie sind wichtig. Deshalb ist es Unsinn, sich wichtig zu nehmen …

Wie selbstverständlich glauben Sie, dass Sie handeln. Was aber treibt Ihr Handeln an? Wo kommt die Energie zum Handeln und Denken her? Woher weiß Ihr Gehirn, dass es Ihnen am besten geht in Verbundenheit und Liebe, so dass ein entsprechendes Nervensystem aufgebaut wurde? Offenkundig gibt es eine Kraft, die hinter Ihrem persönlichen Handeln steht. Ich kann und will sie nicht definieren. Aber um darauf hinweisen zu können, mache ich Ihnen Angebote für die Benennung dieser Kraft: Gott oder das Göttliche, die Liebe, die Intelligenz des Lebens, die pure Lebensfreude, Energie, die Kraft der Natur. Sie können gern weitere Namen hinzufügen. Der Name aber ist für mich unbedeutend, auch wenn sich Philosophen, Wissenschaftler und Theologen seit Generationen darüber streiten. Ich nenne es hier das Unendliche.

Für mich ist entscheidend zu begreifen, dass mein Gehirn nicht einmal das eigene Handeln in der Hand hat, geschweige denn das, was draußen geschieht. Mit dieser Einsicht kann ich mich nicht mehr wichtig nehmen.

Zugleich wird aber auch deutlich, dass das Unendliche durch mich handelt. Offenkundig bin ich zwar nicht für mich, aber für das Unendliche von Bedeutung, sonst würde es mich nicht geben. Und woher weiß ich, dass diese Aussage nicht nur eine weitere philosophische Spekulation ist? Ganz einfach, weil mein Nervensystem diese Kraft empfindet: Es geht mir gut, wenn ich Verbundenheit spüre, und schlecht, wenn ich sie nicht spüre. Wir alle kennen dieses Empfinden.

Also werde ich doch alles daransetzen, in Kontakt mit der Liebe zu bleiben oder den Kontakt wiederherzustellen, wenn er gestört ist. Mein Wohlbefinden ist anscheinend Ausdruck oder Wille oder Plan oder Vorsehung des Unendlichen, das einen solchen Geist und ein solches Nervensystem hat entstehen lassen. Aber bitte machen Sie daraus kein ausgedachtes, neues Weltbild. Leben Sie einfach Ihr Leben gut.

TEIL VIII
Raus aus dem Gefängnis
von Psyche und Gesellschaft

Eine Selbsterkenntnis, die nicht ein neues Handeln und eine andere Art zu leben mit sich bringt, ist gar keine Selbsterkenntnis. Wenn wir nur eine neue Idee aufgreifen, die uns gefällt, beispielsweise wenn wir aus Andersleben eine Idee machen, dann dient diese Idee dazu, die alten Muster zu stabilisieren. Man tröstet sich gedanklich damit, etwas Besseres im Kopf zu haben, als die unbequeme und unangenehme Wirklichkeit.

In diesem letzten Teil schreibe ich nach den ersten drei Kapiteln über Gewalt, Konkurrenz, Intelligenz und Aggression vor allem über die Konsequenzen, die meine Einsichten auf das Miteinanderleben haben.

Ein Leben in Verbundenheit ist lebensnotwendig. Wenn der innere Stoffwechsel des Organismus und der Stoffwechsel mit der Außenwelt endet, so ist dies der Tod des Organismus. Wenn das individuelle Empfinden der Verbundenheit vollständig endet, kann der Mensch auf Dauer nicht weiterleben. Entweder stirbt der Körper an der fehlenden physischen Energie. Oder die Person bringt sich aufgrund des unerträglichen Empfindens von fehlender Verbundenheit irgendwann um. Selbstmord ist die Lösung aus dem Zustand vollständiger Einsamkeit, ohne Hoffnung, dass dieser Zustand aufhören kann. Solange noch irgendwie Verbundenheit gespürt wird, ist der Selbstmordversuch ein Schrei nach mehr Verbundenheit. Das Ausmaß der Störung der Verbundenheit kann aber niemand von außen, sondern nur der/die Betroffene selbst beurteilen.

Ich habe den Eindruck, dass wir mit der Zerstörung unserer Verbundenheit unter uns Menschen und mit der Natur immer mehr kollektive Selbstmordversuche machen, die jetzt schon enorme Schäden anrichten.

Die Verbundenheit ist unauflöslich gekoppelt mit der Gegenwärtigkeit. Sie existiert nur im Jetzt und nicht in der gedanklichen Vorstellung von Gestern oder Morgen. Die Klagen und Befürchtungen, was wir künftigen Generationen hinterlassen, klingen ethisch wertvoll. Ich sehe sie nur als einen verhüllenden Schleier für unser heutiges Verhalten, das Menschen und Natur jetzt zerstört. Wir müssen uns den Tatsachen zuwenden, wie wir heute leben, und nicht den Ängsten, Befürchtungen und Hoffnungen für morgen.

Die Störungen der Verbundenheit verlangen zwingend Korrekturen. In der Einführung habe ich geschrieben: „Es ist erforderlich, dass wir erstens uns nicht mehr von der Angst vor der Zukunft und dem Tod blenden lassen, sondern lebendig in der Gegenwart leben und dass wir zweitens uns von der Angst vor den anderen Menschen befreien und sie nicht mehr kontrollieren, beeinflussen oder verändern wollen." Der Versuch, andere Menschen gemäß unseren Vorstellungen verändern zu wollen, zerstört die positive Verbundenheit. Und das auch dann, wenn wir vermeintlich das Gegenteil beabsichtigen, nämlich den anderen „zu seinem Guten" verändern zu wollen. Wir können doch einfach handeln, ohne vorher Berechnungen über den anderen anzustellen. Zum zweiten zentralen Punkt: Mit dem Grübeln über die Vergangenheit und dem sorgenvollen Denken an die Zukunft verliert unser Empfinden den Kontakt zur Gegenwart, dem einzigen Zustand, in dem wir tatsächlich sind. Jeder und jede kann heute aufhören, über sich und andere Menschen nachzudenken und sich Sorgen um Morgen zu machen – und sich seinem Leben zuwenden.

22 Körperliche und psychische Gewalt

Manche Leute behaupten, dass psychische Gewalt schlimmer sei als körperliche. Schauen wir einmal genauer hin, was es mit der Gewalt auf sich hat.

„So wie ich bin, darf ich nicht sein"

Mit der ersten Strafe, die wir erlebt haben, trat die Gewalt in unser Leben. Ein Verhalten, das wir als kleines Kind gezeigt haben, war bei den Erwachsenen unerwünscht. Uns wurde auf die Finger oder auf den Popo gehauen. Oder es wurde beispielsweise gesagt: „Wenn du damit nicht aufhörst, geht Mama weg und lässt dich allein." Oder, oder, oder.

Das, was unser Gehirn aufgezeichnet hat, war das Erleben: „Ich soll anders sein, als ich bin." Von diesem Augenblick an wurden wir in bestimmten Situationen ein Mensch aus zweiter Hand, nämlich jemand, dessen Verhalten von der Angst vor anderen gesteuert wird.

Die Drohung der Eltern ist mächtig

„Ein Klaps auf den Hintern hat noch niemandem geschadet." Irrtum. Wenn ein kleines Kind geschlagen wird, erfährt es das Getrenntsein. Es fühlt sich allein in einer feindseligen Umgebung. Das gilt für leichte Schläge genauso wie für schwere Prügelei. Nur die Intensität dieser Erfahrung des Alleinseins ist unterschiedlich.

Wieso behaupten wir eigentlich, dass Schläge Kindern nicht schaden? Wir haben doch am eigenen Leibe erfahren, wie schlimm es ist, überhaupt geschlagen zu werden.

Schon die Androhung von Vater oder Mutter: „Wenn du nicht gehorchst, dann lasse ich dich allein", löst das Entsetzen aus. Vermutlich hat jeder schon das Schreien kleiner Kinder auf der Straße erlebt, weil die Mutter damit droht, wegzugehen, wenn das Kind nicht gehorcht. Vielleicht haben wir sogar selbst schon einmal aus Hilflosigkeit so etwas gesagt. Verlassen werden bedeutet für ein kleines Kind die reale Gefahr, zugrunde zu gehen. Es spürt, dass Liebe, Schutz und Versorgung durch Ältere lebensnotwendig sind. Die Erfahrung von Trennung und Gewalt ist prägend für das ganze Leben.

Das Kind spürt genau, was der Erwachsene will

Jedes Kind muss auf Gefahren aufmerksam gemacht werden und notfalls auch mit körperlichem Zwang davor geschützt werden, beispielsweise achtlos über eine Straße zu laufen. Auch wenn das Kind ganz klein und noch nicht für logische Erklärungen empfänglich ist, so spürt es doch, ob entweder Fürsorge und damit Liebe oder Genervtsein und damit Trennung die Zwangsmaßnahme der Eltern bestimmt. Wenn es älter wird und zu begreifen beginnt, durchschaut es die Motive der Eltern genau, viel genauer, als die meisten Eltern ahnen.

Intelligenz unterscheidet Gewalt von notwendigem Zwang

Wenn das Kind irgendwann begriffen hat, dass eine Zwangsmaßnahme notwendig war, dann hat es kein Problem damit, sich entsprechend zu verhalten. Es läuft von sich aus nicht mehr achtlos über eine Straße. Die Intelligenz des Organismus hat die realen Gefahren erkannt und geht damit entsprechend um. Eine gute Anleitung der Erwachsenen aus einer liebevollen Haltung heraus hat dabei geholfen.

Bestrafung und Belohnung behindern Intelligenz

Diese Überschrift ist keine Provokation, sondern Wahrheit. Wenn das Kind die Notwendigkeit einer Zwangsmaßnahme nicht einsieht, wird es das gewünschte Verhalten auch nicht zeigen. Wenn die Eltern dann Belohnung und Bestrafung einsetzen, wird das Kind sich vielleicht entsprechend verhalten. Aber nicht aus Einsicht, sondern um nicht bestraft zu werden oder um eine Belohnung zu erhalten. Anstelle der Auseinandersetzung mit der Realität mit Unterstützung der Eltern treten jetzt Angst vor Bestrafung und Gier nach Belohnung. Die Einsicht in lebensnotwendige Zusammenhänge, der Kontakt zur Intelligenz, wird nicht gefördert, sondern zerstört. Dies gilt auch für Eltern, die „alles für die Kinder" tun, und damit den Kindern den Raum beschneiden, eigene Erfahrungen zu machen und sich selbst zu vertrauen. Im Kapitel 17 habe ich ausführlicher darüber geschrieben.

Psychische Gewalt ist Androhung realer Gewalt

Künftig braucht nur noch eine Gewaltdrohung in der Luft zu liegen, und schon verhält sich das Kind entsprechend mit Anpassung, Flucht oder Rebellion. Seine Wahl hängt davon ab, welche Möglichkeiten es in diesem Moment hat. Schon die Worte eines anderen reichen, um die Gewalterinnerung von früher zu aktivieren, sofern das Kind dies dem Drohenden auch zutraut. Sie wirken auch für uns Erwachsene weiter bis an das Lebensende, wenn wir dies nicht durchschauen. Psychische Gewalt ist also die gedanklich-gefühlsmäßig wahrgenommene Gewaltandrohung auf der Grundlage früherer Erfahrungen. Ohne diese Erfahrungen wären verbale Bedrohungen nur leere Worte. Es ist allerdings zu berücksichtigen, dass es viele Varianten von realer Gewalt auch ohne körperliche Strafen gibt. Wenn ein Mensch beispielsweise vor anderen ausgelacht wird, so ist dies eine Ausgrenzung aus der Gemeinschaft. Die Ausgrenzung stellt eine reale Bedrohung für das weitere Leben dar und ist deshalb eine reale Gewalttat.

Unerträgliche Angst wird zu Gewalt

In der AngstGier ist also eine Energie gebunden, die uns nach einer schrecklichen Erfahrung hin zur Verbundenheit im Jetzt führen will. Wenn wir dies nicht verstehen, weil wir als Kinder zu klein waren, negative Erfahrungen zu verarbeiten, und auch als Erwachsene blind bleiben für diese Zusammenhänge, dann sammelt sich diese Energie immer mehr an. Wenn es schließlich unerträglich wird, müssen wir reagieren. Dann suchen wir durch Aggressivität eine negative Verbundenheit. Denn ohne Verbundenheit zu leben, geht gar nicht. Aggressivität ist also der unbewusste Schrei: „Wenn es für mich keine Liebe gibt, nehme ich eben auf diese Weise am Zusammenleben teil." Wenn der aggressive Weg nach außen versperrt ist, weil die Angst davor zu groß ist, richtet sich die Aggression nach innen: „Wenn ich mich selbst schädige, mich schneide, mich „fettfresse" oder betrinke, dann spüre ich mich wenigstens und nicht mehr das unerträgliche Gefühl des Abgetrenntseins."

Die Kette der Gewalt

Menschen, die stärker sind als Kinder, nutzen ihre Macht, um Kinder nach ihren Vorstellungen zu steuern. Dem Erwachsenen ist meist gar nicht bewusst, dass er sich selbst im gefühlsmäßigen Chaos befindet: Seine Fürsorge für das Kind ist im Konflikt mit anderen Bedürfnissen, die anscheinend durch das Kind gestört werden. Auch Eltern, die alles für das Kind tun und sich selbst dabei vergessen, geraten irgendwann in Schwierigkeiten. Der Konflikt zwischen den eigenen Bedürfnissen und denen des Kindes wird nicht auf eine gute Weise gelöst. Mit der Vorstellung, dass das Kind selbstverständlich erzogen werden muss, wird dieser Konflikt auf Kosten des Kindes zugedeckt. Das verbirgt sich oft hinter dem Begriff „Erziehung", die auf Belohnung und Bestrafung aufbaut.

Für das Kind ist die Bestrafung die Geburtsstunde der Erfahrung von Gewalt. Auch Belohnungen sind, wie dargestellt, eine höchst subtile Form von Gewalt. Heute schlägt sie als Tyrannei der Kinder gegenüber den Eltern zurück, wenn die Kinder mit allen ihnen zur Verfügung stehenden Mitteln die gewohnten Belohnungen erzwingen wollen. Die Erfahrung von Gewalt, die enorme Angst erzeugt hat, wird häufig verdrängt, da es für das Kind nicht anders zu ertragen war. Mit der Verdrängung wird die Gewalterfahrung im Bewusstsein bagatellisiert: „Es war doch alles nicht so schlimm." Die Folgen sind: Gehorchen aus Angst, Widerstandleisten gegen die Gewalt und schließlich Gewalt gegen andere, gegen sich selbst und später gegen die eigenen Kinder – und außerdem all das Herunterspielen und Rechtfertigen von Gewalt und Krieg, ohne die Angst dahinter zu sehen. An die endlose Kette der Gewalt, auf der wir große Teile der gesellschaftlichen Organisation aufbauen, wurde ein neues Individuum gefesselt. Wer die Kette der AngstGewalt in den eigenen Gedanken, Gefühlen und in seinem Verhalten entdeckt, wird sie nicht weiter verlängern, sondern sich daraus befreien.

Missbrauch und Moral

Dreieinhalb Jahre alt.
Großvater tat ihr Gewalt.
Großmutter verbot ihr das Wort.
So ging der Schrecken nicht fort.

Sprachlos im Herzen sie trug
verborgenes Wissen, für ein Leben genug:
Trennt sich des Körpers Lust
vom liebenden Herz in der Brust,
entstehen Leiden und Not,
nicht zu stillen durch Geld oder Brot.

Die Frau sprach ein wenig vom kindlichen Wissen.
Ihre Gefühle wurden erneut zerrissen.
„Die arme Frau", sagt jetzt die Moral,
„ist ja kaputt!", nur Mensch zweiter Wahl.

Wir können die Wahrheit im Missbrauch nicht sehen,
solange wir selbst Lust und Liebe verdrehen,
nicht auf die eigenen Nöte achten,
den Missbrauch anderer mit Grausen betrachten,
mit Mitleid beladen sie unter uns drücken.
Die Moral will sich immer nur selber beglücken.

Die Frau fühlt sich schlecht und wird so behandelt,
zur gestörten Persönlichkeit umgewandelt.
Als die Frau dies endlich in Schmerzen erkennt,
sie von Moral, Selbsthass und Mitleid sich trennt.
Die uralte Weisheit gibt ihr den Segen:
Lass Geist, Herz und Körper jeden Tag neu als Einheit erbeben!

Dortmund, 2005

23 Intelligenz oder Konkurrenzdenken

Konkurrenzdenken ist nicht intelligent. Es ist ein Produkt der Unwissenheit, genauer gesagt, des Nichtwissens und der Nichtberücksichtigung der allseitigen Verbundenheit und ein Ausfluss der AngstGier. Es zielt auf einzelne persönliche und kurzfristige Vorteile und erfasst nicht das Entscheidende unserer Lebenszusammenhänge. Konkurrenz scheint *ein* Element der tierischen Vergangenheit in unserer Evolutionsgeschichte zu sein. Indem wir aber gerade die Konkurrenz hervorheben, übersehen wir die enorme Harmonie und Vielfalt in der Natur, in der alles miteinander verbunden und aufeinander angewiesen ist.

„Konkurrenz ist doch unsere natürliche Grundlage"

In den Medien und in den öffentlichen Diskussionen von Politikern, Vertretern der Wirtschaft und Wissenschaftlern erscheinen die Konkurrenz und der Wettbewerb als die selbstverständliche Grundlage sinnvollen Wirtschaftens und wirtschaftlichen Fortschritts. Tagtäglich hören wir, dass „unsere Unternehmen" und „unser Land" nach vorn gebracht werden müssen, damit „wir" konkurrenzfähig sind. Ich weiß nicht, wie viele Menschen in der gesamten Bevölkerung diese Auffassung teilen. Aber wer will nicht nach vorn kommen? Wer hat nicht Angst, zurückzubleiben? Wer reibt sich nicht im Konkurrenzkampf auf?

„Es ist doch natürlich, dass der Stärkere überlebt und der Schwächere untergeht!" So wird von den Anhängern des Konkurrenzdenkens argumentiert, wenn diese Fragen aufkommen. Wenn das Konkurrenzprinzip tatsächlich das dominierende Prinzip in der Natur wäre, dann würden nur wenige starke Arten übrig bleiben. Das Gegenteil ist der Fall: In der Natur gibt es eine solche Fülle von Arten und Formen. Das spricht doch dafür, dass die Kraft des Lebens vor allem Reichtum, Vielfalt und Kooperation hervorgebracht hat.

Konkurrenz dient der Spezialisierung

Konkurrenz kann sich immer nur auf einen Bereich des Lebens beziehen. Nur dann ist ein Vergleichen möglich. Jede Vogelart beispielsweise hat sich mit ihrer Schnabelform auf eine bestimmte ökologische Nische spezialisiert und behauptet sich auf diese Weise in der Nahrungskonkurrenz. Jeder Fachmann ist für seinen Beruf spezialisiert und muss sich gegen Wettbewerber seines Faches durchsetzen. Die

Konkurrenz hat enorme Entwicklungen ermöglicht. Doch sowohl der Vogel wie auch der Fachmann sind auf ein intaktes Umfeld angewiesen. Das ist grundlegender als die Konkurrenz, weil es für das Leben überhaupt notwendig ist. Wenn das Umfeld zerstört ist, nutzen allen Spezialisten die besten Fähigkeiten nichts mehr.

In der Fußballmannschaft gibt es beispielsweise die Konkurrenz der Spieler darum, wer aufgestellt wird und wer auf der Bank bleiben muss. Entscheidungsgrundlage sind die speziellen individuellen Fähigkeiten und wie sie am besten in die Spielanlage passen. Die Konkurrenz der Spieler muss sich also dem gemeinschaftlichen Spiel unterordnen, ansonsten gibt es kein gutes Team und kein gutes Spiel. Es ist so banal und trotzdem von außerordentlicher Bedeutung:

Die Konkurrenz hat sich der Gemeinsamkeit unterzuordnen, sonst wird sie zerstörerisch, im Kleinen wie weltweit.

Je mehr sich die gesellschaftlichen Strukturen an der Vermehrung des Geldes ausrichten, desto mehr dominiert die Konkurrenz. Die besondere Spezialisierung, die die Konkurrenz in unserer Gesellschaft herausgebildet hat, ist die zerstörerische Fähigkeit der Geldvermehrung zum individuellen Vorteil.

Kooperation vervielfältigt unser Leistungsvermögen

Das einzelne Individuum kann mit seinem Überlebenskampf nicht die Lebensgrundlage für viele sichern. Es kann sie auch nicht zerstören. Wenn aber viele Menschen kooperieren, entfalten sie eine weitaus größere Macht als die Summe der einzelnen Menschen. Wird die Kooperation den Machtinteressen untergeordnet und nur zu dem Vorteil Weniger oder Einzelner genutzt, dann entzieht und zerstört sie die Lebensgrundlage für die Vielen. Die AngstGier der Menschen hat den Aspekt der Konkurrenz, wie er in der Natur vorkommt, als Rechtfertigung für rücksichtsloses Verhalten in den Mittelpunkt gestellt. Nicht die Konkurrenz in der Natur, sondern unser alles beherrschendes Konkurrenzdenken, das die menschliche Kooperationsfähigkeit ausbeutet, vernichtet die Vielfalt der Arten auf der Erde und zerstört die Lebensgrundlage für die Menschen.

Die unglaublichen Fähigkeiten der Menschheit – wozu?

Die Kooperation in Wissenschaft und Technik, in der Kommunikation und im Verkehrswesen hat weltweit eine erstaunliche Dichte angenommen und befähigt die

Menschheit zu unglaublichen Leistungen. Heute sind die Vorausetzungen dafür gegeben, dass alle Menschen auf der Welt ohne Hunger und ohne Mangelkrankheiten leben und sich kulturell entfalten könnten. Wir besitzen heute aber ebenso die Fähigkeit, die Lebensgrundlage der Menschheit oder für große Teile der Menschheit auf diesem Planeten zu zerstören: durch die Gentechnologie, durch die chemische und atomare Vergiftung der Erde und der Lebensmittel, durch die Zerstörung von Wäldern und Böden, das Aufheizen des Klimas oder auch durch die Ausbeutung der Arbeitskräfte, deren Lebensstandard im Durchschnitt immer weiter sinkt.

Gehen wir den Weg der Zerstörung weiter?

Das individuelle Konkurrenzstreben nutzt die enormen Kräfte, welche die Kooperation ermöglichen, mit aller Raffinesse zum persönlichen Vorteil. Wir alle sind mehr oder weniger so erzogen, dass wir Ausbeutung und Krieg gegeneinander wie selbstverständlich hinnehmen oder gar betreiben. Das akzeptieren wir natürlich nur solange, wie wir selbst nicht davon betroffen sind. Die Kluft zwischen den in der Konkurrenz Stärkeren und den Schwächeren wird immer größer. Wer merkt schon, dass das Konkurrenzdenken von uns allen zur Zerstörung führt? Die Begriffe von Konkurrenz und Wirtschaftswachstum werden unablässig schöngeredet. Wer das meiste Kapital anhäuft, hat am meisten zu sagen und sorgt dafür, dass sein Reichtum weiterhin möglichst am schnellsten wächst. Dafür bekommt er die höchste gesellschaftliche Anerkennung. Wenn die Aktien steigen, wird gejubelt. Niemand prüft, ob diese „Erfolge" durch die Verschlechterung der Arbeitsbedingungen, durch das finanzielle Ausnehmen der Konsumenten und durch die Zerstörung der Umwelt erzielt wurden.

Konkurrenzdenken erzeugt Verfall

Wenn Menschen sich im Interesse an einer Sache gemeinsam engagieren, sind sie die Träger der Kooperation. Wenn Menschen sich im Interesse am persönlichen Gewinn oder Vorteil auf Kosten anderer engagieren, sind sie Träger der Konkurrenz. Sie zerstören die Kooperation. Je mehr die Konkurrenz treibende Kraft des Handelns ist, desto schlechter funktioniert die Kooperation. Mitarbeiter in vielen Unternehmen berichten über die systematische Zerstörung guter Zusammenarbeit durch Manager, die nur den kurzfristigen Profit und ihre Bonuszahlungen im Auge haben. Wenn jede Abteilung, jeder Vorgesetzte dann in der Folge auch nur an sich denkt, wird der eigene Druck zugleich an andere, meist die Untergeordneten, weitergegeben. Wenn auf dieses Weise jeder Mitarbeiter in die gleiche Denkweise hineingezwungen wird, verliert das Unternehmen zunehmend sein Potential optimaler Zusammenarbeit. Die Zerstörung von Verbundenheit ist für alle Beteiligten ungesund. Kein Wunder, dass die Zahl der Menschen mit beruflich bedingtem Burnout steigt. Gegenwärtig wird viel und erfolglos darüber geredet und geschrieben – und immer mehr Menschen sind betroffen. Aber die Wurzeln, die in der gnadenlosen Konkurrenz liegen, werden nicht ernsthaft in Frage gestellt. Diese zerstörerische Entwicklung durch die Konkurrenz geschieht nicht nur in den Unternehmen. Europa wird auf der Grundlage von Konkurrenz untereinander und gegen den Rest der Welt niemals einig sein. Die Konkurrenz findet auch in der Nachbarschaft und in den Familien statt, wenn jeder nur seinen Vorteil sucht.

Wer steigt aus dem Krieg „jeder gegen jeden" aus?

Wer den Mechanismus der AngstGier bei sich selbst nicht durchschaut hat, kann sich auch nicht aus der Zerstörung der Kooperation und aus seiner damit verbundenen Vereinzelung und Vereinsamung befreien. Er oder sie wird zwangsläufig im gesellschaftlichen Strom der Konkurrenz mitgerissen. Intelligenz erkennt die Zusammenhänge. Doch sie wird durch Propaganda und Mitkonkurrieren blockiert. So bleibt die Unwissenheit oder geistige Blindheit des Konkurrenzdenkens erhalten.

Überleben in der Konkurrenzgesellschaft

Die Konkurrenzgesellschaft mit der Herrschaft über die Kooperation ist eine Tatsache. Jeder muss erkennen, wie er/sie sich dazu stellt. Unternehmer und Gewerkschafter beispielsweise unterliegen in materieller Hinsicht den Gesetzmäßigkeiten der Konkurrenz. Sie müssen sich entsprechend verhalten, um selbst nicht unterzugehen. So ergeht es aber jedem einzelnen Menschen, der in einer Konkurrenzsituation seinen Lebensunterhalt sichert.

Die reale Konkurrenzsituation ist eine Tatsache in der äußeren Welt. Das Konkurrenzdenken ist eine ganz andere Angelegenheit, nämlich eine Tatsache in unserer inneren Welt. Die Konkurrenzsituation verlangt naturgemäß unsere Antwort. Welche geben wir ihr? Müssen wir uns mit der äußeren Konkurrenzsituation identifizieren und innerlich im Konkurrenzdenken mitmachen und auch gefühlsmäßig in der Konkurrenz mitmischen? Müssen wir diese gesellschaftlichen Konkurrenzverhältnisse auch noch verteidigen? Müssen wir uns wirklich in jeder Lebenslage der Konkurrenz ausliefern? Müssen wir die Lüge unterstützen, die Konkurrenzgesellschaft wäre lebensnotwendig? Diese Fragen kann sich jeder stellen, der spürt, dass etwas grundlegend faul ist in unserem Zusammenleben.

Wo immer es möglich ist, können wir bewusst die Tür öffnen für ein kooperatives Leben. Vielleicht finden wir dann nicht die Anerkennung der Vorgesetzten und in der Gesellschaft. Vielleicht haben wir nicht soviel gesellschaftlich anerkannten Erfolg wie andere. Aber vielleicht geht es uns dann auch wesentlich besser.

Eine neue Gemeinsamkeit ohne Konkurrenzdenken kann sich unter uns entfalten, wenn wir uns aus der gefühlsmäßigen Abhängigkeit vom Geld befreien, wenn wir unerschütterlich erkennen, dass die geschaffenen Werte dem Leben aller Menschen zugute kommen müssen. Dies kann jeder Mensch für sich klären. Die Herausforderung der Umgestaltung der äußeren Konkurrenzverhältnisse vermag nicht der Einzelne, sondern das können wir nur in einer universalen Kooperation bewältigen. Gemeinsam haben wir unser Wirtschaftssystem gestaltet, gemeinsam müssen wir es auflösen, damit sich wirkliche Kooperation entfalten kann.

Kann das Konkurrenzdenken enden?

Die menschliche Kooperation hat ihre Grundlage in der sich entfaltenden Intelligenz, die sich darin zeigt, dass ein Bewusstsein von Verbundenheit besteht. Wenn es stimmt, dass sich in der Evolution die besser angepasste, also intelligentere Lebensart durchsetzt, dann wird die Dominanz des Konkurrenzdenkens durch die bewusste und aktiv gestaltete Kooperation abgelöst werden. Hoffentlich bald. Welche Zerstörungen, wie viel Leid mag das Konkurrenzdenken bis dahin noch anrichten? Welche Freude können wir trotz der bestehenden Konkurrenzgesellschaft in Liebe, Verbundenheit und Kooperation zusammen erleben? Setzen wir unsere Lebensenergie für ein solches sinnvolles kooperatives Leben ein?

24 Aggressionen

Unsere Aggressivität ist die Ursache dafür, dass wir Menschen und Natur zerstören. Können wir damit aufhören? Oder geht dies weiter, bis wir unsere Lebensgrundlage vernichtet haben? Sind Aggressionen immer zerstörerisch oder sind sie nicht auch lebensnotwendig? Wenn wir diese Zusammenhänge erfassen wollen, müssen wir die Aggressivität gründlich verstehen.

Aggressivität ist ein geistiger und gefühlsmäßiger Zustand, in dem ich mich – zu recht oder auch zu unrecht – bedroht fühle und deshalb aggressiv werde und Aggressionen versprühe. Es ist ein grundsätzlicher Unterschied, ob ich tatsächlich bedroht werde und mich zu schützen versuche. Das nenne ich Selbstschutz und nicht Aggressivität. Oder ob ich mich in meinen AngstGier-Bedürfnissen bedroht fühle. Da geht es nicht um Selbstschutz, sondern um die Verteidigung meiner Wunschvorstellungen und Ängste. Das bezeichne ich als Aggressivität. Ob in mir Selbstschutz oder Aggressivität aktiv ist, verlangt völlig unterschiedliche, ja gegensätzliche Reaktionen. Doch in meinem Kopf sind Selbstschutz und Aggressivität erst einmal fürchterlich vermengt, weil sie sich oft so ähnlich anfühlen. Solange ich Selbstschutz und Aggressivität nicht zu unterscheiden vermag, bin ich auch Aggressionen anderer hilfloser ausgeliefert und lasse mich leichter unterdrücken, ausbeuten und in die Irre führen. Und ich handele selbst aus blinder Aggression heraus.

Beides, sich unterdrücken lassen genauso wie andere zu unterdrücken, füttert die Spirale der Aggressivität unter den Menschen.

Auf den ersten Blick erscheint es sehr kompliziert, wenn nicht gar unmöglich, Selbstschutz und Aggressivität zu trennen. Aber wenn das Grundlegende klar ist, ist es sehr einfach. Die Einsichten aus den vorherigen Kapiteln helfen beim Verstehen unserer aggressiven Mechanismen.

Trennung erzeugt Aggressivität

Da unsere Existenzgrundlage, unser Stoffwechsel mit der Außenwelt, auf Verbundenheit angewiesen ist, empfinden wir eine unangenehme Störung, wenn wir uns getrennt von den Mitmenschen fühlen. Wir spüren dann in uns die Energien, die der Organismus bereit stellt, damit die Verbundenheit wieder hergestellt wird. Wenn die Verbundenheit anhaltend gestört bleibt, entsteht Aggressivität in uns. Dann wollen wir den „Feind", der unseren guten Stoffwechsel, unsere Verbundenheit beeinträchtigt, bekämpfen.

Allerdings: Wen wir als „Feind" betrachten, hängt nicht davon ab, wer die Verbundenheit tatsächlich gestört hat, sondern wen wir dafür verantwortlich machen. Der „Feind" kann eine andere Person oder eine Gruppe von Menschen sein. Es können auch Gegenstände oder äußere Umstände sein, denen wir die „Schuld" für unsere Aggressivität zuschreiben. Und nicht selten sehen wir in uns selbst den

„Feind", weil wir „so blöd" waren, diese unangenehme Situation mit dem Gefühl von Getrenntsein zu schaffen.

Ich benutze das Wort „Feind", um deutlich zu machen, dass wir uns wirklich bedroht fühlen. Das kann auch eine Person sein, die wir selbst überhaupt nicht als „Feind" bezeichnen würden. Manchmal ist es sogar der Mensch, den wir meinen zu lieben. Zur Aggressivität gehört also zugleich das Empfinden von Bedrohung und Feindseligkeit.

Alle Energie für Verbundenheit und Selbstschutz!

Selbstschutz ist die Verteidigung der physischen Lebensgrundlage, also der Schutz des Körpers und unserer materiellen Existenzgrundlagen. Selbstschutz ist „eigentlich" nicht sehr kompliziert.

Mit Aggressionen wollen wir unsere Vorstellungswelt verteidigen, also das Bild, das wir von uns selbst und von den anderen und der Welt haben. Das ist uns deshalb so wichtig, weil wir unsere Vorstellungen vom Leben, von Richtig und Falsch, durch Erfahrungen von Leid, Schmerz und guten Erlebnissen über viele Jahre zu unserem Selbst- und Weltbild zusammengebastelt haben. Das gibt man nicht so schnell auf, wenn es angegriffen wird. Unsere Gedankenwelt selbst ist schon voll Aggressivität, nicht erst, wenn sie angegriffen wird. Denn wir wollen, dass die anderen sie bestätigen, damit wir nicht das Gefühl haben, allein dazustehen. Das ist die tiefe Wurzel unserer Rechthaberei und des Sich-verteidigen-Müssens, die uns aggressiv macht.

Wie aber kann ich herausfinden, ob ich im beschriebenen Sinne aggressiv bin oder mich selbst schützen will, da beides sich ähnlich anfühlt und oft nicht klar unterschieden werden kann?

Wenn ich mich konkret angegriffen fühle, reagiere ich erst einmal unmittelbar in irgendeiner Weise. Diese direkte Reaktion in Frage zu stellen, lohnt nicht. Denn wenn das Denken sich einschaltet, ist die Reaktion schon geschehen. War sie passend, hat sich das Problem womöglich erledigt. War sie unpassend, muss ich mich sowieso mit den Folgen auseinandersetzen. Ich will darauf hinweisen: Eine bewusste Auseinandersetzung mit einer aggressivitätsgeladenen Situation ist erst möglich nach der sofortigen spontanen Reaktion, die innerlich geschehen oder direkt nach außen wirken kann.

Ob ich selbst aggressiv bin oder mich angegriffen fühle, ist erst einmal ohne Bedeutung, es ist nur meine Interpretation der Situation, in der Aggressivität in der Luft liegt.

In dem Moment, in dem ich Aggressivität bemerke, muss ich innehalten, um nicht meinen automatischen Reaktionen ausgeliefert zu sein. Erst im Innehalten spüre ich, was wirklich los ist.

Die Energie – hier stimmt etwas mit der Verbundenheit nicht – wird nicht mehr verschwendet durch meine eigenen aggressiven Reaktionsmuster, sondern zur Klärung eingesetzt. Die Klärung besteht darin, ob die Situation einen Selbstschutz verlangt oder ob ich nur meine Gedankenbilder verteidigen will.

Dieses Innehalten mit der Klärung aus der Stille, was wirklich gerade geschieht, ist der springende Punkt, der über alles Weitere entscheidet. Im Innehalten sehe ich reale Gefahren und den notwendigen Selbstschutz genauso wie das engstirnige Verteidigen meiner Gedankenwelt. In diesem Innehalten klärt sich, was wirklich zu tun ist. Ich benötige keine Konzepte oder Verhaltensregeln, wie ich mit Aggressionen von mir oder von anderen umzugehen habe. Wenn ich Verbundenheit als meine wirkliche Existenzfrage und ihre Zerstörung durch Aggressionen begriffen habe, achte ich ernsthaft darauf, was mit mir los ist. Wie ich mich in dieser Einsicht dann konkret verhalte, kann man nicht vorher festlegen. Das Verhalten entsteht immer aus meiner Klarheit oder Unklarheit heraus.

Ein Gegenüber mag mich für aggressiv halten, weil mein Verhalten oder meine Äußerungen sein Bild stören oder er mit seinen Vorstellungen sich nicht durchsetzen kann. Aggressivität macht sich nicht am Verhalten fest, sondern an der inneren Motivlage. Dies zu beurteilen liegt allein in der Verantwortung von jedem von uns selbst. Das kann uns niemand abnehmen oder vorschreiben. Nur diejenigen, die begriffen haben, dass die Verbundenheit unsere Existenzgrundlage ist, werden die Sorgfalt und Energie einsetzen, um Selbstschutz und Verbundenheit unterscheiden zu können. Alle anderen werden weiterhin in der Verwirrung zwischen Verteidigung der sogenannten eigenen Interessen und Angriff auf Andersdenkende gefangen bleiben, andere ausnutzen und sich selbst ausnutzen lassen.

Wenn ich selbst niemanden mehr ausnutzen oder auf eine andere Weise steuern will, durchschaue ich die Absichten der anderen. Denn ich habe doch bei mir selbst gesehen, wie Aggressivität und Selbstschutz zusammenhängen. Dann kann ich die stimmige Antwort geben, welche die Verbundenheit nicht weiter zerstört und zugleich ein Ausnutzen nicht mehr zulässt.

Ich beteilige mich nicht mehr an den sinnlosen Spekulationen, warum soviel Gewalt unter den Menschen ist und warum viele Jugendliche so gewalttätig sind. Ich weise einfach darauf hin, dass zunehmende Gewalt der Spiegel des Zerfalls von

Gemeinsamkeit ist. Immer mehr Angst erzeugt immer mehr Gewalt. So einfach ist das. Dies findet in allen gesellschaftlichen Bereichen statt. Die größte Gewalt wird im Kampf um die Vermehrung des „ganz großen Geldes" und um die Macht von den stärksten gesellschaftlichen und politischen Klassen ausgeübt. Sie sind genauso wie alle anderen Menschen von AngstGier getrieben, doch sie verfügen über enorme Mittel, die von ihrer AngstGier eingesetzt werden können. Ihre Aggressivität dient bei weitem nicht mehr dem Selbstschutz, sondern der Ausbeutung von Menschen und Natur zur Befriedigung ihrer unersättlichen AngstGier.

25 Andersleben

Indem ich den neuen Begriff „Andersleben" benutze, erspare ich mir, immer wieder die einzelnen Aspekte aufzuführen, warum wir nicht weitermachen können wie bisher. Andersleben ist, wie gesagt, die Verneinung unserer destruktiven Lebensformen im Konkurrenzdenken und voller Angst vor der Zukunft. Es ist die Öffnung der Tür für neue Formen der Kooperation. Diese Verneinung geschieht durch eine Wahrnehmung der Realität der Verbundenheit, aus der sich niemand lösen kann, und durch das Bewusstwerden der Tatsache, dass es nur eine Gegenwart gibt.

Andersleben ist schwer

Manches von dem, was Sie hier gelesen haben, mag Sie beschäftigen, wach machen, erfreuen oder auch ärgern. Möglicherweise denken Sie jetzt, dass Andersleben, auf das ich aufmerksam mache, sehr schwer sei. Manchmal rutsche ich auch in dieses Denken hinein. Das ist dann der Fall, wenn ich schon anders sein will, als ich bin. Das sitzt so tief in uns drin, weil wir mit diesem „was sein sollte" aufgezogen wurden und in nahezu allen Lebensbereichen davon umgeben sind. Die Schwere, die wir auf dem Pfad der Selbsterkenntnis so oft empfinden, ist die Schwere unserer bisherigen Denk- und Lebensweise.

Viele Menschen wissen, dass unsere Art zu leben uns selbst, andere Menschen und die Natur zerstört. Und trotzdem machen wir weiter, jeder Einzelne von uns „Einsichtigen". Ist es Gewohnheit, ist es Blindheit, ist es Dummheit, ist es Faulheit, ist es Überforderung? Alle Erklärungen dafür, dass wir einfach weitermachen, halte ich für nicht ergiebig. Sie sind wieder nur Denkerei. Wir brauchen keine Erklärungen und Diskussionen darüber. Nur wenn ich und Sie es erkennen und wenn ich es mir und Sie es sich ungeschminkt eingestehen, wie ungesund und destruktiv wir leben, dann beginnt vielleicht ein ernsthaftes Auseinandersetzen mit Andersleben.

Andersleben ist nicht schwer

Wenn wir dann aber bei den Tatsachen bleiben und uns der Gefühlszustände und Sentimentalitäten bewusst werden, dann kann uns die Leichtigkeit von Andersleben berühren. In jedem Moment, bei jedem Ärger und jedem anderen negativen Gefühl können wir merken, was wir uns antun. Und damit aufhören. Doch dafür müssen wir den Mechanismus der Entstehung der negativen Gefühle und wie wir sie weitergeben und von anderen aufnehmen, kennen. Der Drang, sie nach innen wieder wegzudrücken und damit das eigene Leid zu erzeugen oder sie nach außen in Form von Druck auf andere Menschen weiterzutragen, ist durch unsere Gewohnheiten groß, aber eben nur solange noch keine Klarheit vorhanden ist.

An den Früchten können Sie sich erkennen

Wie können wir im Alltag erkennen, ob wir in den alten Mustern gefangen sind oder ob wir im Andersleben sind? Denn wir können uns doch nicht permanent beobachten. Wir haben doch noch einiges andere zu tun.

Wir brauchen nicht aufzupassen, ob wir uns im Andersleben befinden. Sonst würden wir nur in die Grübelfalle geraten. Wenn Wohlbefinden ohne Einschränkungen da ist, ist auch Andersleben da. Dann besteht kein Grund, sich gedanklich mit sich selbst zu beschäftigen. Wenn wir uns aber nicht gut fühlen, körperliche Beschwerden, Stress mit unseren Mitmenschen oder mit unserem Geld haben, dann werden wir zwangsläufig irgendetwas tun, damit es uns besser geht. Das sind die Warnsignale zum Innehalten, die aufblinken wie die Warnleuchten des Autos.

Wenn Gefühle (nicht Empfindungen) uns unter Druck setzen, wissen wir, dass wir Andersleben verloren haben. Wenn wir ins Denken geraten, das losgelöst von praktisch zu klärenden Fragen ist, dann wissen wir, dass wir Andersleben verloren haben. Wenn wir also von Problemen beladen sind, ist es notwendig, Zugang zu den Gefühlen zu bekommen, auch zu den unbewussten, und zu den Gedanken, die automatisch ablaufen. Mit Achtsamkeit für die automatischen Gedanken decken wir die dahinter liegenden Gefühle mit ihren unbewältigten Erinnerungen auf. Andersherum decken wir auch mit Achtsamkeit für den Gefühlssturm die dahinter liegende Gedankenwelt der unbewältigten Erinnerungen auf.

Der Schlüssel zur Klärung unserer Probleme liegt im Bewusstwerden der gesamten GedankenGefühle im Moment ihres Auftretens und nicht in noch so schönen logischen Erklärungen für unsere Probleme, und auch nicht in den Absichten oder Ansprüchen an uns selbst und an andere.

Wie wir psychisch funktionieren, wie wir durch Denken und Verdrängen unsere Probleme erzeugen, das können wir bei uns selbst beobachten. Aber es bleiben eine ganze Menge Probleme übrig, die wir allein nicht auflösen können. Etliches an alten Mustern werden wir nicht einmal bemerken, weil wir sie verdrängen. Doch darauf werden uns die anderen Menschen hinweisen, denen es voll Sorge auffällt, wie wir leben und uns selbst etwas vormachen. Aber auch die Menschen, die unsere Blindheit entweder ohne Absicht oder auch zielstrebig zum eigenen Vorteil auf unsere Kosten ausnutzen. Sowohl durch die Menschen, die uns freundschaftlich zugetan sind, als auch durch jene, die uns benutzen möchten, können wir etwas über uns selbst erkennen, was uns noch nicht bewusst ist.

Körper – Geist – Familie / Freunde – Gesellschaft

Wir können keinen Teil des Lebens in der Wirklichkeit von den anderen Teilen trennen. Denn kein Teil existiert getrennt von den anderen, auch wenn es uns manchmal so erscheint. Aber in unserem Denken nehmen wir laufend Trennungen vor. Wir halten bestimmte Dinge für besonders wichtig oder für unwichtig, je nachdem welche positiven und negativen Erfahrungen wir gemacht haben. Wir müssen Wörter über Teilaspekte des Lebens benutzen, um uns darüber gemeinsam verständigen zu können. Dabei können wir uns bewusst werden, ob wir uns aus dem notwendigen Gebrauch von Begriffen, die zwangsläufig Abgrenzungen mit sich bringen, zersplitterte Vorstellungen vom Leben machen. Das Bewusstwerden der Zersplitterung ist ganzheitliches Leben. Das ist keine Theorie, sondern Sie können es selbst entdecken, wenn Sie bei sich und bei anderen auf das trennende Denken achten.

Die meisten Menschen leben ein verkümmertes Leben, weil sie nur einem Teil ihres Lebens die Aufmerksamkeit geben: der Partnerschaft, der Familie oder den Krankheiten oder der Arbeit oder der Politik oder einem Hobby usw. Sie behandeln diejenigen Bereiche oder auch diejenigen Menschen, die ihnen nicht wichtig sind, mit Geringschätzung. Wenn dann der Lebensbereich, an den sie sich geklammert haben, nicht mehr so intakt ist wie bisher, oder gar ganz wegbricht, entstehen plötzlich persönliche Katastrophen, die zu so genannten psychischen Erkrankungen führen können. Üblicherweise werden dann ein Ereignis oder bestimmte Personen beschuldigt. Doch das persönliche Leid und die Katastrophen sind im Grunde Ausfluss eines Lebens, das nicht ganzheitlich gelebt wurde. Ganzheitlich heißt: jedem Moment des Lebens Aufmerksamkeit schenken, und zwar sowohl den äußeren Gegebenheiten als auch der inneren Verfassung. Wenn die Reparaturversuche wieder nur in einem Bereich stattfinden, beispielsweise durch das Eingehen einer neuen Partnerschaft oder durch die Behandlung einer speziellen Angst, dauert es oft nicht lange, bis auf dem alten Boden des bruchstückhaften Lebens neue Probleme entstehen. Wie geschieht das?

Wenn wir nicht gut für unseren Körper sorgen, sind zusätzliche Energien für seinen Erhalt und seine Funktionsfähigkeit erforderlich. Der Körper hat oberste Priorität, weil das Individuum ja zum Leben einen wenigstens halbwegs funktionierenden Körper benötigt. Diese Energie steht für andere Lebensbereiche nicht mehr zur Verfügung. Praktisch heißt das: Wenn wir krank werden oder körperliche Beschwerden haben, können wir uns um andere Dinge weniger, kaum oder gar nicht kümmern. Wenn wir dies durch Rücksichtslosigkeit gegenüber unserem Körper hervorrufen, bezahlen wir dies mit Einschränkungen der Lebensqualität. So kann beispielsweise ein großes Übergewicht auch die Leistungsfähigkeit einschränken. Man kann es eben nicht so nebenbei erledigen: eine gute Ernährung gewährleisten, regelmäßig gesunde körperliche Aktivitäten unternehmen, auf guten Schlaf und frische Luft achten.

Unser Geist wird träge, wenn wir immer nur dasselbe tun und dasselbe denken, wenn wir uns nur mit unserer Gier und unserer Angst und der Flucht davor und dem Kampf dagegen gedanklich und gefühlsmäßig beschäftigen. Ein träger Geist, der nicht mehr wach und offen für das Leben ist, ist auch nicht in der Lage, sich den Herausforderungen des Lebens zu stellen. Er wird zunehmend schwächer und lebensunfähiger und wird vor allem und jedem Angst bekommen. Kopfschmerzen sind ein häufiges Indiz dafür. Es ist nicht etwas, das man so nebenbei erledigen kann, dass man auf alles, was einem begegnet, einen frischen, neuen Blick wirft, anstatt Vorurteile und Ängste zu pflegen. Der Geist ist von Natur aus kreativ und spontan. Er fühlt sich zu den „Big Five" von Liebe, Intelligenz, Freiheit, Schönheit und Kreativität hingezogen. Lassen wir uns diese Freiheit nicht nehmen, alles wahrzunehmen, was uns berührt, und das zu tun, was wirklich von Herzen kommt.

Wenn wir uns nicht um gute Beziehungen zu den Menschen in unserer unmittelbaren Umgebung kümmern, zu unserer Familie, zu Freunden, zu Nachbarn und Arbeitskollegen, haben alle anderen Aktivitäten wenig Sinn. Denn die Menschen, mit denen wir unmittelbar in Kontakt sind, sind die erste Quelle für das Erleben von Verbundenheit. Wer nur den beruflichen Erfolg und das Geld im Auge hat, wird im Erleben von Liebe und Verbundenheit verarmen und gefühlsmäßig zugrunde gehen. Es ist nicht etwas, das man so nebenbei erledigen kann, dass man aufhört, die Menschen in der persönlichen Umgebung mit den eigenen ungeklärten negativen Gefühlen zu beladen und dass man sich auch nicht von ihnen benutzen lässt. Es ist außerdem keine Nebensache, sich zusammen des Lebens zu erfreuen.

Wir sind ein Teil der Menschheit, und die Menschheit ist ein Teil von uns. Wenn wir uns für die gesellschaftlichen Strukturen, die wir alle zusammen geschaffen haben und immer weiter erschaffen, nicht verantwortlich fühlen, werden wir in Verzweiflung fallen, falls wir selbst von diesen gewalttätigen Strukturen überrascht werden: beispielsweise wenn wir durch Arbeitslosigkeit mit sehr viel weniger Geld auskommen müssen oder im „Krieg" mit manchen Ämtern gedemütigt werden, oder wenn wir erkennen, dass unsere Kinder und Enkel in der Schule verbogen werden, oder im Krankenhaus und Altenheim, wenn wir merken, dass es aufgrund von zuwenig Personal zuerst um das Geschäft und nur in zweiter Linie um die Patienten geht, oder wo auch immer die gesellschaftlich organisierte Lieblosigkeit, Geldgier, Konkurrenz und Gewalt uns treffen mag. Nur wenn wir uns auch für das gesamte Miteinander und Gegeneinander interessieren und die gesellschaftlichen Strukturen durchschauen, dann können wir uns darin intelligent, d. h. so gut wie eben möglich, bewegen, ohne von ihnen psychisch versklavt zu werden. Auch das ist nicht etwas, das man so nebenbei erledigen kann, in dieser Gesellschaft zu leben, ohne sich mit ihrer Destruktivität durch AngstGier zu identifizieren und ohne sich an ihre Spielregeln innerlich anzupassen und zugleich einen sinnvollen Beitrag für die Gemeinschaft zu erbringen. Der Druck zur Anpassung ist enorm und oft sehr subtil. Man muss schon sensibel und hellwach sein, um ihn zu erkennen und nicht in den Sog der Konkurrenz zu geraten.

Es geht darum, sowohl „das eigene Haus" mit den unverarbeiteten Erinnerungen aufzuräumen als auch dafür zu sorgen, dass sich nicht neuer „Müll" in Form ungelöster Probleme ansammelt. Das eigene Haus aufräumen bedeutet, die negativen Gefühle, die wir in uns tragen, in allen Lebensbereichen nicht mehr zu unterdrücken, sondern ihre Energie zum ganzheitlichen Leben zu nutzen. Keinen neuen

Müll ansammeln bedeutet: Jeder Herausforderung, so gut es geht, eine sofortige Antwort geben, anstatt mit Verdrängung zu reagieren. Wir wollen doch in einem schönen Haus wohnen, in das wir auch jederzeit Freunde einladen können. Und wir helfen uns auch gegenseitig, „unsere Häuser" zu putzen.

26 Freundschaft im Andersleben

Wir brauchen die anderen Menschen

Alles, was Sie bisher in diesem Buch gelesen haben, ist nicht allein in meinem Gehirn entstanden. Ich empfinde es eher so, dass mein Gehirn sortiert. Dieses Buch lebt von unendlich vielen Hinweisen von Freunden, Patienten, anderen Gesprächspartnern und auch aus Erkenntnissen von Wissenschaftlern und Weisen. Um der Lesbarkeit willen habe ich darauf verzichtet, jedes Mal anzumerken, wer mich darauf hingewiesen hat.

Ich sehe es ähnlich wie Krishnamurti, der niemals Wert auf den Respekt seiner persönlichen Leistung gelegt hat, sondern immer das in den Mittelpunkt gestellt hat, worauf er uns aufmerksam machen wollte. Ich erwarte auch nicht, dass bei Zitaten aus diesem Buch mein Name genannt wird. Wenn Sie jemanden deshalb zitieren, um eine „Selbsterkenntnis" zu belegen, haben Sie sie nicht wirklich selbst gewonnen. Wer etwas entdeckt hat, auf meine oder irgendeine andere Anregung hin, kann direkt darüber sprechen, weil es ihm / ihr ja klar ist. Wer sich im Erforschen von psychischen Fragen zur Selbsterkenntnis hinter einer so genannten Autorität versteckt, wird nichts über sich selbst erfahren. Unabhängig davon können Sie natürlich gern mein Buch weiterempfehlen.

In den vergangenen sieben Jahren hat das Manuskript durch diese Anregungen viele Fassungen und Veränderungen mitgemacht. Immer wieder wurden mir Irrtümer, Einseitigkeiten, versteckte Aggressionen und neue Blickwinkel aufgezeigt. Auch die vorliegende Endfassung ist nur ein Durchgangsstadium. Das mag banal klingen. Ich spreche dies trotzdem an, um deutlich zu machen: Wir können für uns tiefgehende Erkenntnisse gewinnen und aus der Quelle trinken, aus der die Lebenskraft kommt. Dabei sind die anderen Menschen nicht verschwunden, sondern sie bleiben Teil unseres Lebens. Wir sind nun einmal miteinander verflochten, nicht nur im praktischen Tun, sondern auch im geistigen Erfassen der Realität. Wer glaubt, dass er allein all seine Probleme lösen kann und dass er sich allein aus allen seinen Konditionierungen befreien kann, irrt. Ich sehe vier Gründe, warum wir an der Tatsache der Verbundenheit mit anderen Menschen nicht vorbeikommen:

1. Ohne gute Beziehungen zu anderen Menschen gibt es kein gutes und glückliches Leben.

2. Das Verdrängen unbewältigter Erlebnisse mit der Folge unbewusst ablaufender Verhaltensmuster erkenne ich selbst oft gar nicht. Ich bin angewiesen auf Beziehungen zu anderen Menschen, in denen ich mich wie in einem Spiegel selbst erkennen kann.

3. Selbst wenn ich einmal inneren Frieden und Harmonie gefunden habe, so werden mich andere Menschen aufgrund ihrer eigenen ungelösten Probleme mit ihren negativen Emotionen wieder in ihre Unordnung hineinzuziehen versuchen. Ich kann mich nicht von allen Menschen absondern. Die Klärung schwieriger Situationen muss im Kontakt gefunden werden.

4. Neue Gesellschaftsstrukturen werden nur in einem neuen Miteinander entstehen.

Was ist Freundschaft?

Unter Freundschaft verstehen wir meist die Beziehung zu Menschen, denen wir ein besonderes Vertrauen entgegenbringen und die uns vertrauen. Wir sehnen uns umso heftiger nach Freundschaft, je weniger Kontakt wir zu Freunden haben.

Freundschaft suchen wir üblicherweise mit Menschen, die unseren gemeinsamen Vorlieben und Abneigungen entsprechen.

Wenn irgendwann die Vorlieben und Abneigungen von Freunden nicht mehr zusammenpassen und die Freundschaft zerbricht, kann dies eine erschütternde Enttäuschung sein, so dass man nicht mehr bereit ist, überhaupt intensivere Freundschaften einzugehen. Es zerbrechen auch Freundschaften, von denen beide glaubten, sie seien unzerstörbar und blieben ewig.

Doch trotz mancher Konflikte und gegenseitiger Enttäuschungen wird die Freundschaft meist noch lange nicht aufgekündigt, z. B. aus Angst vor dem Verlust. Vielleicht aber erhalten wir unsere Freundschaften aber auch trotz tiefer Konflikte, weil wir uns nach etwas sehnen, das uns wichtiger ist als diese Konflikte: Bedingungslose Freundschaft. „Bedingungslose Freundschaft" ist nicht nur ein Wunschdenken, das der Angst vor dem Alleinsein entspringt, sondern entspringt dem tiefen Bedürfnis nach Verbundenheit.

Wenn wir an bedingungsloser Freundschaft interessiert sind, müssen wir unsere eigenen Bedingungen und Vorstellungen an die Freunde entsprechend unserer Vorlieben und Abneigungen aufgeben. Wenn wir begriffen haben, dass wirkliche Freundschaft etwas ist, das wir einbringen und nicht etwas, das ein Freund zu leisten hat, dann können wir grundsätzlich allen Menschen freundschaftlich begegnen.

Sind wir aber überhaupt in der Lage, *allen* Menschen Freundschaft anzubieten? Ich meine damit die innere Haltung gegenüber allen Menschen und nicht das alltägliche Zusammenleben, das natürlich immer mit einer begrenzten Anzahl von Freunden stattfindet. Es ist möglich, wenn wir erkennen und spüren, welches immense Leid die Angst und Sorge um die Zukunft und um das eigene Image und das dadurch entstehende Gegeneinander anrichten. In unseren negativen Gefühlen ist dann die Energie enthalten, das Gegeneinander zu beenden, wo immer dies irgendwie möglich ist. In dieser Haltung brennt das Feuer der bedingungslosen Freundschaft.

Wenn dies bei dem Gegenüber ebenfalls so ist, ist bedingungslose Freundschaft da, egal ob es nur eine flüchtige Begegnung ist oder ein lebenslanges Zusammensein. Sie kann durch nichts zerstört werden, solange das Bewusstsein der Verbundenheit vorhanden ist. Wenn wir dann aber doch einmal auf unsere persönlichen Vorlieben und Abneigungen mit ihren positiven und negativen Gefühlen und Empfindungen beim Kontakt mit anderen Menschen stoßen, dann werden wir vielleicht achtsam durch das Bewusstsein der Verbundenheit und erzeugen dann nicht mehr Auslese und Trennungen unter den Menschen.

Wenn wir zu dieser inneren Haltung der bedingungslosen Freundschaft gefunden haben, lassen wir uns nicht mehr ausnutzen und lassen uns auch nicht in die negativen Gefühle von Freunden und von denjenigen, die uns feindselig begegnen, hineinziehen. Denn dann merken wir, dass ein solches Verhalten mit Freundschaft nichts zu tun hat, dass der andere an seinen eigenen Problemen leidet. Mit dieser Einsicht sind wir fähig, offen zu bleiben für die Chance, dass sich die negativen Gefühle in Freundschaft verwandeln.

Feindseligkeit

Die Feindseligkeit hat viele Gesichter. Wenn ein Mensch uns wütend oder hasserfüllt ansieht und behandelt, spüren wir die Feindseligkeit sofort. Und auch wenn wir selbst ärgerlich, wütend oder hasserfüllt reagieren, spüren wir die eigene

Feindseligkeit. Es gibt auch viele subtile Formen von Feindseligkeit, die auf uns einwirken oder die in uns schlummern, um plötzlich geweckt zu werden, wenn jemand uns an unseren empfindlichen Stellen trifft. Oft merken wir dies nicht einmal.

Um sich nicht in den vielen Einzelheiten der Feindseligkeit zu verzetteln, ist Klarheit über das Fundament des Phänomens „Feindseligkeit" erforderlich.

Feindseligkeit entsteht in dem Moment in einem Menschen, in dem er sich nicht mehr verbunden fühlt. Das hält niemand aus.

Jeder Mensch reagiert also in irgendeiner Weise auf diesen Zustand des Sich-getrennt-Fühlens. Wenn wir dann nicht sofort bei uns selbst schauen und verstehen, wie wir den Kontakt zur Verbundenheit verloren haben, entsteht als Alternative unweigerlich Feindseligkeit in uns. Wir schieben das unangenehme Gefühl nach außen auf andere Menschen, oder wir behandeln uns selbst feindselig, indem wir beispielsweise zu viel essen, Alkohol trinken oder rauchen und uns dann auch noch dafür beschimpfen.

Die Feindseligkeit, die nach außen geht, hat zwei Varianten. Erstens: Wir greifen den anderen mit direkter Aggressivität an. Diese Art offener Feindseligkeit ist relativ leicht zu erkennen.

Doch die zweite Art ist wesentlich subtiler: Wir versuchen den anderen in unseren negativen Sumpf hineinzuziehen, damit wir uns dort nicht so allein fühlen. Das geschieht oft über „negative emotionale Bandenbildung". Wir ziehen gemeinsam über Dritte her. Besonders gern stehen hierfür Politiker im Mittelpunkt. Wenn wir einen gemeinsamen Feind ausgemacht haben, fühlen wir uns in unserer Gemeinschaft gleich besser, weil wir uns für etwas Besseres halten.

Eine weitere Variante, wie wir andere Menschen mit Negativem beladen, ist das Jammern und Klagen, wie schlecht es uns geht und dass wir Hilfe erwarten. Das Erbitten praktischer Hilfe wäre kein Problem, sondern Teil unseres menschlichen Miteinanders. Doch der Versuch, dem anderen unser schlechtes Gefühl anzutragen, damit er sich um unsere Negativität kümmert, ist eine Variante von Feindseligkeit, die oft schwierig zu erkennen ist. Sie tarnt sich gerade im Familien- und Freundeskreis als Hilfe suchendes Verhalten und fordert „Liebe" ein. In Wirklichkeit wird aber nur verlangt, dass wir unsere Zeit oder unser Geld für die Bedürfnisse des anderen bereit stellen.

Wer durch Jammern und Klagen psychischen Druck erzeugt, wer Liebe erwartet, hat in diesem Moment mit Liebe nichts im Sinn. Er/sie sieht dann nur sich und ist nicht an dem Gegenüber interessiert.

In der Feindseligkeit sehen wir immer nur uns selbst und wollen den anderen für uns benutzen. Wir fühlen uns nicht für die Klärung der eigenen Emotionen verantwortlich und haben das Empfinden von Verbundenheit verloren. Wenn wir aber unsere eigene Feindseligkeit durchschaut und hinter uns gelassen haben, hat die Feindseligkeit anderer keine Macht mehr über uns, egal ob sie direkt ausgedrückt wird oder sich hinter fordernder Hilflosigkeit versteckt.

Es gibt keine speziellen „richtigen" Handlungsweisen, wenn wir mit Feindseligkeit anderer konfrontiert sind. Aber wie immer unser Verhalten auch aussehen mag, wir können spüren, ob es für uns stimmig ist oder ob es eine Unruhe in uns hinterlässt. Und wenn dieses Unwohlsein bestehen bleibt, ist es unsere eigene Aufgabe, dies *bei uns* zu klären und nicht die Feindseligkeit weiterzugeben. Es ist eine echte Herausforderung, die Energie, die in der Feindseligkeit gebunden ist, im positiven Sinne aufzugreifen und damit die Tür zur Freundschaft zu öffnen.

Freunde im Andersleben

„Ich habe nichts gegen das, was geschieht", hat Jiddu Krishnamurti auf die Frage geantwortet, was das Geheimnis seines Lebens sei. So empfinde ich auch, wenn ich mit mir und der Welt „im Reinen" bin. Diese Haltung ist keine Gleichgültigkeit gegenüber dem, was geschieht. Auf den ersten Blick wird dies leicht so missverstanden. Es bedeutet aber, bedingungslos und vorurteilsfrei die Tatsachen in der äußeren Welt wie auch in unseren GedankenGefühlen wahrzunehmen.

Dann entfachen diese Tatsachen in uns eine Energie zum rechten Handeln. Wenn Menschen sich zusammenfinden, die mit dieser Haltung dem Leben gegenüber brennen, entsteht eine Freundschaft im Andersleben. Natürlich können wir diese Haltung auch wieder verlieren, und dann ist es mit der Tiefe der unzerstörbaren Freundschaft auch vorbei. Denn es gibt keine anderen Garantien für unseren künftigen Zustand, als dass wir für unsere Achtsamkeit selbst die Verantwortung übernehmen.

Ob wir diese Art von Gemeinsamkeit „Freundschaft im Andersleben" nennen oder „Freundschaft ohne Bedingungen" oder „In Liebe und Verbundenheit leben" oder noch anders, ist nicht wichtig. Es geht um das Sich-tatsächlich-Annähern und Erfassen dieser vollständig anderen Art zusammen zu leben. Es geht darum, jederzeit zu spüren, was ist, und den inneren Spannungen nicht mehr auszuweichen. Wir können das Auftreten innerer Spannungen auch nicht vermeiden, da sie Ausdruck der Energie zum Handeln sind. Sie zeigen uns doch, wo etwas noch nicht oder nicht mehr „in Ordnung" ist, innen oder außen. Wenn wir unsere negativen Gefühle nicht ertragen wollen, werden wir zwangsläufig aggressiv oder verdrängen sie mit den beschriebenen Folgeschäden.

Wenn Sie sagen: „Freundschaft im Andersleben ist eine wunderbare Idee", dann machen Sie daraus ein bedeutungsloses Ideal. Finden Sie heraus, ob Sie wirklich so leben wollen und können. Das allein verändert Sie und die Welt.

Jeder Mensch hat Einblicke in Bruchstücke der Welt. Auch die Widerstände in uns gewähren uns Einblicke, sofern wir sie betrachten. Die Teile oder Aspekte, die ich nicht sehe, nehmen Sie möglicherweise wahr und umgekehrt. Unsere eigenen blinden Flecke kommen ans Licht, sofern wir sie kennen lernen wollen. Je mehr Menschen sich zusammenfinden und sich auf diese neue Art begegnen, desto vielfältiger und vollständiger wird auch die Sicht des Einzelnen.

Zusammen andersleben

Wir haben Angst vor der Zukunft. Wir haben Angst vor den anderen Menschen. Die dem zugrunde liegenden psychischen Mechanismen, die uns alle geprägt haben, bringen Unzufriedenheit und Unglücklichsein, Langeweile und Enttäuschungen in unser Leben und in unser Miteinander. Wenn wir dies bei uns entdeckt haben, beginnen wir darauf zu achten, wenn wir über unsere Zukunft und Vergangenheit nachdenken. Und ebenfalls achten wir darauf, wenn wir über andere Menschen nachdenken. Wenn diese Achtsamkeit da ist, endet die jeweilige Angst.

Da wir alle an bestimmten Punkten so große Widerstände haben, dass wir gar nicht merken, wie wir gerade in alten Mustern gefangen sind, brauchen wir auch den Spiegel der anderen zur Selbsterkenntnis und zur Gestaltung von Andersleben.

Bei dieser, noch einmal kurz zusammengefassten Entdeckungsreise unter Freunden geraten wir an verschiedene Klippen. Manchmal fällt es uns sehr schwer, nicht sorgenvoll über Vergangenheit oder Zukunft oder über andere Menschen nachzudenken. Solche Gedanken laufen dann automatisch ab und ihr Ursprung bleibt oft unbewusst. Es ist ein Anzeichen von Not, weil wir keinen anderen Ausweg sehen als das Grübeln über Vergangenheit, Zukunft und andere Menschen.

Um unsere eigenen Schwierigkeiten in der Gemeinsamkeit gut zu bewältigen, ist die Unmittelbarkeit im Gespräch miteinander notwendig. Das bedeutet, dass wir im Zusammensein mit Freunden keine Gefühle und Empfindungen mehr bewusst herunterschlucken. Weil uns klar geworden ist, dass sie irgendwann auf ungute Weise sowieso wieder hochkommen und unsere Probleme erschaffen.

Ebenso ist die Wahrhaftigkeit im Gespräch miteinander notwendig. Es ist für uns ungewohnt, ohne Berechnung und ohne Taktieren, wie der oder die anderen reagieren könnten, zu sprechen. Wir müssen überhaupt erst einmal merken, wie selbstverständlich wir im Gespräch andere Menschen zu berechnen versuchen.

Auch wenn wir wissen, dass jeder für seine unangenehmen Gefühle selbst zuständig ist, werden durch die Unmittelbarkeit und die Wahrhaftigkeit unweigerlich Konflikte im Kreis der Freunde entstehen. Es werden die verdrängten Gefühle spürbar, die der eine oder die andere bei sich selbst nicht wahrhaben will oder kann. Das ist dann die Nagelprobe, ob jeder bei einem solchen Konflikt auf sich selbst schaut oder ob er den Konflikt wie üblich weiter nach außen trägt.

Wenn wir mit Menschen zusammen sind, die wie wir diese Zusammenhänge wirklich erfasst haben, können wir uns gegenseitig auf die alten Muster aufmerksam machen. Beim anderen bemerken wir diese oft viel besser als bei uns selbst. Aber seien wir uns bewusst:

Wenn wir meinen, wir wüssten besser, was bei der anderen Person los ist, als diese selbst, verwechseln wir wieder unser Bild von ihr mit der Person selbst und üben Druck auf sie aus. Das geschieht jedoch nicht, wenn wir nur über uns selbst und unsere Empfindungen sprechen, wie wir die andere Person wahrnehmen, ohne sie auf unser Urteil festzulegen.

Das erfordert Achtsamkeit unseren eigenen GedankenGefühlen und Äußerungen gegenüber. Wie schnell passiert es auch, dass wir wissen wollen, was mit dem anderen los ist, *warum* er etwas sagt, was er denkt usw. – und unsere eigenen Empfindungen und selbstbezogenen Motive verstecken wir hinter dieser Neugier. Dabei reden wir uns womöglich noch ein, dass wir doch nur am anderen interessiert sind. Können wir anderen Menschen offen und direkt mitteilen, was wir selbst erkennen und empfinden – und ihnen mit ehrlichem Herzen und ohne Hintergedanken überlassen, was sie daraus machen? Dann müssen wir uns nämlich auch der möglichen Tatsache stellen, dass hinter unserer Botschaft ein eigenes Problem steckt, das wir auf einen anderen unbewusst übertragen wollten.

Vermutlich werden wir aber die alten Mechanismen, uns gedanklich mit dem anderen zu beschäftigen, nicht sofort vollständig aufgeben. Diese andere Art im Miteinander ist neu. Während uns die alten Muster bewusst werden, können wir sehr viel entdecken. Das, was jeder von sich zeigt, einschließlich seiner alten Muster, ist zugleich Anregung für die anderen zur Klärung der eigenen Probleme. Schließlich haben wir im Kern immer die gleichen Probleme, die alle Menschen haben: Angst, Gier, Eifersucht, Neid, Trauer, Wut, Ärger usw.

Wir brauchen *nicht* Vertrauen als Vorschussleistung und einen Schutzraum für die eigenen Probleme wie beim Psychotherapeuten oder im Beichtstuhl. Es steht jedem frei, über sich so weit zu sprechen, wie er möchte. Wenn wir trotzdem für ein bestimmtes Thema das Bedürfnis nach einem Schutzraum haben, sollten wir diese innere Realität wahrnehmen und nicht durch ein Ideal „Andersleben" unterdrücken. Im Schutzraum mit vertrauensvollen Personen löst sich vielleicht auch die Angst vor der Offenheit. Ich halte es allerdings für wichtig, dass wir uns weder an die Idee „Andersleben" noch an die Idee „Schutzraum" klammern, um dort Sicherheit zu finden.

Wenn sich im persönlichen Umgang miteinander Andersleben entfaltet und die Versuche, den anderen zu beeinflussen, nachlassen und vielleicht aufhören, dann kann dieses Bewusstsein zu einer neuen Art des Umgangs miteinander führen und sich ausdehnen.

Wenn jeglicher gegenseitiger Druck in den Beziehungen mit anderen Menschen endet, was eine vollständige Ernsthaftigkeit im Andersleben erfordert, dann ist natürliche und bedingungslose Freundschaft da. Die Liebe und Intelligenz zwischen uns wird nicht gestört.

Wie finden wir echte Freunde?

Wenn wir an echter Freundschaft interessiert sind, ist also ein klares Bewusstsein über die Bedeutung von Freundschaft und ein brennendes Interesse daran erforderlich. Das brennende Interesse zeigt sich darin, dass wir bedingungslos bereit sind, uns selbst, d. h. unsere psychischen Muster, in Frage zu stellen. Freunde gibt es überall. Wir kommen in Kontakt mit ihnen, wenn wir den anderen Menschen wirklich zuhören und sie nicht benutzen wollen. Das ist nämlich die Sehnsucht aller Menschen: ohne Bedingungen und ohne Urteil wahrgenommen zu werden. Wenn wir zugleich uns selbst dem anderen, der daran interessiert ist, zeigen, d. h. über das sprechen, was wirklich in uns vor sich geht, dann sind wir bereit für diese neue Art von Beziehung. In Facebook und Co. kann dies nicht geschehen, auch wenn diese neuen Medien zur Herstellung von Kontakten sehr hilfreich sein können.

Ob die andere Person unser Beziehungsangebot annimmt, ist allein ihre Angelegenheit. Sobald wir den Wunsch haben, sie möge doch positiv auf uns reagieren, bringen wir Komplikationen in die Beziehung. Jeder von uns spürt mehr oder weniger genau, wenn ein Gesprächspartner etwas von ihm will. Es erfolgt danach das meist übliche Berechnen und Taktieren als Reaktion auf unsere Erwartungen – und das offene Gespräch ist vorbei.

Selbst wenn wir unsererseits offen und vorbehaltlos sind, werden uns die Berechnung und das Benutzenwollen im Reden und Verhalten anderer Personen begegnen. Das ist kein Wunder, da wir alle mehr oder weniger mit Angst und Berechnung aufgewachsen sind. Wenn unser Geist aber nicht mit den eigenen Absichten beschäftigt ist, merkt er sofort, was andere von uns wollen.

In unserem eigenen inneren Empfinden ist der Schlüssel zum Verstehen, was gerade geschieht. Wir spüren, ob wir ein Gespräch trotz störender Erwartung des anderen an uns fortführen können und wollen oder nicht. Wir spüren, ob und in welcher Form wir den anderen darauf ansprechen, was bei uns angekommen ist. Und wir spüren, wann der richtige Zeitpunkt für das Thema „Freundschaft im Andersleben" gekommen ist.

Vielleicht stellen wir dann fest, dass unser Spüren nicht das gewünschte Ergebnis erbracht hat. Auf einmal können wir innerlich lächeln, weil wir uns dabei erwischt haben, dass wir doch den Kontakt mit Erwartungen beladen haben. Ohne Erwartungen können wir uns nämlich nicht über den anderen irren, weil wir gar keinen Maßstab angelegt haben. Das Wahrnehmen der anderen Menschen und das Spüren, was in uns selbst vor sich geht, ist eine lebendige Bewegung im hin und her, ein Klärungsprozess, der keine Fixpunkte hat. Zugleich entfaltet sich dabei unsere Empfindsamkeit für das, was innen und außen geschieht. Es ist vollkommen gleichgültig, wie oft wir noch in die alten Muster hineingeraten. Jede einzelne Begegnung kann uns helfen, dass wir uns aus den komplexen Verwirrungen befreien.

Wenn wir einen Menschen gefunden haben, der sich ebenfalls für Andersleben interessiert, ein Mitglied unserer Familie, einen Freund oder eine Bekannte oder auch eine Person, die wir vorher nicht kannten, dann können wir uns bei unseren Problemen gegenseitig auf diese neue Art helfen. Wir können uns öffnen für weitere Menschen. So kann eine offene Gemeinschaft, in der im Alltag weder Angst voreinander existiert noch ein Ausnutzen geschieht, Kreise ziehen. Und wie gesagt, wenn Angst, Gier, Feindseligkeit und Ausnutzen-Wollen trotzdem einmal auftauchen, weil wir alle nicht perfekt im Andersleben sind, so schafft dies keine anhaltenden Probleme, solange *eine* Person in dem Kreis in diesem Moment ihre innere Ordnung nicht verloren hat und darauf aufmerksam macht, was sie beobachtet.

Ein Missbrauch der Gemeinsamkeit für persönliche Vorteile auf Kosten anderer, wie er häufig in Gruppen stattfindet, ist nur dann noch oder erst wieder möglich, wenn *alle* Teilnehmer in ihren Vorlieben und Abneigungen versunken sind, ohne es zu merken. Dann macht niemand darauf aufmerksam und die übliche Gruppenpsychologie nimmt ihren Lauf.

Freundschaft ist überall möglich

Es ist nicht erforderlich, Menschen aktiv zu suchen, die Andersleben teilen. Wir haben doch unaufhörlich Kontakt mit anderen Menschen: in der Partnerschaft und in der Familie, am Arbeitsplatz und in der Nachbarschaft, beim Einkaufen, auf Partys, beim Sport, in Vereinen, Clubs, Kirchengemeinden und Parteien.

Wenn wir von Andersleben berührt sind, können wir in jeder Begegnung mit anderen Menschen diese neue Art des Miteinanders leben. Es verlangt kein besonderes neues Verhalten. Andersleben geschieht nicht dadurch, dass wir uns anders geben. Die eigene *innere* Haltung und Ordnung, wenn sie nicht mehr von Angst-Gier bestimmt ist, lässt Andersleben bei jedem Kontakt mit anderen Menschen aufblühen, ohne dass wir uns darüber hinaus besonders anstrengen müssen.

Alles, was erforderlich ist, ist unsere Achtsamkeit, die uns merken lässt, wenn wir in Angst und Sorgen vor der Zukunft und vor anderen Menschen geraten. Wir merken dies an unseren negativen Gefühlen, an den Konflikten mit anderen Menschen und an unseren körperlichen Beschwerden. All dies hilft uns wach zu werden für die AngstGier, die unser Leben gerade beeinträchtigt. Wenn wir das Prinzip und die Funktionsweise unseres Gehirns begriffen haben, können wir aufkommende Angstmechanismen sofort bemerken und durch inneres Lächeln oder manchmal auch durch ein schallendes Lachen beenden.

Dann kann es vielleicht zu folgenden Entwicklungen kommen:

Wir reagieren einfach nicht mehr mit Ärger, Vorwürfen oder Gegenmaßnahmen auf eine „Macke" unseres Partners, die uns früher so gestört hat. Wir handeln so, wie es für uns stimmig ist. Dabei entdecken wir vielleicht zum ersten Mal, dass unser Ärger über den Partner eine eigene „Macke" beinhaltet. Zugleich hat endlich der Partner den Raum, selbst darauf zu schauen, was er tut und getan hat, weil er sich nicht mehr gegen die Gegenreaktionen wehren muss. Er wird möglicherweise seine Konsequenzen daraus ziehen. Diese Begegnung in Freiheit von Vorurteilen, Verurteilungen und Erwartungen läutet eine neue Art von Miteinander ein.

Wir reagieren einfach nicht mehr mit emotionaler Verteidigung oder Gegenmaßnahmen auf die Vorwürfe einer Kollegin, die immer etwas an uns zu kritisieren hat. Wir handeln so, wie es für uns stimmig ist. Jetzt muss sich die Kollegin neu orientieren, wie sie mit ihrer Unzufriedenheit umgehen kann. Vielleicht wird sie sich ihrer Meckerei bewusst. Vielleicht trägt sie berechtigte Kritik an unserem Verhalten nun sachlicher vor, so dass auch wir sachlich darauf eingehen können.

Wir reagieren einfach nicht mehr mit Enttäuschung und Vorwürfen auf unsere Eltern, die uns immer noch erziehen wollen oder die wir noch umkrempeln wollen. Wir handeln so, wie es für uns stimmig ist. Jetzt endlich merken die Eltern, dass wir erwachsen geworden sind, und müssen sich gar nicht mehr in ihrer Sorge um uns ungut in unser Leben einmischen. Vielleicht merken die Eltern dann auch, dass sie sich endlich um ihr eigenes Leben kümmern müssen und dürfen, und dass es für sie auch andere Herausforderungen gibt, als auf die Kinder, die schon groß sind, aufzupassen und sie zu erziehen. Vielleicht leben wir dann endlich mit unseren Eltern, ohne sie anders haben zu wollen. Vielleicht aber kommt es dann zu einer wunderschönen Gemeinsamkeit ohne das immer wieder kehrende Sich-gegen-seitig-Nerven, vielleicht auch zu Gesprächen über Andersleben. Wer weiß ...

Wir reagieren einfach nicht mehr mit Vorwürfen oder Bestrafungen auf unsere Kinder und versuchen auch nicht, sie mit Bestechungen in unsere Wunschwelt hineinzuziehen. Wir handeln so, wie es für uns stimmig ist. Und legen unseren Kindern altersentsprechend unsere Beweggründe dar. Wenn wir meinen, wir müssten die Kinder vor Unheil bewahren, weil sie nicht einsichtig sind, dann tun wir das, was uns dafür möglich ist. Aber in aller Ruhe, weil wir unsere eigenen Emotionen durchschaut haben. Jetzt endlich können die Kinder uns vielleicht sogar zuhören, weil sie sich nicht mehr gegen unsere negativen Gefühle wehren müssen. Vor allem aber merken Kinder genau den Unterschied, ob die Eltern aus wirklicher Fürsorge heraus handeln und deshalb beispielsweise etwas verbieten, oder ob sie nur genervt sind, weil die Kinder nicht spuren. Danach richtet sich nämlich vor allem die Reaktion der Kinder.

Wir reagieren einfach nicht mehr mit Aggressivität und Beschimpfungen auf Politiker, wenn wir ein chaotisches, ignorantes oder verlogenes Verhalten festzustellen meinen. Denn inzwischen haben wir gemerkt, dass unsere negativen Emotionen uns selbst nicht gut tun. Eine emotionale Reaktion, die eine Herausforderung nicht meistert, schlägt letztlich nach innen um und bringt uns selbst in eine negative Verfassung.

Falls Sie mit Politikern wirklich im persönlichen Kontakt sind oder selbst Politiker sind, gibt jedes politische Problem die Chance, über die unendliche Zersplitterung der Menschheit am Beispiel des gerade aktuellen politischen Problems zu sprechen. Wer Andersleben erfasst hat, tut sich mit anderen zusammen, denen ebenfalls klar ist: Hinter allen komplizierten, unbewältigten politischen Herausforderungen steckt immer das alleinige Problem der fehlenden Einheit der Menschheit. Das ist ein wesentliches Motiv für dieses Buch. Es geht dabei nicht um einen globalisierten Einheitsbrei, sondern um den Erhalt der Vielfalt, in dem sich jeder einzelne Mensch, jede Stadt und jede Region und jeder Erdteil in Frieden entfalten kann.

Während dies zu einem breiten Bewusstsein wird, ändert sich allmählich die gesamte Politik. Und solange das noch nicht der Fall ist, warum sollten wir uns das Leben schwer machen, uns mit dem Ärger über Politiker belasten und diese bekämpfen, also noch weiter schwächen statt stärken? Vielleicht würden wir doch alle genauso handeln, wenn wir an ihrer Stelle wären und mit dem aktuell herrschenden Bewusstseinsstand die Entscheidungen treffen.

Aber: Auf Kosten anderer gibt es keine wirkliche innere Ruhe und Harmonie. Im tiefen Inneren spürt jeder, dass Ausbeutung, Ausnutzen oder Auslachen anderer subtile Angst und Unruhe im Täter selbst erzeugt. Deshalb können die großen und kleinen Kämpfer für die Vermehrung ihres Geldes, ihrer Macht und ihres Rufes nicht ohne weiteres aufhören, so zu leben. Denn in der Ruhe würden sie sofort spüren, in welchen trostlosen Wahnsinn sie sich verstrickt haben. Wer aber diese Maschinerie des Gegeneinanders begriffen hat, steigt daraus aus und hinein in eine andere Art zu leben.

Kann sich die Gesellschaft ändern?

Ich habe den Eindruck, dass die Mehrheit der Menschen eine grundlegende Veränderung unserer Gesellschaft und ihrer Strukturen für notwendig hält. Wie gesagt, ich habe nicht die geringste Ahnung, ob das möglich ist, und ob das geschehen wird oder nicht. Aber eines ist mir klar: Wenn wir nicht bei uns selbst anfangen, wird es keine bessere Gesellschaft geben.

Die Gesellschaftsstruktur ist weltweit, über alle kulturellen Unterschiede hinweg, darauf aufgebaut, dass Menschen Einfluss auf andere nehmen wollen mit dem Ziel, dass die anderen in ihrem Interesse funktionieren sollen. Jeder versucht die materiellen und psychischen Verhältnisse zu seinem Vorteil zu gestalten. Das klingt vielleicht zu sachlich angesichts der Dramen, die sich überall auf der Welt abspielen. Je schwächer in wirtschaftlicher Hinsicht die Menschen sind, umso leichter werden sie ausgebeutet. Für die Staaten gilt dasselbe. Als Beispiel mag der

ärmste Kontinent, Afrika, dienen. Viele Länder Afrikas werden vom „großen Geld"
ausgenommen wie eine Weihnachtsgans, und es folgen menschliche und ökologische Katastrophen. Auf der psychischen Grundlage der AngstGier gibt es in allen
uns bekannten Gesellschaften Streit, Konflikte, Krieg, Ausbeutung, Klassenkämpfe
und endlos wiederkehrendes Leid, im Kleinen wie in der „großen" Politik.

Wenn darüber gesprochen wird, dass die gesellschaftliche Veränderung zuerst
bei uns selbst beginnen muss, kommt oft der Einwand, dass es viel zu lange dauern wird, wenn erst jeder Mensch überzeugt werden muss, anders zu leben.

Ich weiß nicht, ob Andersleben sich ausbreiten soll oder wird. Aber ein weiterer
Punkt ist für mich klar: Andersleben wird sich nicht durch verbale Überzeugungs-
arbeit allein ausbreiten. Die alten Muster sind viel zu hartnäckig. Wir haben sie
uns als Menschheit in Tausenden von Jahren und als Individuen in Jahrzehnten
zugelegt. Das wird niemand ablegen wegen einer schönen, neuen Idee, höchstens oberflächlich, wenn man ein neues Ideal daraus macht. Andersleben gedeiht
nur auf dem Boden der Einsichten, wie wir uns unglücklich machen, unser Leid
erzeugen und wie dies enden kann. Je klarer das Bewusstsein und das veränderte
Handeln des Einzelnen sind, umso glaubwürdiger und damit ansteckender ist es
für andere Menschen. Das ist keine Theorie, das erlebe ich praktisch. Anders und
schneller gibt es keine Veränderung, soweit ich es sehe.

Je umfassender eine Krise sich entwickelt, umso mehr steigt die Angst. Je mehr
Angst die Menschen haben, umso heftiger versucht jeder, erst einmal für sich
selbst und die ihm nahe Stehenden Sicherheit zu schaffen. Zusammenrücken gibt
es nur im kleinen Kreis. Auf weltweiter Ebene nimmt das Gegeneinander in Krisenzeiten zu, wie wir gerade an der „Euro-Diskussion" sehen können. Doch die echte
Bewältigung einer Krise verlangt Kooperation und die einer weltweiten Krise eben
auch weltweite Kooperation. Woher sonst soll diese Kooperationsfähigkeit in den
Krisenzeiten herkommen, wenn nicht von den Menschen, die sich aus der Angst
befreit haben und gelernt haben, kooperativ zu leben?

Es gibt unendlich viel Leid auf der Welt. In jedem einzelnen Leid steckt der
Schrei: „Schluss damit!" Darin ist die Energie enthalten, das Leid zu beenden. Wie
viele Menschen dies begreifen und ihre Energien nicht mehr in negativen Emotionen gegeneinander verschleudern werden – niemand weiß es. Doch was mag
dann wohl alles möglich sein, wenn das Bewusstsein von der unbegrenzten Energie der Verbundenheit und Liebe sich ausbreitet?

Wohin führen politische Diskussionen?

Ich beteilige mich an gesellschaftspolitischen Diskussionen auf der Grundlage der Notwendigkeit der Einheit der Menschheit. Es ist, wie ich mehrfach dargelegt habe, für mich offensichtlich, dass es auf der bisherigen Grundlage der Konkurrenz keine echte Lösung für irgendein gesellschaftliches oder politisches Problem gibt.

Nun kann ich aber nicht davon ausgehen, dass meine Gesprächspartner diese Sicht teilen. Und wenn ich sie, wie es in politischen Diskussionen üblich ist, erst einmal davon überzeugen wollte, würde ich selbst wieder in das Muster des Besserwissens und andere Verändernwollens hineingeraten. Es macht auch keinen Sinn, Verhaltensregeln zur Diskussion aufzustellen oder nur noch bestimmte Meinungen gelten zu lassen. Wir alle haben unterschiedliche Erfahrungen gemacht, also haben wir auch verschiedene Meinungen zu den Themen. Wir haben ein unterschiedliches Temperament, z. B. ob wir ruhig oder heftig in einem Gespräch sind. Das einzige, was zu einer Veränderung in uns selbst führt, ist der Kontakt mit der Wahrheit, die unsere Illusionen und Ängste aufzulösen vermag. Ich habe auf viele Aspekte der Wahrheit, so wie ich sie erfasst habe, hingewiesen. Die Wahrheit, die es nur im Hier-und-Jetzt gibt, kann aber jeder nur für sich selbst entdecken.

Ich sehe zu, dass ich in Diskussionen eine Haltung bewahre, die keinen Widerstand gegen andere Menschen und andere Auffassungen aufbaut. Ich höre zu, so gut es mir möglich ist. Ich verteidige mich nicht, weil ich mich nicht auf die Schiene des Gegeneinanders ziehen lasse. Ich spreche darüber, was mir bewusst ist, genauso wie über meine Unklarheiten. Manchmal bin ich sehr ruhig, aber manche Gespräche bringen mich auch in Wallung angesichts von enormen Problemen, Leid und Blindheit. Doch innerlich „weiß" ich, dass ich nichts erreichen und erzwingen will, weil jeglicher Druck in mir und nach außen gegenüber anderen die Wahrheit und die Chance, sie gemeinsam zu erkennen, verstellt. Dieser Drang, recht haben zu wollen und damit besser zu sein als der andere, entspringt der Sehnsucht nach Selbstbestätigung angesichts unserer offenen und subtilen Minderwertigkeitsgefühle. Die Konkurrenz, die sich so rasch schon in jede Gesprächssituation einmischt, verhindert gemeinsame Entdeckungen der Wahrheit, die eine ganz andere Art von Freude und Freundschaft mit sich bringen.

Ob ich mit dieser Haltung allein dastehe oder mich darin nur mit wenigen Menschen verbunden fühle oder ob sich diese Haltung ausbreitet und wir damit unsere gesellschaftspolitischen Probleme eines Tages lösen werden, weiß ich nicht. Ich weiß nur, dass es mir mit dieser Haltung gegenüber meinen Mitmenschen gut geht.

Ein politischer Traum

Heute Nacht hatte ich einen Traum, den ich zusammen mit den Gedanken, die mir beim Wachwerden kamen, hier schildere. Wenn bestimmte Themen mich schon längere Zeit beschäftigt haben, geschieht es manchmal, dass das Gehirn beim Schlafen die Restarbeit leistet, so dass im Traum überraschende Zusammenhänge deutlich werden können. Andere Personen haben mir Ähnliches berichtet. Für mich ist das nichts Besonderes oder gar Geheimnisvolles. Eine solche Nachtarbeit ist einfach eine weitere Arbeitsweise des Gehirns, das ein enormes Potential in sich trägt.

Im Traum traf sich eine Gruppe von Leuten, die sich mit Andersleben auseinandergesetzt hatten, mit einer anderen Gruppe, die sich für Gesundheitsfragen interessierten. Beide Gruppen überlegten, wie man zusammenarbeiten könnte, weil beide davon ausgingen, dass wir als Gesellschaft nicht wie bisher weiterleben können. Auf einmal war uns allen im Traum völlig klar, dass wir keine Programme zusammen entwickeln sollten, sondern dass wir – ohne Vorgaben und Erwartungen an die jeweils anderen – uns zusammensetzen sollten, um das anzupacken, was uns gemeinsam wichtig war. Wo eine unterschiedliche Sichtweise trotz ernsthafter Klärungsbemühungen bestehen bleibe, solle mit Mehrheit entschieden werden, was getan werden solle. Jedem stehe frei – ohne Kritik von und an den anderen –, sich an der gemeinsamen Aktivität zu beteiligen oder auch nicht.

Mit dieser Klarheit wurde ich wach und sah – gewissermaßen schlagartig – die Problematik unseres Parteiensystems: Die Parteien repräsentieren bei abnehmender Wahlbeteiligung das Volk immer weniger. Viele Menschen sind wahlmüde wegen dieses Parteiengezerres gegeneinander. Das ist aber nicht das einzige Problem unserer Demokratie. Die Programmforderungen erscheinen wichtiger als die Menschen. Mit ihren Forderungen versuchen die Parteien einen möglichst großen Teil der Bevölkerung davon zu überzeugen, dass deren besondere Interessen und Ideologien von ihnen am besten vertreten werden. Die programmatischen Forderungen der Parteien sind also Kampfmittel gegen die anderen Parteien im Wettbewerb um die Wählerschaft.

Die in den Forderungen schon festgelegten vermeintlichen Lösungen verhindern, dass die tatsächlichen Probleme sorgfältig erforscht werden und überhaupt erst einmal in aller Klarheit auf den Tisch kommen. Es gibt keine *gemeinsame* wirklich Lösungssuche, da es kein Bewusstsein von der universellen Verbundenheit gibt. Jede Partei behauptet, das Beste für alle zu wollen, doch die Art, wie der politische Kampf gegeneinander geführt wird, beweist das Gegenteil.

Hinter dem Vorhang des Parteienstreits über unterschiedliche Zielvorstellungen erfolgt tatsächlich ein Handeln in grundlegender Einigkeit darüber, dass das System der Konkurrenz und der Geldvermehrung, also unser Wirtschaftssystem, unbedingt am Leben zu erhalten ist, allerdings unter Berücksichtigung der jeweiligen Sonderinteressen einzelner Gruppen. Das scheint sich in der jüngsten deutschen Protestpartei, der Piratenpartei, auch schon wieder festzusetzen.

Natürlich gibt es auch Kooperation unter den Parteien, sonst wären Entscheidungen gar nicht möglich. Dabei verständigt man sich auf die Berücksichtigung von Sonderinteressen, vor allem der mächtigsten und reichsten gesellschaftlichen Gruppen. Insbesondere aber kooperieren Parteien, um in Koalitionen an die Macht zu kommen oder zu bleiben. Dafür werden notfalls auch sog. Wahlversprechen gebrochen. Sie kooperieren auch gern, um sich gemeinsam persönliche Vorteile zu verschaffen. In Sachfragen aber sind sie kaum in der Lage, Vorschlägen des politischen Gegners zuzustimmen. Auch wenn sie dasselbe vertreten, wird es als etwas ganz Verschiedenes für die Wählerschaft dargestellt.

Es gibt so unendlich viele gesellschaftliche und politische Herausforderungen, die durch Parteiprogramme nicht gelöst werden. Notwendig ist das sorgfältige und tiefgehende Erfassen der bestehenden Herausforderungen. Nicht durch Streit, sondern nur gemeinsam, wenn wir bereit sind, einander zuzuhören, können wir echte Lösungen finden.

Wenn das Volk Menschen durch Wahlen mit Aufgaben betraut, dann sollte die persönliche Haltung der Kandidaten zum entscheidenden Kriterium der Auswahl werden. Die persönliche Haltung und die persönliche Glaubwürdigkeit werden daran erkennbar, ob jemand die universale Verbundenheit erfasst hat und sich tatsächlich kooperativ für das Ganze einsetzt. Ihr oder ihm ist bewusst, dass er oder sie allein oder nur zusammen mit einer bestimmten Interessensgruppe gar nicht die ganze Komplexität des Miteinander und des Gegeneinander erfassen kann.

Gegenwärtig aber wählen wir als unsere Vertreter diejenigen aus, die besonders erfolgreich darin sind, in den Parteigremien die größte Macht auf sich zu vereinigen und Konkurrenten hinter sich zu lassen. Die Belohnung für die sogenannte Ochsentour in den Parteien ist darüber hinaus die Bezahlung, Pensionssicherheiten sowie Posten und Aufträge in der Wirtschaft. So ist es kein Wunder, dass diese so konditionierten Politiker sich selbst wiederum an den Machtzentren orientieren und den dortigen Interessen dienen und nicht dem Volk. Auf diese Weise trägt die Politik dazu bei, die Gesellschaft immer weiter zu spalten und die Menschen in ihrem Kampf um persönliche Vorteile und das Rechthaben gegeneinander aufzubringen.

Politiker sind keine „schlechten" Menschen, sondern sie sind auf Geld, Macht, Ideologien und und vor allem auf den persönlichen Vorteil konditioniert wie wir alle. Dabei glauben sie, wie jeder andere Mensch auch, das Bestmögliche zu tun. Und sie fühlen im Augenblick ihrer Entscheidungen oft nicht, was ihre Politik den Menschen und der Natur tatsächlich antut. Sie handeln häufig auch wider besseren Wissens nach dem Prinzip: Augen zu und durch. Wer seine Konditionierungen auf Angst und Gier nicht durchschaut, ist ihnen ausgeliefert. Das gilt für den einfachen Menschen genauso wie für den Spitzenpolitiker.

Wären nicht alle Probleme lösbar, wenn Politik dem Wohl der Gemeinschaften und dem Wohl der ganzen Menschheit dienen würde? Doch wie sollten die Politiker dies begreifen, wenn ihre Wähler sich der Tatsache der allseitigen Verbundenheit nicht bewusst sind? Erst wenn Mehrheiten der Wähler nicht mehr von Angst und Gier gesteuert sind und auch nicht mehr zum persönlichen Vorteil auf Kosten der anderen verführt werden können, dann können auch die geeigneten Personen für die Bewältigung der gesellschaftlichen Herausforderungen gewählt werden und erfolgreich im Sinne aller handeln. Das finde ich zwingend logisch.

Vielleicht gibt es einmal eine neue Partei oder eine alte, die sich dahin entwickelt, die ihre Sicht auf die Probleme beschreibt, aber keine Lösungen mehr vertritt, um sich gegen andere abzugrenzen, sondern die nur noch einen einzigen Programmpunkt hat: Ehrliche und bedingungslose Zusammenarbeit mit allen, die ebenfalls an gemeinsamen Lösungen der Herausforderungen interessiert sind. Einem solchem Parteiprogramm werden sich alle anderen nicht mehr entziehen können, weil es dem Grundbedürfnis der überwältigenden Mehrheit der Bevölkerung entspricht.

In jedem Bereich der Gesellschaft gibt es Menschen, die dort tätig sind und sich darin auskennen. Ich beschäftige mich beispielsweise sehr mit dem Thema „betrieblicher Arbeits- und Gesundheitsschutz". Es gibt darüber ein umfangreiches Wissen in den Betrieben, in den Berufsgenossenschaften und in der Gewerbeaufsicht. Die Beschäftigten arbeiten aus Profit- und anderen Gründen oft jedoch unter ungesunden und gefährlichen Bedingungen, obwohl ein sicheres Arbeiten möglich wäre oder sogar vorgeschrieben ist. Viel Leid durch Arbeitsunfälle, Berufskrankheiten und berufsbedingte Erkrankungen blieben den Menschen erspart, wenn alle an einem Strang für gesunde Arbeitsbedingungen ziehen würden.

Im begrenzten Rahmen, den das Gelddenken und das Konkurrenzdenken zulassen, findet Kooperation natürlich schon immer statt, sonst würde überhaupt kein Zusammenarbeiten und -leben möglich sein. Ich habe den Eindruck, dass die meisten Menschen sich sehr gern und mit Begeisterung an einem solchen Prozess der sozialen und ökologischen Umgestaltung beteiligen würden. Voraussetzung dafür ist, dass die Umgestaltung ernsthaft dem Ganzen dient, dass ihr Engagement nicht für finanzielle Interessen anderer ausgenutzt wird und dass die Sicherung der persönlichen Grundbedürfnisse gewährleistet ist.

Bleibt Andersleben für uns als Gesellschaft ein Traum, oder machen wir uns gemeinsam auf die Reise?

Es geht um Ihr Leben

Alles, was Sie beim Lesen dieses Buches angesprochen hat, verwandelt sich automatisch in inneren Druck und Stress, wenn Sie es als Ziel für Ihr Leben anstreben: „Ich müsste eigentlich andersleben." „Oh, wäre das schön, wenn wir Menschen friedlich und kooperativ zusammenlebten." Solche und ähnliche Wäre-hätte-möchte-Gedanken erzeugen Druck. Das, was ist, finden wir in der Tat oft hässlich und schrecklich, so dass es in uns Energie zur Veränderung erzeugt. „Natürlich wäre es schön, wenn viele Menschen, am besten wir alle, andersleben würden", denken wir vielleicht. Wenn wir diese Gedanken bei ihrem Auftauchen als Gedankenspiele erkennen, dann können wir darüber lächeln. Wir verwandeln diese Gedanken besser nicht in Ziele und Pläne, die, wenn sie scheitern, zu Emotionen von Angst, Wut, Ärger, Trauer führen. Bringen wir das Lachen über die sinnlose Denkerei in die Welt und nicht all diese trüben Gefühle!

Was ist aber zu tun, wenn Unzufriedenheit mit dem eigenen Leben und Kummer über das Leid und die Zerstörung in der Welt uns trotzdem ergreifen? Prüfen wir in diesem Moment, wie wir mit uns selbst umgehen? Sind wir selbst mit den Gedanken und Entdeckungen, die uns gerade durch den Kopf gehen, im Einklang? Handeln wir dem entsprechend, wie wir empfinden, und empfinden wir entsprechend unserem Handeln?

Wir müssen dabei berücksichtigen, dass unsere vollständig friedliche innere Revolution von manchen anderen Menschen abgelehnt oder gar bekämpft werden könnte. Diejenigen, die auf Kampf angewiesen sind, weil sie eine friedliche Form der Verbundenheit nicht mehr kennen und von ihrer negativen Verfassung her auf Opfer und Mittäter, oder auch auf das Selbst-Opfer-Sein angewiesen sind, empfinden unsere Veränderung womöglich als eine große Provokation. Denn sie können ihre Aggressivität und ihren Druck nicht mehr bei uns abladen. Dann kann es sein, dass wir uns mit unserem Empfinden manchmal sehr allein fühlen. Damit kommen wir aber zurecht, wenn wir wirklich eigene Einsichten über uns selbst gewonnen haben und nicht nur einer schönen Idee folgen. Dann trägt uns die Klarheit auf unserem Lebensweg.

Der Maßstab für das eigene Handeln ist nicht irgendeine ökologische, soziale oder religiöse Moral, sondern unsere innere Stimmigkeit und echte Fröhlichkeit. Wir alle sind beteiligt an dem ökologischen Raubbau und an den sozialen Ungleichheiten, weil wir in dieser Gesellschaft leben und uns nicht isolieren können. Wenn wir diese Wahrheit erkennen, uns ihr stellen und sie nicht mit Entschuldigungen und Schuldzuweisungen verdrängen, dann begleitet uns jederzeit die Frage:

„Ist das, was ich tue, für mich stimmig angesichts meiner Möglichkeiten und meiner Begrenzungen?"

Die Stimmigkeit entdecken wir in unserem Empfinden – und nicht im Nachdenken. Im Denken können wir uns unglaublich viel vormachen und zusammenbasteln, bis wir es uns „stimmig gedacht" haben. Doch das Empfinden ist untrüglich. Es ist unser Leben.

Und zum ganzheitlichen Empfinden gehört immer dazu, dass wir andere Menschen wirklich wahrnehmen und ihnen zuhören und dass wir beobachten, was um uns herum geschieht.

Echte Stimmigkeit, die wir uns nicht nur einreden, sondern wirklich empfinden, stellt sich nicht ein, wenn wir es uns auf Kosten anderer bequem machen wollen. Wer meint, er könne ohne Rücksicht auf andere tun, was er will, weil er sich nur auf sein Empfinden verlassen brauche, der irrt. Jedes Ausnutzen und Ausbeuten anderer Menschen schlägt auf den zurück, der so handelt. Denn er lebt unterschwellig mit der Angst, genauso behandelt zu werden, falls er einmal die Macht verliert. Deshalb ist er immer ein Getriebener.

Alles „unschöne" Empfinden verwandelt sich, wenn es wahrgenommen wird. Es öffnet die Tür für das nächste Empfinden. Vielleicht sagt es uns, dass wir uns gerade das Leben überflüssigerweise schwer machen durch das Beurteilen, was uns gefällt und was nicht. Unser Empfinden ist höchst lebendig und führt uns zur inneren Klarheit und Ordnung.

Denn in dem Fluss unseres Empfindens erkennen wir die Gesetzmäßigkeiten des Leidens, das entsteht, wenn wir die Störung der Verbundenheit und die verlorene Gegenwärtigkeit nicht wahrhaben wollen.

Wir spüren genau, was uns gut tut und was Lebensfreude ist und wodurch wir diese vertreiben. Aber, wenn es uns nicht gut geht, müssen wir schon hineinlauschen in unsere Gefühle und Empfindungen. Dieser Prozess ist immer aktuell, niemals endgültig abgeschlossen, eben lebendig.

Wie weit diese Empfindsamkeit schauen kann, ob sie in Kontakt mit einer anderen Dimension, mit dem Unendlichen oder dem Göttlichen kommen kann, darüber mag ich, wie gesagt, nichts schreiben. Das kann nur jeder und jede für sich herausfinden. Kann man nicht darüber lächeln, wenn wir mit unseren kleinen Gehirnen über etwas schreiben oder uns gar die Köpfe heiß reden, das unendlich und ewig ist, falls es das überhaupt gibt?

Indem wir uns bewusst in den Entfaltungsprozess der eigenen Empfindsamkeit begeben, können wir Andersleben nicht planen und auf morgen verschieben. Damit würden wir unser Empfinden wieder unterdrücken und abstumpfen. Wir können Andersleben eben nicht organisieren mit der Absicht, *irgendwann* darin eine Perspektive und Sicherheit zu finden.

Aber wenn diejenigen, die Andersleben für sich ergriffen haben, zusammen sind, dann organisiert sich selbst, was sinnvoll und notwendig ist. Denn ihr Empfinden ist auch mein Empfinden und unser aller Empfinden, weil wir im tiefsten Inneren alle aus demselben Holz sind. Sowohl allein als auch zusammen können wir so viel Freude haben.

Nichts ist wichtiger für unser Leben als unsere Empfindsamkeit. Wenn wir unser Empfinden vollständig ernst – aber nicht verbissen ernst – nehmen, dann leben wir in Achtsamkeit und Gegenwärtigkeit und in Liebe und Verbundenheit. Unsere Empfindsamkeit und Sensibilität führt uns aus dem Gefängnis von Psyche und Gesellschaft. Die Entfaltung unserer Empfindsamkeit für das, was in uns geschieht genauso wie für das, was draußen in der Welt bei den anderen Menschen und in der Natur geschieht, ist das Lauschen am Leben selbst. Das Leben selbst ist der Stein der Weisen. Dann schenkt uns die aus den negativen Gefühlen befreite Lebensenergie Freunde und Freude.

Nachtrag

Haben Sie geprüft, was in diesem Buch für Sie stimmig und nicht stimmig ist? Hat sich etwas verändert im Umgang mit sich selbst und mit anderen Menschen durch das, was Sie gelesen haben. Haben Sie damit schon einmal im Alltag „gespielt"?

Vielleicht hat die Wahrheit Sie erfasst und erschüttert, dass es nur die Gegenwart gibt, dass Ihr gesamtes Handeln von der Verbundenheit bestimmt ist und dass Ihre sämtlichen Probleme durch den Widerstand gegen diese beiden grundlegenden Tatsachen entstehen. Wenn Sie in irgendeiner Hinsicht berührt wurden, dann können Sie mit Ihrer Kritik oder Zustimmung dazu beitragen, dass diese Bewegung hin zu einem Andersleben lebendig bleibt.

Die Diskussionen über die erste Auflage des Buches haben schon zu einzelnen punktuellen Korrekturen, Klarstellungen und Verbesserungen in dieser 2. Auflage geführt. Ich freue mich über Emails an kontakt@wolfgang-siegel.de oder Kommentare auf Facebook oder Amazon unter „Es lauscht am Stein der Weisen" oder im Gästebuch meiner Website. Wir sind auf der technischen Ebene schon längst eine Weltgemeinschaft. So können wir auch das Internet und nicht nur die persönlichen Kontakte nutzen, um Hinweise für ein neues Bewusstsein zu verbreiten.

Es gibt ein offenes Internetforum **www.freunde-im-andersleben.de** für einen Austausch über Andersleben. Dort können Sie Menschen kennenlernen, die ebenfalls an Andersleben interessiert sind, und Sie können selbst eine Gruppe in Ihrem Umfeld initiieren.

Freundschaft

Fühlst du die Logik der Herzen?
Sie ist nicht in dir oder mir oder ihr.
Es ist ein Licht von brennenden Kerzen,
nicht sichtbar, verborgen im Wir.

Wer zündet sie an, was hält sie am Leben?
Kein Wissen erklärt uns das Licht.
Kein Wollen kann es uns nehmen und geben.
Die Unendlichkeit hat kein Gesicht.

Im Sturm der Gefühle, voll Angst und voll Neid
Verschließ ich die Augen, erzeuge mein Leid,
und jammere: Ist denn niemand bereit,
mir zu helfen in dieser Dunkelheit.

Ein Freund sieht mein Leid, hört mein Klagen,
sagt freundlich zu mir: Öffne die Augen sofort.
Bist du dazu nicht bereit, werd ich dich nicht tragen
an irgendeinen helleren Ort.

Ich heule verzweifelt:
Ich brauche dich.
Bist du mein Freund?
Warum hilfst du mir nicht?
Doch er geht nicht weg,
steht weiter im Licht.

Da hör ich freundlich sein Wort:
Ich halt dich nicht fest,
kannst Kerzen dir kaufen
an einem anderen Ort.
Doch wisse, sie brennen nicht.

Auf einmal, ich weiß nicht, wie es geschah,
in meinem Dunkel ich Helligkeit sah.
Ich öffne die Augen, der Geist war vergällt.
Auf einmal fühl ich die Schönheit der Welt.
Da war nicht ein Freund, die Freundschaft war da
und mit ihr eine unendliche Freundesschar.

Das Licht ist wie von zahlreichen Kerzen.
Die Quelle nicht sichtbar, verborgen im Wir.
Es leuchtet durch die brennenden Herzen.
Doch ich kann es sehen in dir.

Mürren / Schweiz, 2008

Bilder von Wolfgang Frische:

Gedichte von Wolfgang Siegel:

Die Skulptur wurde von Wolfgang Frische geschaffen. Er erzählte, er habe den Stein aus finnischem Granit im Wald gefunden. Der Titel sei auf einmal in seinem Kopf da gewesen, noch bevor die Skulptur entstand: „Es lauscht am Stein der Weisen." Er sagte, er habe die Skulptur nicht nach seiner Vorstellung gestaltet, sondern: „Es war alles schon im Stein enthalten."

Alle Fotos der Skulptur und der Gemälde bis auf das Titelbild und das Fensterbild wurden von der finnischen Fotografin Pirkko Porkka unter schwierigen Bedingungen erstellt.

Mein besonderer Dank geht an Wolfgang Frische, der den Titel und seine Kunst für dieses Buch zur Verfügung gestellt hat.